JN190581

湯城吉信著

五井蘭洲著『承聖篇』翻刻・注釈

――江戸時代の儒者による仏教批判――

汲古書院

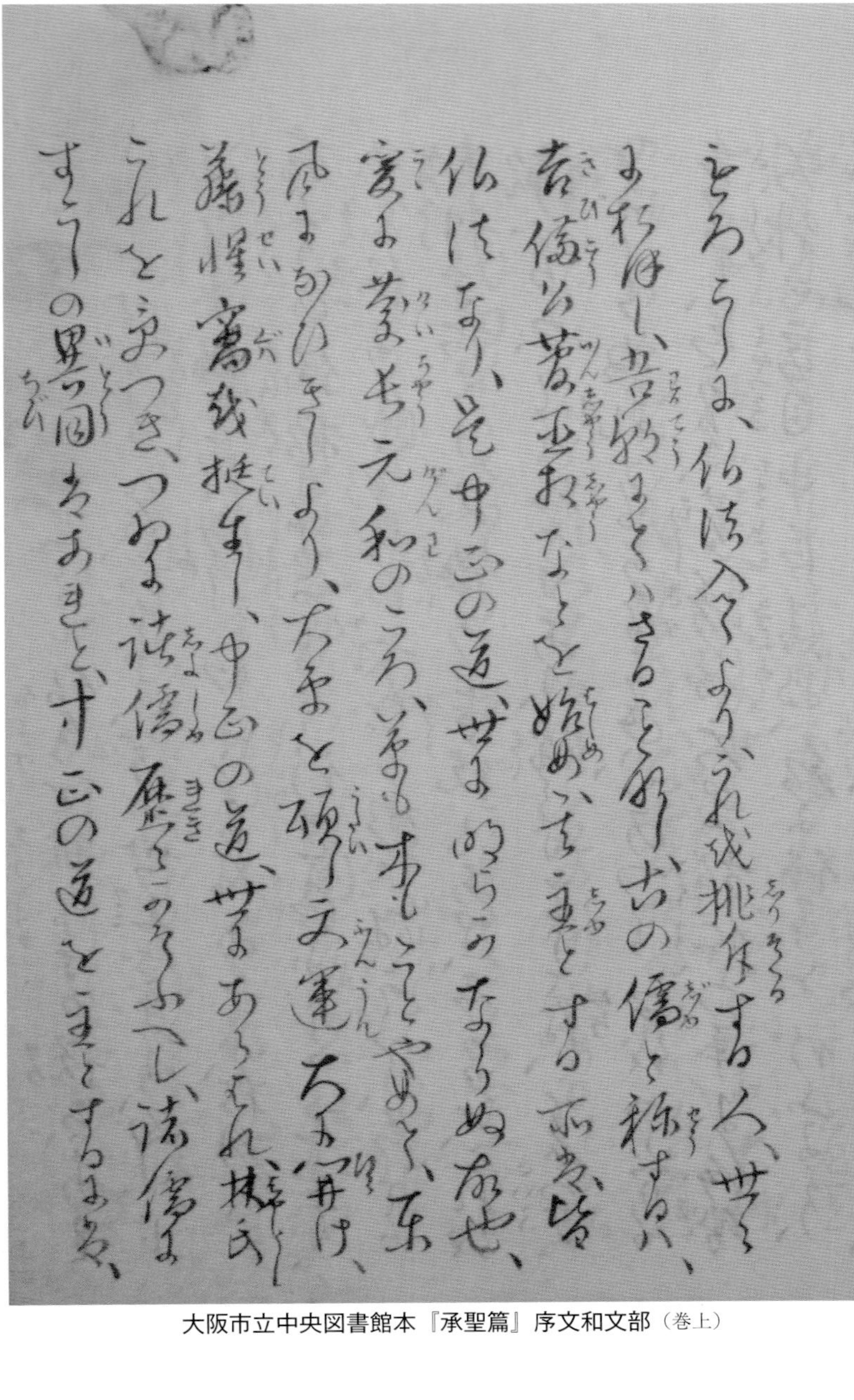

大阪市立中央図書館本『承聖篇』序文和文部（巻上）

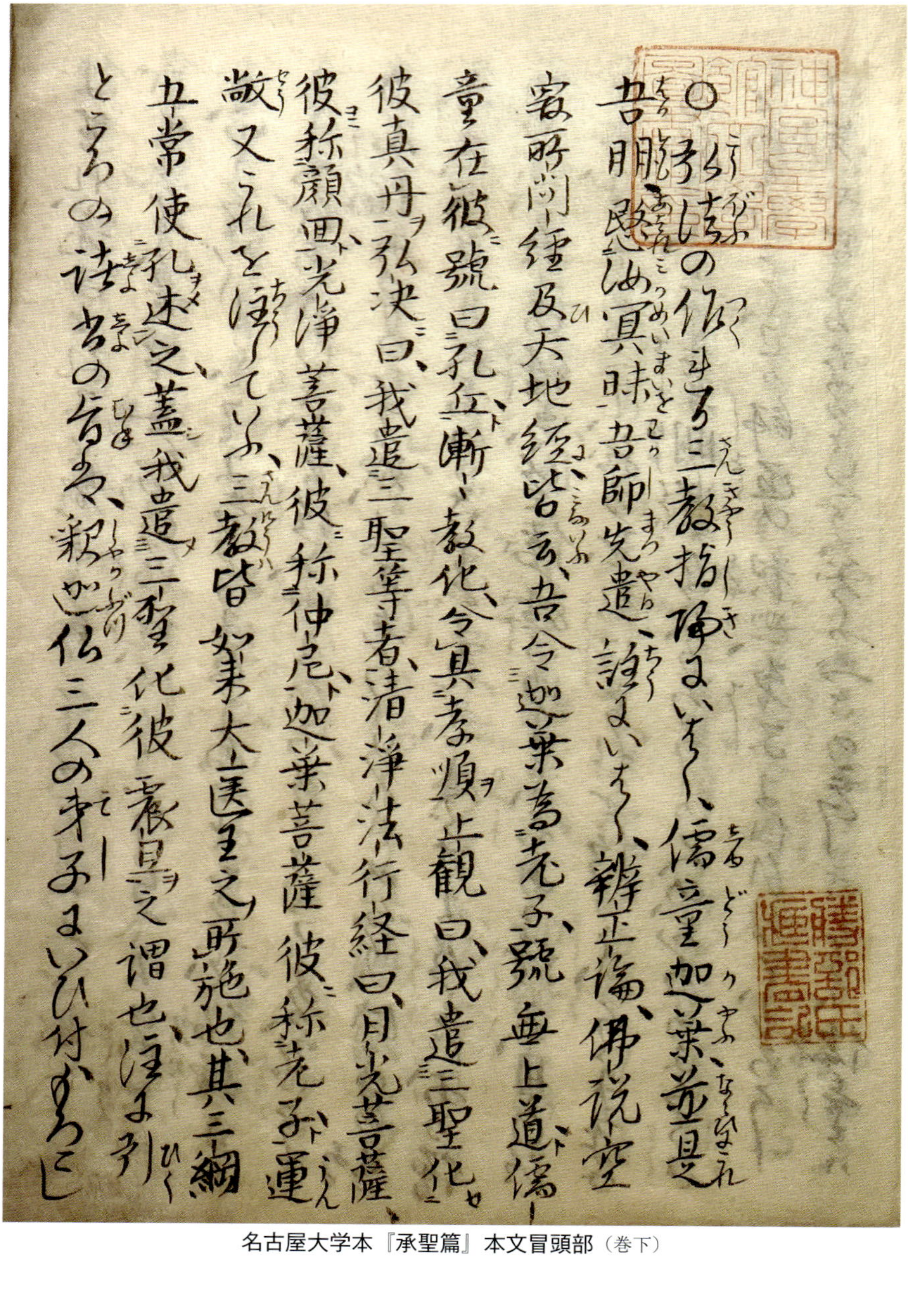

名古屋大学本『承聖篇』本文冒頭部（巻下）

まえがき

本書は、五井蘭洲が仏教批判をした『承聖篇』の注釈付き翻刻である。

作者の五井蘭洲（一六九七～一七六二）は、江戸中期の儒者であり、名は純禎（すみさだ）[1]、字は子祥、通称藤九郎、号を蘭洲、冽庵と言う。五井持軒の三男で、大坂の生まれだが、江戸にも住んだことがあり、津軽藩にも仕えたことがあるが、晩年は助教として大坂の懐徳堂の教育を支えた。懐徳堂を代表する学者である中井竹山、履軒兄弟の師として有名であり、懐徳堂を朱子学に導くのに功績があったとされる。

蘭洲は朱子学から見て異端とされる思想を激しく批判した。伊藤仁斎を批判した『非伊編』、荻生徂徠を批判した『非物篇』、仏教を批判した『承聖篇』がそれである。この中、『非物篇』は刊本があり、また懐徳堂復刻叢書の一冊として影印本が出版されている。『非伊編』は出版されていないが、楷書による漢文であり、また短編なので比較的読みやすい。一方、『承聖篇』は写本が数本確認できるだけでこれまで出版されたことはなく、また長編で、しかも多くの写本が崩し字で書かれており読みにくい。本書がその出版を計画した理由はここにある。

『承聖篇』は儒者による仏教批判の一例として貴重である[2]。上巻には四十八条、下巻には六十三条が取り上げられており、当時の儒者が仏教のどのような点を批判したのか、またどのような書物を取り上げているのかを確認することができる。また、『承聖篇』は和文で書かれているが、漢語や漢文には詳細にふりがな（時として解釈）がつけられている。[3] これは、当時の日本人が漢語・漢文をどのように解したのかを知る上で貴重な史料である。

以下、個人的な話であるが、筆者がこの仕事に着手するようになった経緯を述べたい。

懐徳堂の研究を中井履軒から始めた筆者は、履軒の師・五井蘭洲の重要性はつとに認識していた。だが、大阪府立中之島図書館に所蔵される厖大な「五井蘭洲講義筆記六十五種」を見て途方に暮れていた。また、大量の講義録を見て、ただひたすら古書に対して退屈な訓詁をしていた（それを材料に授業していた）人ではないかと思っていた。だが、『中庸首章解』や『中庸天命性図解』を見て、蘭洲の信じていたことを実感することができた。[4] それは、人間の道徳は天から下ったもの（世界の秩序に沿った絶対的なもの）で、それに沿った生き方をすべきだと彼が信じていたということである。大きく言えば、蘭洲は「世界の秩序」を実感していたのである。それが自分で「わかった」のがうれしくて（理屈を理解したのではなく本当に古人に寄り添えた気がした）学会でも発表した。だが、その時言われた中で印象的だったのは、「それは朱子学が普通に言っていることでは？」という意見であった。確かに理屈ではそうである。ただ、蘭洲も理屈が合うから唱えていたのではなく、「信じていた」ということを「実感できた」のは私には非常に大きかったのだ。それを人に伝えるのは至難のことであるし、客観性だけを求める所謂「研究」においては必要のないことなのかもしれない。

ただ、私はそのような思いのもとに蘭洲を読み続けており、本書もその中で生み出されたものであることは明記しておきたい。

注

（1）『五井持軒和歌遺稿』（大阪府立中之島図書館蔵：甲和683）和文跋文（延享三年（一七四六）さねゆき著）で蘭洲のことを

「すみさだ」と言うのに従う。

(2)　江戸時代の仏教批判については、『近世仏教の思想』(岩波書店〈日本思想大系57〉、一九八四年)柏原祐泉「近世の排仏思想」、結城令聞他『日本の仏教』(大蔵出版〈講座日本の仏教V〉、一九七七年)「江戸時代の仏教形態」「四、排仏の思想」を参照されたい(蘭洲への言及はない)。本村昌文『いまを生きる江戸思想――十七世紀における仏教批判と死生観』(ぺりかん社、二〇一六年)。

(3)　漢字の左右にふりがなや解釈をつけることは枚挙に遑がないだろうが、例えば、『日本書紀纂疏』(『承聖篇』でも取り上げられる)や『絵本故事談』などがある。本書では例えば、「方寸」に「こころ」(上11条)、「形気」に「かたち」(上16条)、「形而上」「形而下」に「かたちしてかみ」「かたちしてしも」(上17条)、「心術」に「こころだて」(上46条)とある例などが興味深い。

(4)　拙稿「五井蘭洲「『中庸』天命性図」について」(『日本漢文学研究』第一一号、二松学舎大学、二〇一六年)、拙稿「五井蘭洲『中庸首章解』翻刻・注釈」(『懐徳堂研究』七号、大阪大学懐徳堂研究センター、二〇一六年)参照。

目　次

本翻刻・注釈の特長

・各テキストを校合した（絶対的によいテキストはないので取捨選択した）。
・注において、引用書（仏書、儒書、その他の和書、漢籍）の出典を挙げた。
・注において、関連する条（同じ語が見える条）や関連する蘭洲の他の著作を挙げた。
・解説において、批判のポイントをまとめた。
・附録において、蘭洲の他書に見える仏教関連記事を挙げた。
・索引をつけ、重要語句、人名、書名を検索できるようにした。

凡　例

・濁点は適宜補った（本文には所々に見えるのみ）。
・踊り字（「々」以外）、「也」はかなに直した。
・句読点は原文を参考に適宜改めた。
・台詞は「　」で、書名は『　』で括った。
・漢字は通用字体にした。
・振り仮名は、送り仮名と重複などもあるが、原文のままにした。
・漢文部分の訓点は完全につけられているわけではないが、原文の様子を留めてそのままにした。単語のまとまりを表すハイフンについても同様である。
・丁数を、一葉表を「〔1a〕」のように表した。（上巻の底本の丁付は、第十二葉の重複により以降、実際の葉数とずれがある点、注意を要する。）
・各条冒頭には「〇」（圏点）がある。本稿ではその前に上巻、下巻ごとに条数（「第1条」など）を付した。
・【校勘】【注】【解説】は各条の末尾につけた。
・【校勘】はすべてのテキストを照合したわけではなく、筆者が確認した箇所のみである。校勘として周到なものではないが、各テキストの違いの一斑は見ることができるのでそのまま収録した。
・重要な箇所に下線を引いた（すべて湯城による）。この部分（及び解説）だけをご覧いただいても蘭洲の論の核心はわかるはずである。
・コメントを補った場合は（＊　）のように表した。
・『大正新脩大蔵経』は『大正蔵』と略した。

五井蘭洲著『承聖篇』翻刻・注釈

——江戸時代の儒者による仏教批判——

今女画

解説

1、書名について

「承聖」とは、「聖人（の言）を継承する」という意味である。中井竹山撰「五井蘭洲墓碑」の末尾の銘に「天相斯文、実降先生、襄夫異言、**承**績往**聖**、……」（天は斯文を相《たす》け、実に先生を降す。夫《か》の異言を襄《はら》い、績《いさおし》を往聖に承く）とあるのを参照されたい（『大阪訪碑録』一九二頁、一九二九年、『大阪人物誌（正編）』六五四頁）。この墓碑において、竹山は、蘭洲が異端の言を払いのけ古の（儒教の）聖人を継ぐために天がこの世に降した人物であるとして称えている。

2、従来の評価

日本古典文学大辞典編集委員会編『日本古典文学大辞典』（岩波書店、一九八六年）に水田紀久氏による以下のような解説がある（下線は湯城）[1]。

二冊（不定）。儒学。五井蘭洲著。宝暦七年（一七五七）自序。著者六十一歳時の述作。［内容］儒家的立場より、

仏教、ことに通俗仏教を批判論難したもの。本文四十七条はすべて仮名まじり文。仏教は非現実的でみだりに荒唐「不経」の説を唱え、その教えは人間性にもとると説く。仏説の三世観や須弥観なども厳しく非難し、僧侶の戒律も「殺生戒は仏法の第一の戒なれど、所詮行われむことなるをしるべし」「強ひて得度せしめ一生人間の道をしらしめず、子孫なからしむるは仏の所行にたがへりといふべし」などと難じ、仏教は「すなほならぬ教」と決めつけ、「僧といへども半疑半信と見えたり」と手きびしい。いささか為にする議論もあるが、仏法は天竺のもので、それをそのまま唐土や日本では法となしがたいとの考えは、懐徳堂の三宅石庵に学んだ富永仲基のそれに通じるものがある。

この解説は、仏教は心（人間）に、儒教は性（天）に基づくという点が蘭洲の根本思想であることが抜けている。蘭洲の基本的考え(2)は以下のようである。

仏教は、個々の人間の「心」に基礎を置くので、自分の解脱だけを目指す利己的な思想であり、その教えに従えば、子孫を絶ち(3)、人倫をなみし、世界の秩序を乱すことになる。この教えは、天竺にだけ行われる限定的なものであり、中国にも日本にも合わない。

一方、儒教は人が天から受けた「性」に基礎を置く教えであり、時代地域を問わず、普遍的に通用する教えであり、世界の秩序を守ることにつながるとする(4)。

なお、『承聖篇』は、対話形式が多く用いられているところに叙述上の特徴がある。これは、もちろん読者にわかりやすく説得力を持たせるためであろうが、当時の日本人の会話・思考を髣髴とさせる点興味深い。

3、五井蘭洲について

五井蘭洲は、懐徳堂の全盛期を築いた中井竹山・履軒の師である。折衷学的傾向があった懐徳堂を朱子学に導いたとされる（西村時彦『懐徳堂考』「蘭洲と懐徳堂（学風一変と其の功績）」）。

また、竹山・履軒を批判する上田秋成も蘭洲だけは評価している（『胆大小心録』）。儒者であったが、儒学以外に日本古典にも造詣が深く、『古今通』（『古今和歌集』の注釈書）、『勢語通』（『伊勢物語』の注釈書）、『源語詁』（『源氏物語』の注釈書）、『源語提要』（『源氏物語』の概説書）を残している。

父・持軒も儒者であるが、蘭洲の「持軒行状」によれば、朱子学を学んだが固執するわけではなく、自己主張を好む人ではなかったらしい（注17参照）。

蘭洲は津軽藩に仕え、江戸や津軽にも行き、見聞を広めた。筆記にはそのような内容が多い。弟子の履軒の博物学への興味は、蘭洲の影響があるのだろう。交友も広く、儒者に留まらず、一般人とも交わった。

上述のように、蘭洲は朱子学を治め、懐徳堂を朱子学に導いたとされる。それでは、彼はなぜ朱子学に引かれたのであろうか。

彼が引かれたのは、一般に朱子学の特徴とされる理気説（緻密な二元理論）でもなく、日本でよく知られる大義名分論、尊王攘夷論でもない。

彼が引かれたのは、朱子学が人間が天から受けた性を明らかにした教えだという点である。それが彼の生物が綿々と続いていくことを称える「生々の哲学」と一致していたからである。この「生々の哲学」――生命が生まれることおよびその性質を肯定する哲学――はおそらく父持軒から引き継いだものであろう。世界に綿々と存続する秩序があり、人が性（現在言う遺伝子にかなり近い。上6条を参照）を賦与されているのもその一例である。それに感謝し、それを全うすべきだというのが蘭洲の考えである（人としては何より女男《めお》（＝陰陽）の道を全うする）。世界のある姿をそのまま認めるため、蘭洲は基本的に現実の世界に対して肯定的であり楽観的である。(5) 死も世界のあり方の一部であるとして、畏れるに足りない（そのまま受け入れるべきだ）と考えている（上16条）。

蘭洲がこのような秩序を与えてくれている天――自然の摂理・世界の秩序（陰陽の摂理により世界が存続していること）――に感謝する姿勢は宗教的でさえある（上12条）。だが、それは当時の多くの日本人がそうであったのではないか。(6) そして、ふだん宗教を意識していない今の日本人もこのような深層意識を持っているのではないか。また、このような考えは、そもそも実際の自然の摂理にもかなったことなのではないか。私には、蘭洲の考えは、当時の日本人だけでなく、現在の日本人、そしてもしかすると全人類に普遍的・根源的な心性を具現化したもののように思える。少なくとも、蘭洲は朱子学という外来思想を取り入れたからこのようになったのではなく、自分の心情に一致する思想を求めて朱子学を支持したのである。

蘭洲は、自らの性分を知り、それを守る（全う）することがいちばん重要であると確信していた。(7) これは、一般的な例で言うと、百姓は百姓の分を越えないなど身分制を容認する考えであり、近代以降、「封建的」であるとして否定されてきた考えである。世界は、近代以降、社会においても個人においても、それまでの型を破ってそれを乗り越え発展することを目指してきた。だが、その右肩上がりを目指す考えは、様々なひずみを生み――だいたい永遠に発展することなど不可能だからだ――、現在は、社会においては「地球にやさしい」「持続可能性」が求められ、個人においてもさまざまな現代的病に直面する中、精神の「安定」が模索されている。

個体発生は系統発生を繰り返すと言われる。若者は自分の将来を夢み、自分の可能性を広げようとする。だが、それは必ず壁に直面し、自らが立脚できる「分」――居場所、役割――を見つけて、自らの生を全うすることになる。これは私自身がこれまでの自分の人生を振り返って痛感する。私はもともと分にとらわれるのは好きではないが、今はこのような分の思想はよく納得することができる。

蘭洲が確信し強調した分の思想――それは彼個人の思想ではなく当時の日本人が一般的に抱いていた考えである――は、思想としては陳腐なものであろうが、現代の我々――社会にとっても、個人にとっても――に大きな指針を与えるものではないか。(8)

朱子学と言えば、理屈が先行して情を否定する教えであり、それを信奉する朱子学者は堅くて厳格な学者という（そうでない人が陽明学や老荘思想を信奉する）のが一般認識であろうが、少なくとも蘭洲はそういう人ではなかった。このような蘭洲は、現在の朱子学研究を再考する視点を提供してくれるのではないかと思う。現在の朱子学研究はあまりにも理気二元論などの「理屈」に偏っているのではないか。朱子があれほど膨大な言葉を残したのは、「理論の構築」を目指したのではなく、「溢れ出る思い」があったからであろう。それを見つめようとする姿勢が現代の朱子学研究には欠けているのではないか（それをしても、主観的、宗教的、あるいは陳腐な言説と思われるだけかもしれないが……）。

持軒・蘭洲は、一家言を立てようとしたのではない。自分たちが納得できる思想を求めた――今の言い方で言えば、普遍を求めた――のである。だから、現代の思想史研究の対象としては、「特徴がない（魅力がない）」ように見える。だが、当時の多くの儒者（知識人）も蘭洲のように、一家言を立てようとするのではなく、古典を尊重し（祖述し）自分の納得いく考えを求めただけなのではないか。そもそも、祖述を尊ぶ伝統的学問においては、一家言を立てるなどということは「奇を衒うこと」であり、慎むべきことであった。蘭洲が批判しているのもまさにそういうことである。蘭洲自身が、現在「懐徳堂学派」の学者として分類され、その特徴を規定されているのを見ると、何と思うだろうか。

4、蘭洲の各家批判について

蘭洲は多くの他家批判の書を残している。荻生徂徠を批判した『非物篇』、伊藤仁斎を批判した『非伊編』、仏教を批判した『承聖篇』、神道を批判した「十厄論」（懐徳堂文庫本『鶏肋篇』巻一所収）がそれである。[9]『非物篇』『非伊編』を見ると、一見瑣末な訓詁上の批判や人格批判が多く見える。[10] この二書が有名でありながらこれまで研究があまりされてこなかったのは、研究者の目からすると扱うに値しないという印象を受けたことが大きいだろう。

ただ、蘭洲は批判したのは、一家を立て狭い了見を絶対的な考えとすることである。蘭洲は普遍的な「中正の道」（『承聖篇』序文参照）を志向した。このことば自体が朱子学のことばであり、この論理自体が朱子学的だと思われるかもしれないが、以下、蘭洲の論理を紹介したい。

蘭洲は、世界秩序という普遍性を希求した。そしてそれを生々してやまない宇宙・生命の営みに求めた。例えば、以下のように言う。

「生々之謂易」（＊『易経』繋辞上伝）「天地之大徳曰生」（＊『易経』繋辞下伝）。宇宙の間は唯何となく生々するのみ。生々の行はるるは、死といふ事ある故也。しかれば死も又生なりといふべし＊。諸子みづからの道を立て、天地の外に至理ありとす。見ぬところに至理もあらばあれ＊、先眼前《めのまへ》この天地なくんば、人もなく、事もなく、法もなし。皆天地ありての上なれば、其人、其法共に天地の外にのがるる事なし。然れば、天地外の道を説とも、天地の内の道を本とすべきことなり。天地内の道とは、聖人の道也。（阪大写本『茗話』上巻35条（刊本上10））[11]

【校勘】〇し。諸　この二文字は刊本にはない（誤り）。〇あ　刊本（中之島本）なし。

人間を含めすべての生物には、それぞれの分（性分）がありその分を尽くすことで世界秩序が維持される。蘭洲の考える性善説とは、それぞれが従うべき性を持っており、すなおにそれに従うことが正しいという説である（拙稿「五井蘭洲『中庸首章解』翻刻・解説」参照）。それは天賦のものなので、苦労して獲得しなければならないことではなく、自らを見つめその本来あるべき姿を確認すればよいことであり、無理しないとできないことではない。

上述のように、蘭洲が求めたのは普遍的な道であり、蘭洲は儒教という学派を標榜することに拘っていたわけではない。蘭洲は以下のように言う。

儒者といふひとつの門戸のたちたるは、元来好ましからぬ事也。昔なき事なり。……この門戸の立たるは、戦国《せんごく》より始まる。……儒といふは、人の道を説なれば、農人《ひゃくせう》なれば田《た》を耕《かへ》し、商人《あきんど》なればあきなひをし、仕官《ほうかう》の人なれば、其職役《しょくやく》をつとむるが、その本意《ほんしき》也。書《しょ》を講《こうだんし》し、詩文を作るばかりなる人を、儒者とはすまじき事なり。

（『茗話』下巻61条（刊本下22））[12]

蘭洲は、徂徠を読まない学者を批判している。[13]これは、蘭洲が徂徠を批判することと一見矛盾するように見えるがそうではない。そもそも、蘭洲は自らが批判対象とするすべてを読んでいることがその傍証になるであろう。

人格批判をするのも、学問の目的は、知識だけの学者（記誦の学者）になるためではなく、人格を高めるためだという考えがあるからである。[14]人格と学問は分けて考える現代の考えからすれば、してはならないことであろうが、人格向上が一番大事だとする立場からは、人格がなっていないということは何にも増して重要視すべきことであり、それを根拠に批判することは至極当然のことなのである。この点は、現代と明確に違う点なので特に注意が必要である。

蘭洲は「十厄論」において、神道が批判すべき点を克服して順調に成長すれば儒教と同じ主張に行きついたであろうと言う。神道も女男《めお》の道を尊重しており基本的に儒教と一致するというのが蘭洲の考えである。(15)

道家思想についても、道家を標榜する学者は否定するであろうが、老子や荘子の思想を否定するわけではない。老子については、（脱世間の思想ではなく）帝王学を説いた思想であるとし、無為とはすべてのものを自然の性に従わせることであるとしている（『蘭洲先生老子経講義』参照）。蘭洲は『老子』の多くの章が道を譬えたものであろうと解している（注6参照）。それは、客観的に言えば、蘭洲が（日本の古典を儒教道徳を用いて解釈したように）『老子』を自らの考える「道」に引きつけて解釈したと言えるだろう。だが、蘭洲の立場からすれば、『老子』は道について深く理解していたということになる。荘子も否定しない。子夏の系統を引く思想であるとし、分の哲学を説いているとしている。(16)

一方、朱子学者という面については、蘭洲も父持軒もリゴリスティックに朱子学に固執していたわけではない。(17)弟子の中井履軒が朱子学を修めながらそれに拘らない注釈を書き上げた背景には、蘭洲という師の姿勢が影響しているだろう。

西洋に対する考えも、拒否的ではなくむしろ好意的である。実証的で迷信にとらわれない点（上44条＝天文学を評価）や、国内で戦争をしない点を評価し、むしろ中国の中華思想を井の中の蛙だとして批判している。(18)

蘭洲は大阪大学懐徳堂文庫所蔵『鶏肋篇』巻五「洌庵漫録第二」18aにおいて、どの学派にも狭い了見に陥る人がいることを戒めて以下のように言う。

仏之弊、愚。老之弊、仙。儒之弊、文。我国所謂神之弊、誕。膏粱之腐也、為糞尿於腸胃間。世人胡甘糞尿之衆也。

（仏者の弊害は愚かに流れることだ。老荘家の弊害は仙術に流れることだ。儒家の弊害は記誦（文章技術）に流れることだ。我国のいわゆる神道の弊害は、虚誕ということだ。おいしい食物も胃腸で腐れば（消化されれば）糞尿になる。世の中の人は〔本来のおいしい食物ではなく〕糞尿の方をおいしいと思う人が何と多いことか。）

どの教派が絶対的に優れているというのではなく、どの教派も弊害に流れる傾向がある。だが、悲しむべきことに世人は往々にしてそういう輩をもてはやしている、というのである。

明治になって懐徳堂は閉校し、懐徳堂の中井木菟麻呂（一八五五〜一九四三）はロシア正教の信者になった。蘭洲も木菟麻呂のようにキリスト教を知ればそれに共感した可能性もあるかもしれない。

5、仏教批判について

先に述べたように、蘭洲の基本的考えは以下のようであった。

儒教は、人が天から受けた性に基づく思想であり、世界（宇宙）全体での自分の位置を考える思想であり、世界の秩序に沿った思想である。伊藤仁斎の言うように、卑近な日常道徳だけを説くものでなく、深遠で全面的な思想である。神道も女男《めお》の道を説き、陰陽の理に適う（上14条）点、儒教に近いと言える。

一方、仏教は、人の個人的な心（上39条、下4条、下14条）に基づく思想であり、利己的（下26条）で、世界の秩序を破壊するものである。一般人がみな出家すれば人類は滅びるであろう（上27条）。一般人が思うように深遠な思想ではなく（下19条）、深遠に見える部分は、仏教が儒教から取り入れたものである。

以上が、蘭洲の儒教・仏教についての基本認識である。ただ、蘭洲は釈迦という人とその思想については否定していない。(19) また、仏教が世の中の教化に役立つとする考えは否定はせず、ただこれ以上広まらないことを願うだけだというやや弱気な発言もしている。(20) そして、儒教の孝の思想に基づけば、親が仏教を信じていれば、子はそれを否定すべきではないとも考えていた（上15条）。

また、すでに述べたように、蘭洲は自分が否定的な思想についてもよく勉強していた。仏教についてもしかりである。(21) 以下の「6、取り上げている書籍」に取り上げるように、『承聖篇』には、多くの仏書が登場し、それらを蘭洲が読んでいたことがわかる。そして、彼のことばを見ると、『遺教経』『四十二章経』などは評価していることがわかる（下27条）。

また、彼には仏教を語り合う仲の知り合いがいたことがわかる。(22)『承聖篇』には、仏者との問答も多く見える（上13条、上14条、下1条、下6条など）が、これらは実際の議論に基づくものがあるのかもしれない。(23) また、上45条に「わづかに、禅家《ぜんけ》の心法を修《しゅ》するあれど」ということばからすると、自ら禅に取り組もうとしたこともあったのであろう。蘭洲が仏教を否定するに至ったのは以上のような体験に基づくものであった。

『承聖篇』の中で、仏教のさまざまな面を批判している。それは、「十厄論」において（宗旨はともかく）神道の現状には多くの問題があるとして批判するのと同様である。

以下、蘭洲が批判する仏教の学説を列挙したい。

まず、有名な三世因果説（上5条、上8条、上9条など）・天国地獄の説（上5条、上11条、下22条）を批判する箇所が多い。これは水田紀久氏の言う通俗仏教の説なのだろう。蘭洲は愚かな民衆が信じることを懸念している（下22条）。

その他、胎生・卵生・湿生・化生の四生説《ししょう》（下23条）や、地・水・火・風の四大説（上28条、下18条、下52条）、小千世界・中千世界・大千世界の三千大千世界（上42条、上43条）など、仏教の世界観や自然観を荒唐無稽な迷信だとして批判している。

また、倫理学説では、父母・衆生・国王・三宝の四恩を言うのに天の恩を言わないと批判している（上2条、上12条）。また、親への孝を否定しないのに出家があることの矛盾をついている（上48条）[24]。

蘭洲は、仏教自体ではなく、しばしば仏者のあり方に対して批判をしている。例えば、土地や服装に拘る僧侶の堕落を批判したり（上13条）、莫大な費用を使っていることを批判したり（上4条、上21条、下29条、下33条、下59条）、宗派に拘ることを批判したり（下17条）している。

また、しばしば「仏意」にかなうかどうかを問題にしている（上24条、上42条、上46条、下3条、下17条）。これは仏意自体は認めていた裏返しであろう。必ずしも激烈に否定するわけではない（序、下43条（丘氏に対して）など）。

仏教に対する蘭洲の考えをやや詳しく述べよう。蘭洲は、釈迦の考えの基本は、「人間が愚かになるのはすべて欲に執着することにある。そこで一切の有は幻だ（諸行無常）と説き、因果応報説を説くことで行いをよくさせよう」とすることであると考えていた。そして、それは特にインドにおいては人々の教化に益するものであった（『茗話』下巻1条……附録参照）。だが、中国に入った仏教は、輪廻に基づく三世説や天国地獄などの幻説ばかりを強調し人心を惑わしていた。そこで達磨が中国に来て、人間の心を重視する禅の教えを説いた。その「見性成仏」説は、儒教の「尽心知性」[25]と似ているが、自分の悟りだけを考える教えである。また、釈迦本来の教えではなく「新義」である（以上の中国仏教史の理解は下29条、下34条に見える）。このような仏教理解は、禅宗やその影響を受けた朱子学の理解に基づくものであるが、仏教の祖である釈迦の教えや後の達磨の教え――特に自分の心を見つめ反省する点――については一定の評価をしている点は銘記すべきである。

以上のようなことからすると、蘭洲の仏教批判は釈迦の説に向けられたものというより、主として風土が違う中国・日本において「中正の道」を凌駕しようとすることや当時の仏教のあり方に向けられたものと言うことができよう。

6、取り上げている書籍

ここでは、蘭洲が『承聖篇』において取り上げている書籍について述べたい（以下、何度も登場するものは太字にした）。

中国では、儒者による仏教批判が多数存在し、蘭洲は当然それらの書籍を多く取り上げている。例えば、唐・白居易「議釈教」（『白氏文集』策問）（下62条）や南宋・朱熹の発言を集めた『朱子語類』（上20条、上22条）、明・郝《かく》敬（京山）**『時習新知』**（下48～54条）、『茗話』下巻22条（（刊本下9a）にも見える）、明・羅欽順（整庵）**『困知記』**（下55～60条）などである。特に『時習新知』と『困知記』はまとめて取り上げており、蘭洲が比較的新しい明の仏教批判書を入手して熟読していたことがわかる[26]。特に、『時習新知』という本の目指すもの自体、蘭洲が目指すものと非常に近かった（下48条注参照）。

蘭洲は、先人の仏教批判の書を読むだけではなく、仏典そのものも読んでいた。これは先に述べたように、仏教関係の知り合いがいたということ以外に、自分が気にくわない思想を避けるのではなく知ろうとする姿勢があったからで、端的に言えば、仏教の思想にも好奇心を持っていたからであろう。

仏典については、おおまかに言えば、①基本的・総説的な本（『釈氏要覧』『倶舎論』『元亨釈書』）および②禅関係の本（『**六門集**』『**遺教経**』『**四十二章経**』『**金剛経**』『**円覚経**』『伝灯録』）が多い[27]と言えるだろう。

以下、『承聖篇』に引用されている仏書を列挙する。

・『**釈氏要覧**』…仏教入門者必携の仏教語用語集。

＊経書の名前を引いていてもここから孫引きしている場合がある（自分で述べている）。Ex.『浄名経』（上15条）、『法句経』（上16条）、『叔迦経』（上15条）、『四分律』（蘭洲は『楞厳経』と言う）（上35条）。仏律（上48条）。

＊『履軒小乗』という冊子の中に、中井履軒の京都行の携帯品リストが見える。その中に、五井蘭洲の遺贈書の一つに『釈氏要覧』の名が見える。

・『**倶舎論**』…『阿毘達磨倶舎論』。仏教哲学の基礎理論の指導書・入門書として珍重された。蘭洲は、主としてその中に見える四生説や宇宙観を批判している。『承聖篇』では一条兼良著『日本書紀纂疏』からの引用（孫引き）もあるようだ（上4条、上29条）。上5条、上7条、上42条、上43条、下23条、下37条。

・『**遺教経**』…伝釈迦作（釈迦最後の説法を伝えるとされる）。禅宗で「仏祖三経」として重用される。上10条、上16条、上46条、下18条、下27条・下36条（評価）、下51条。

＊『茗話』下巻76条（刊本下28a）でも「仏の本意」を表すものだと言う（附録参照）。

・『**四十二章経**』…仏教最初の漢訳経典とされる経典。上記、「仏祖三経」の一つ。上42条、下6条、下27条・下36条（評価）。

＊『茗話』下巻76条（刊本下28a）でも「仏の本意」を表すものだと言う（附録参照）。

・『**楞伽経**』…禅で重視[28]。禅宗の始祖達摩が第二祖慧可に授けたという。下37条、下58条、『蘭洲先生遺稿』下にも見える。

・『**楞厳経**』…禅法の要義を書く。偽経とされる。上19条、下58条。（上35条に名前が見えるが『四分律』のこと）。

・『**金剛経**』…『般若経』の一部。禅で重視。『**楞伽経**』が難解なので禅宗の第六祖慧能が重視したという。上16条、下31条。

・『**円覚経**』（『大方広円覚修多羅了義経』）…禅で重視。上28条、下23条（四生説）。

＊『雑纂』上（041/422）でも取り上げる（「事障」「理障」）。

・『**伝灯録**』…『景徳伝灯録』。禅宗を代表する灯史。上5条、上13条（書名なし）、上40条（書名なし）。

・『**六門集**』…『少室六門集』。古来、禅宗の祖菩提**達磨の著書**として伝えられる。下1条（書名は見えないが『茗話』中巻29条には見える）、下4条、下6条、下21条、下34条。

・『達磨大師悟性論』（『達磨大師三論』）…初期の禅思想を伝える。下7条。

・『臨済録』…唐代の禅僧で臨済宗開祖の臨済義玄の言行をまとめた語録。上35条。

・『**大慧普覚禅師書**』…大慧は宋朝臨済宗の代表的禅僧、大慧宗杲（一〇八九～一一六三）。公案禅の確立者。張九成（後出）と親交があり、朱子とも交流があった。上9条、上22条、上40条、下33条、下35条、下37条、下40条。(29)

・『**無門関**』…禅僧慧開著。禅の公案集。上20条、下7条。

・『独庵独語』…江戸初期の曹洞宗の学僧・玄光（一六三〇～一六九八）著。玄光には『儒釈筆陣』などの著作がある。下46条（書名なし）。

・『仏祖統記』…中国の南宋の僧志磐が、咸淳五年（一二六九）に撰した仏教史書。全五四巻。天台宗を仏教の正統に据える立場から編纂されている。下18条。

・『歴代三宝記』…隋・費長房が撰した経録、仏教史籍。下44条。

・『観経』…『観無量寿経』。大乗仏教の経典の一つ。日本の浄土教の根本聖典の一つ。中国撰述説もある。上19条。
・『涅槃経』…釈尊の入滅日の最後の説法を通して、仏教の根本思想を伝える仏教の基本経典。上16条（諸行無常）、下25条（一切衆生悉有仏性）。
・『法華経』…誰もが平等に成仏できるという思想を説く基本仏典。下57条（『困知記』の引用）。
・『三教指帰』…空海による宗教的寓意小説に仮託した出家宣言の書。三教（仏教・儒教・道教）を比較して、仏教の優越性を説く。下1条。
・『元亨釈書』…日本の仏教通史。著者は臨済宗の僧、虎関師錬。元亨二年に朝廷に上程された。下4条。
・『周書異記』…中国仏教が儒教に対する優位性を確保するために制作された偽書だと言われる。下44条（**ただし、仏書の引用中**）。
・『三教平心論』…元・劉謐撰。三教の根本は一致すると説く。上34条。
・『奏対録』…順治帝の問いに僧の道忞が答えた対話録。下60条。
・『心伝録』（『伝心録』と誤る）…張九成（禅者と交流した陸象山の先駆者）の語録。上17条。
・『証道歌』（書名は登場しない）…唐・玄覚撰。禅家の悟道した奥義を七言の韻文で詠ったもの。下30条。ちなみに、下8条では、仏典偽作説について述べる。これは、富永仲基らにも影響があるかもしれない。
以下、仏書以外で蘭洲が引用する書籍を列挙する。和学も修めた蘭洲は当然、和書にも詳しかった。
・『日本書紀』…（上21条、上24条：以上、書名は見えない）下11条。
・『日本書紀纂疏』…一条兼良著の『日本書紀』の注釈書。ただし、神代巻のみ。上4条（『俱舎論』の宇宙論を引く）、上44条、下23条（四生説）、下37条。

・『続日本紀』…（上47条、下10条、下61条：すべて書名は見えない）。
・『日本後紀』…平安時代初期に編纂された勅撰史書。『続日本紀』に続く六国史の第三。序（和文）、上23条、上24条。
・『源氏物語』…序（和文）、上30条（大和魂）。
・『枕草子』…下9条。
・『徒然草』…上38条。
・『伊勢物語』…下3段。
・『古事談』…源顕兼編の鎌倉初期の説話集。上24条（下10条、下29条：書名は見えない。下29条は『江談抄』（同じく説話集）だと言う）。
・『続古事談』…『古事談』を範として作られた編者未詳の鎌倉初期の説話集。下29条（書名は見えない）。
・『榊葉日記』…二条良基著の日記。序（和文）。
また、中国の史書や類書（百科事典類）の引用もある。
・『史記』…下42条（下10条：書名は見えない）。
・『後漢書』…（下2条：書名は見えない。）
・『三国志』（所引『魏略』）…下42条。
・『隋書』（経籍志）…下36条。
・『明史』…上35条。
・『登壇必究』…明・王鳴鶴が武官の昇進に必要な知識をまとめた書。一五九九年刊。上47条。

・『事林広記』…宋・陳元靚《ちんげんせい》編の日用類書（民間の百科事典）下42条。
・『素問』…中国最古の医書。黄帝に名を借りて撰したと伝えられる。『素問』と『霊枢』からなる。黄帝と岐伯の問答軽形式を取る。陰陽五行説が見える。上43条。

なお、蘭洲の奉ずる儒教の四書五経については以下のようである。熱い思いで性善説を唱えた『孟子』と道心・人心の語の見える『書経』への言及が多い（単にことばに言及する場合もある）。


『論語』…上27条、上39条、上46条、下27条、下31条、下51条。

『孟子』…上11条、上32条、上40条、上42条、下4条、下25条、下51条。

『大学』…下6条、下22条（八条目）、下41条。

『中庸』…下4条、下6条、下50条（下58条、下60条：引用中）。

『書経』…上1条、上32条、下25条、下26条、下40条、下45条（下55条、下62条：引用中）。

『詩経』…上1条、下4条。

『易経』…下22条（下19条、下62条：間接的）。

『春秋』…（下44条：書名のみ）。

『礼記』…下27条、下37条。
＊程子、朱子は多数言及する。『孝経』は書名のみ（下8条、下39条、下61条）。

一方、道家関係書については以下のようである。老子は書物の『老子』以外に老子という人に言及する場合も多い。宇宙観を参考にする場合も多い。仏教を批判するための書であるという目的もあるかもしれないが老荘を肯定的に述べる場合も多い。

『老子』…上16条（評価する）、上29条（宇宙観）、下13条、下57条、下58条（上34条、下1条、下41条、下42条、下60条：老子という人に言及）。

『荘子』…上28条（評価する）、下6条（下60条：荘子という人に言及）。

『列子』…上43条（宇宙観）。

『淮南子』…上29条（宇宙観）。

7、『承聖篇』の各テキスト

『承聖篇』は、現在も丁寧に写された写本が複数残されており、きちんと製本されているものも多い。これらから、写本の形で流通していたこと（商業ベースにも乗っていたこと）がわかる。(30) 刊本の『瑣語』末尾に『蘭洲茗話』の近刊予告があるが、実際には出版されなかった。『承聖篇』も刊行される可能性もあったのかもしれない。

〔原本に近いと思われる写本〕：下記①②③が、（原本にあったと思われる）振り仮名が最も多く、丁寧に写され筆写ミスも少ないと思われる。本稿で上巻は①大阪市立本を底本とし、下巻は②名大本を底本とした。

① **大阪市立中央図書館所蔵本**（121/1757）　略称：**大阪市立本**。
二六cm×一八cm。一冊。五五丁（丁付は十二葉が重複しており、十三葉以下が、実際の丁付けとずれている）。上巻のみ。（題簽には「全」とあるが、丁付は「上四」のように「上」の字があるものがある。）序に訓点がある。筆跡は流麗で、中之島

図書館本『中庸首章解』と似ている（ただし序は稚拙な字）。また、振り仮名も中之島本より多く、形式が（蘭洲自筆だと言われる）中之島図書館本『中庸首章解』に類似する。

② **名古屋大学附属図書館所蔵本**　略称：**名大本**。

二六・六cm×一八・三cm。一冊。五九丁。下巻のみ。題箋は「承聖論」。大阪市立本同様、流麗な筆跡で、振り仮名も多い。国文学研究史料館ＨＰで画像が公開されている。その他、名古屋大学附属図書館ＨＰにある書誌情報は以下のようである。

書題簽：左肩無辺「洲庵著／承聖論／秘／写本」無辺無界一一行　五つ目袋綴じ　縹色無地表紙　印記：「勝部氏蔵書記」、「神宮皇學館大學圖書之印」

［来歴］戦前官立大学であった神宮皇學館大學（一九四六年廃学）の旧蔵書。その多くは、伊勢神宮の師職（御師）であった来田新左衛門家の蔵書に由来し、歌書・連歌書・有職故実書を中心に価値の高い資料が数多く含まれている。また伊勢大湊の廻船業者、角屋家旧蔵の文書（角屋文書）を含む。（同上ＨＰより）

特筆すべきは、巻末に本文とは別筆だと思われる墨書付箋があり、以下のように記されていることである（同上ＨＰ）。

「嘉永三年（＊一九五〇年）の比学校教授後見並河氏(31)を招て論語を講せらる／跡にて仏教の弊を問ふに及ひしかは其後此書を携来られ恩借して／拝読に及ひしに大儒の五井先生著述なれは蔵書に加へ置たく／本書返却の後書林を尋求得たりけれは珍蔵せるなり（朱印「元東」）」→写本が複製され書肆で販売されていたらしきことがわかる。

＊「有」字は「月」が「日」の特徴あり（57b）。「焉」字も同様。

③　**東京大学所蔵本**（B60: 1923）（南葵文庫）　略称：**東大本**。

二五・八cm×一七・三cm。上下二冊を自家製本により一冊に合冊。上巻五五丁、下巻五九丁。末尾に明治三六年十二月二十一日の受入印がある。筆跡、字の配置ともに、上巻は大阪市立本に下巻は名大本と酷似する（下58条）。振り仮名も一致しており、専門家によって透写により複写されていたことが推測できる。ただ、丁付（大阪市立本は左（見開きの中心の右）、東大本は中心の右（見開きの左））、表紙のみが違う。上下ともに、本テキストを底本にしてもよいかと思う。

［来歴］南葵文庫は、紀州徳川家の当主徳川頼倫（日本図書館協会総裁）が設立した私設図書館。徳川頼倫が東京都港区麻布飯倉にあった自邸内に設置し、明治三五年（一九〇二）に開館した。

④　**大阪府立中之島図書館蔵本**（甲和433）　略称：**中之島本**。

二八・〇cm×一八・六cm。二冊。上巻五五丁、下巻五九丁。題簽に篆書の印がある（「酔月清玩」三・六cm×一・八cm）。表紙裏に「初代豊田文三郎氏遺書」印がある。豊田文三郎（一八五三～一八九六）は明治時代の政治家。受入印「大阪圖書館、12382、明治卅八年八月卅一日」。一部貼り紙による修正がある。48a六行目「いふべしもとより三千世界」の下に次の行が見える（おそらく抄者の写し間違い）。所々貼り紙による修正がある。写本らしく、所々、写し間違いと思われる箇所がある（都立本が指摘する場合が多いので、校勘で示した）。丁付は、上巻は大阪市立本に、下巻は名大本にほぼ似るが、全く一致するわけではない。上巻第5条、第7条、第9条、下巻47a「第47条」などの前に空行があ る。おそらく大阪市立本・名大本と同様の割付をする底本の行と合わなくなったので、空行を入れて調整したと思われる（このテキストは、大阪市立本・名大本と類似する底本を写したもの）。振り仮名も、大阪市立本・名大本より少ない。二本で左右に振り仮名がある場合、左だけを写している場合がある（これも大阪市立本・名大本と類似する底本を写したものであるためだろう）。ただし、稀に大阪市立本にない振り仮名が中之島本に見える場合がある（おそらく大阪市立本の原本からの写し漏れであろう（国会本もあるので））。上13条（21b）「託言（たくげん、中之島本左：かこつけごと）」、上16条（25a）「臭味（しゅうみ、中之島本左：きみあい）」、上21条（28a）「躔度（てんど、中之島本左：あゆみ）」

⑤　**都立中央図書館所蔵本**（請求番号　加555）略称：**都立本**。

二六・八㎝×一八・〇㎝。一冊。一一四丁（上巻五五丁、下巻五九丁）（中之島本と同じ）。紺色の表紙。本文一葉下部に「加賀文庫」印あり。表紙裏上部及び序文一葉下部に「浜和助」印あり。受入印「東京都立日比谷図書館／昭28.1.10／094436」中之島本と字の配置、字形、振り仮名も一致する（中之島本で挿入されている箇所もそのまま）ため、おそらくは中之島本に紙を重ねて写し取ったものだと思われる（両本のコピーを同一縮尺にして重ねてみても字の位置、字形の特徴は一致した↓だから字形の似た別字に誤った場合もあるのだろう）。冒頭部に段下げがない点も中之島本と同じだが、各節冒頭の〇がない。また、ごくたまに中之島本にある振り仮名がないことがある。（中之島本が先行するテキストであることがわかる。）上巻下巻ともに収録されているが、どこから下巻かは示されていない（上巻も）。所々に朱筆が見えるが、書き誤り（転写ミス）を直すもの、中之島本の誤りを指摘するもの（妥当な場合とそうでない場合がある）が混じっているので注意が必要である。

［来歴］愛書家として知られる大阪出身の実業家加賀豊三郎氏（一八七二〜一九四四）の旧蔵書約二四一〇〇点を「加賀文庫」として所蔵している。

⑥　**大阪大学懐徳堂文庫所蔵本**（121.44/SHO）　略称：**懐徳堂本**。

二七・〇cm×二〇・三cm。二冊。上巻四四丁、下巻四八丁。白井久吉氏寄贈。用紙は、大きさが不揃いで、分厚くて障子の桟の跡のような模様がある（障子紙の再利用か）。改行などが中之島本、大阪市立本と違う。筆跡が荒い。

⑦　**関西大学所蔵本**（請求記号：L24/1-719、資料ID：210177900）　略称：**関西大学本**。

二七・八cm×二〇・〇cm。仮綴じ一冊。一一四丁。

・表紙裏に「五井蘭洲手稿」の貼り紙あり。
・蔵書印「文渓」？
・まま紙片が挟まっている。抄者がはっきりしない字についてコメントを書いたものらしい。その内二枚は桃色の紙の裏に「青史に輝く　武漢三鎮の陥落を祝して*　生國魂神社に大勝報告礼拝」という印刷が見える。＊一九三八年（昭和一三年）一〇月二六日。
・末尾附近欄外上部に『瑣語』の書入れあり（下45条、下46条）。

〔以下、漢字カナ混じりのテキスト（崩し字でない）〕それぞれ写した関係は見られない。

⑧　**国会図書館所蔵本**（212-212）　略称：**国会本**。

二六・八cm×一八・七cm。二冊。第一冊五八丁（第二三丁が重複）、第二冊六四丁。楷書体の漢字カナ混じり文で書かれている。元表紙らしきもの「承聖篇　乾」（「承」字の下は録の右下のようになっている）が挟まっている（現表紙は

「帝國圖書館」の浮き出しあり）。振り仮名も多い（大阪市立本と一致する）。朱筆で読点および各条の冒頭を表す圏点が振られている。解読の上で貴重なテキストであることは確かだが、明らかな字の写し間違いや抜けも見られる。中之島本の系統かと思われる（下55条校勘記参照）。

⑨　**無窮会神習文庫所蔵本**（番号1479・四冊）　略称：**無窮会本**。

二六・〇cm×一八・六cm。四巻四冊。第一冊三〇丁、第二冊二九丁、第三冊三一丁、第四冊三三丁。漢字カナ交じり文。振り仮名はない。四巻に分けられている。巻一のみ、誤りを朱筆で訂正する箇所があるが、原本との照合によるものではなく推測によるもので推測がはずれている箇所も多い。相当後出のテキストであると思われる。

［来歴］「神習文庫《かんならいぶんこ》」は明治期に於ける神道・国学の大家・井上頼圀（頼囶）氏の遺書。

⑩　**懐徳堂記念会新収本**（平成二八年度）　略称：**阪大新収本**。

二五・九cm×一七・八cm。一冊。六九丁。上巻のみ。旧大田蘆隠蔵書。国会本と同じく、漢字カナ混じり文。ただし、文字の割付など一致しない。（崩し字ではない。）

［来歴］大田蘆隠（一八七六?〜一九一三）は、明治期、大阪人文会の会員として西村天囚に『蘭洲遺稿』などの資料を提供し、懐徳堂研究の先鞭をつけることに貢献した大田源之助である（『懐徳堂考』に見える他、西村天囚著『碩園先生文集』巻二に「大田蘆隠墓碣」がある）。

注

（1）懐徳堂学派は当然仏教に批判的であり、山片蟠桃や中井竹山・履軒兄弟も仏教を批判している。これらに関しては以下のような論考がある。

・岸田知子「山片蟠桃の排仏論」（『高野山大学論叢』三六号、二〇〇一年）

・田世民「中井竹山の排仏論と鬼神祭祀説」（『詩に興り礼に立つ——中井竹山における『詩経』学と礼学思想の研究』、国立台湾大学出版中心、二〇一四年）

【参考】今井淳・小澤富夫編『日本思想論争史』（ぺりかん社、一九七九年）

（2）上1条参照。

（3）蘭洲は「神仏別致といふ心を」という詞書きを添えて「おしなべて世を背く道におもむかば　あをひとくさの根はたえぬべし」という和歌を詠んでいる（『蘭洲先生遺稿』下（和文25a））（附録参照）。

（4）仏教が心に、儒教が性に基づくという説は朱子の先人である程頤が唱えた説である（『河南程氏遺書』巻二一下（伊川先生語七下）、蘭洲は下60条でも言及する）。『承聖篇』下56条でも、儒教は天理の自然に従う教えだが、仏教は天理にもとるとしている。『茗話』中巻13条でも、儒教は直接天につながる教えで仏教のように人から人へ伝えるものではないと言う。

（5）朱子学が基本的に否定的な情についてもそうである。例えば、『雑纂』(041/422)上巻18bに蘭洲の以下のような言葉が見える。「『困知記』ニ「道心、性也、人心、情也」ト云ハ、「楽記」「人生而静、天之性也。感於物而動、性之欲也」ニアツル意也。道心ヲ天理トシ、人心ヲ欲ニアツル也。欲ト云モアシキ事ニ非ズ。寒服ヲ欲シ、暑冷ヲ欲ス類、欲也。人心ヲアシキモノトセヌ意ユエ、情ニアツル也。情アシキ事ナキ也。」

（6）深谷克己『民間社会の天と神仏——江戸時代人の超越観念』（敬文舎、二〇一五年）、伊藤聡『神道とは何か——神と仏の日本史』（中央公論新社〈中公新書〉、二〇一二年）などを参照されたい。いわゆる「お天道様《おてんとうさま》」である。蘭洲は『蘭洲先生老子経講義』で、多くの章は道を説いたものだと解釈する。その道はこの「お天道様」をイメージしていたのではないか。また、蘭洲が『老子』に引かれた大きな理由はここにあるのではないか。

（7）この分の思想は、『荘子』の注釈である『荘子郭註紀聞』にまとまって見える。蘭洲は『荘子』を分の思想によって解釈した郭象に共鳴していた（拙稿「五井蘭洲の『荘子』理解――『荘子郭註紀聞』を中心に」（『大東史学』七号、二〇二五年）参照）。

（8）その他、当時の日本人は、季節の巡りを目の当たりにして、世の中は循環するものという基本認識（「循環史観」）を持っていた（上29条参照）。自然に沿った生活をして、この世界の循環を乱さないことが大事だと考えていた（拙稿「加藤景範『民間さとし草』の思想――その学問観・学者観を中心に」（『中国研究集刊』五三号、大阪大学中国学会、二〇一一年）9、自然の理に逆らうことはすべきでないこと（突き抜き井について）参照）。このことも現代には啓発的意義を持つであろう。

（9）中井竹山著の墓誌銘（木村敬二郎『大阪訪碑録』一八九頁～「蘭洲五井先生之墓」（『浪速叢書』第一〇）。『奠陰集（文集）』巻三には「蘭洲先生墓表」（宝暦一三年作）という題名のみで本文は見えない）によれば、他に『非費篇』があったと言う（「著『非伊』『非物』『非費』『承聖』諸篇」）がこれは何を批判したものか未詳である（『懐徳堂考』「蘭洲の学術著書」でも「『非費』は何の書なるやを知らず」と言う）。人名の可能性が高そうに思うが未詳である（彼が他で批判対象としている山崎闇斎ではない）。

（10）荻生徂徠を批判する『非物篇』においては、「嗚呼、徂徠、杜門読書、不与世相渉。……不免於独学固陋」など（冒頭）。伊藤仁斎については、蘭洲が受け入れられなかったのは、仁斎が道の体を説くのは仏者と同じだとし、孔子は道の用だけ説いた（人倫日用の道）とする点である（『蘭洲先生遺稿』上巻69a参照）。蘭洲は、以下のような言葉で仁斎を批判している。

・「不過立新奇之説駭庸人之耳目耳」（『非伊編』）
・「陳熟緩慢略無攖払之説」（『非伊編』）＊『蘭洲先生抄書』では「ヌンメリトシテアタリサハリナキ」と注記がある。『資治通鑑後編』巻一三二に由来する語らしい。
・「似寛弘、実惰慢邪僻、以是誘人。人皆放恣浮躁、乃不慎行検、唯醸成大言不慚之疾」（『蘭洲先生遺稿』下巻11a）
・「功利」（『蘭洲先生遺稿』上巻36ab、『蘭洲先生遺稿』下巻11a。藤居岳人『懐徳堂儒学の研究』参照）
・「以己之惰慢不整、強学者以揜其醜矣」（『蘭洲先生遺稿』下巻10b）

・「仁斎之学、不能一定件堅固、或雑功利、又尚俗習、憚厳疾敬、乃流蕩不知律身」（『蘭洲先生遺稿』下巻10b）
・「似寛弘、実情慢邪僻、以是誘人。人皆放恣浮躁、乃不慎行検、唯醸成大言不慚之疾」（『蘭洲先生遺稿』下巻11a）

(11) その他、『承聖篇』上6条、上12条、下20条、『蘭洲先生遺稿』下巻16b（仁斎批判がまとまった箇所で）「夫道固一道而已矣。……天地以生々為徳」など。

(12) その他、『承聖篇』上34条にも同様の内容が見える。『茗話』上巻20条（刊本上7）でも「諸子あるより、をのづから儒者の名目出たり。陸王の学あるより、をのづから朱子学の名目出たり。しかれば、儒者と称し、朱子学となふるは、このましからぬ事也」と言っており、『茗話』下巻19条でも、儒には狭義の儒（一家を打ち立てる儒）と広義の儒（普遍的な中正の道）があると言っている（ここでは門戸を「いゑ」と訓んでいる）。

(13) 「与坂順庵」（大阪府立中之島図書館蔵朝日文庫『五井蘭洲遺稿　鶏肋編』二）において、順庵が「荻生徂徠など読まない」と言ったことに対して、「そのような偏狭なことでは困る。そのような偏狭さこそが徂徠の問題点であった。広く学ぶべきだし、他の考えと没交渉ではいけない」と言っている。「（＊順庵の手紙を読み返してみると）有言習異不置対、物子之教然也。……夫同類相誘、聚首談笑、独守其家而已、如何得免固陋之誚。……足下效其尤、即有人相詰問、乃如耳不聞、置而不対、……亦非細故也。古之君子不然。……不佞（＊私）雖従宋学、豈其事々必宋耶。如物子之説、亦豈事々皆非耶。要習之異、所以救我之偏。故雖仏老之徒、苟有質問也、不敢与之絶。」

(14) 「記誦」という語は、上26条に見える。下62条では「記問」という語を使う。

(15) 蘭洲は「神儒一致といふ心を」という詞書きを添えて「ちはやぶる神代もめをのことはりのたがはぬや国つをしへなるらん」という和歌を詠んでいる（『蘭洲先生遺稿』下巻25a）（附録参照）。

(16) 拙稿「五井蘭洲の『荘子』理解――『荘子郭註紀聞』を中心に」（『大東史学』七号、二〇二五年）参照。

(17) 例えば、父・持軒については、蘭洲が書いた「持軒先生行状」（大阪大学懐徳堂文庫所蔵『鶏肋篇』巻一7b-8bおよび中之島図書館蔵『五井持軒和歌遺稿』所収）に以下のようにある。
時喜朱学者、率多執拗。君之疾也、呼門人将有告。舌強不可、乃援筆臥書曰、「謹勿与固乎朱学者会也。唯肆罵詈而止、無益之甚。賢銘之心。」……
初専従朱学、晩不悉従。曰、「宋儒之説、精則精矣。雖然、性岐理気、則非孟子之旨矣。夫形色天性也。目視耳聴、手持足行、豈為置之性外以有不善也。又非謂億万人中、或有一不善性也。非唯人為然。天地万物、性皆善也。祇皆善而善有優劣已。優者易於為善、劣者易於為悪、未始有善悪相反者也。故曰『性相近也、習相遠也。』其優之大者、謂之上智、劣之甚者、謂之下愚。上智進善、下愚之悪、又未始有善悪相反者也。故曰『上智与下愚不移。』即認劣以為悪、猶認過以為悪也。性中豈容悪字乎。至其謂説性以程子為詳悉、孟子未免少有疎処、則予所不信。熟読孟子七篇、則聖人之道不難知。天下之事莫可疑、唯憾学者弗深知孟子而已。」然講経子、率従新註、門人親炙者、粗示其説已。

(18)『茗話』下巻59条（刊本下21b）に、紅毛国《オランダ》の人は実証を重んじ迷信に囚われていないと評価している（附録参照）。また、『茗話』下巻65条（刊本下24a）には、以下のようにある。

　西北の国に、しゆてやあといふ国あり。此国開闢《かいびゃく》より已来、六千年つづきて国に兵乱なし。誠にしからば、やまとももろこしも及ばぬことなり。紅毛国《おらんだ》も、其国の内にて、たがひに戦ふことなしといへり。（阪大写本）（欄外に「しゆてやあ」は『明史』に見える「如徳亜《ユダヤ》」であろうという考証あり。）

また、『茗話』上巻40条（刊本上12a）に以下のようにある。

　もろこしの人は、おほくは井蛙《いのうちのかはづ》の見なり。吾国の外には人も人ならずとおもへり。……天地の間、数しらぬ国なれば、いかなるよき国あらんも知べからず。

大阪大学懐徳堂文庫所蔵『鶏肋篇』巻五「冽庵漫録第二」21bにも見える。

(19)『承聖篇』序文でも、仏教に対する姿勢はぶれているし、上30条でも「余必しも仏をいとはず。……」と言っている。釈迦がインドの風土に合わせて仏教を説いたことは評価し、ただ、それを中国や日本で当てはめることに反対する。下41条では、「好仏」と「淫仏」を区別し、前者は「道に近し」として評価している。『茗話』下巻1条でも仏教を肯定する発言をしている。

(20)冒頭部5b（丁付「上五」）「仏の道、今に至りては、おほやけの世を治めさせ給ふ、ひとつのそなへなり。なくてはかなはぬこととなれば、これを排斥《しりぞく》すといはば、おこがましくしれ者とやならん。ただ願ふところは、これまでのおもむきにて、此上甚しきに至らざらんやうにとおもへる愚忠のこころのみ。」

(21)『蘭洲先生遺稿』上巻80b‐の仏者（「神光寺堂頭和尚」）への手紙の中に「……愚未嘗参禅、又未嘗談禅、不博渉仏書。但少時、読『金剛』『維摩』『楞厳』『楞伽』及『臨済録』『大慧書』『仏祖三経』『壇経』『六門』等数巻。今皆忘之」と見える。これらの書は『承聖篇』の中でも登場し、蘭洲が覚えていたことがわかる（附録参照）。

(22) 上9（わたのべ長祐）、下16条（播磨の普光という僧）、下43条（丘正敦）など。渡邉長祐は、『蘭洲先生遺稿』上巻39a、『茗話』下巻59条（刊本下22a）にも見える。江戸での知り合いで、かつて仏学も修める陽明学者である。（附録参照）。

(23) 蘭洲個人の思想格闘か、他人との論争からはわからないが、当時の日本人がこのような思索を行っていたのは興味深い。

(24) 儒教の孝と仏教の孝の違いについては上15条で説明している。

(25)『孟子』尽心上篇に「**尽**其**心**者**知**其**性**也、知其性則知天矣」とあるのに基づく。

(26) 序文で、漢文で書かれた「異端弁正の書」に触れる。これは、おそらく『時習新知』『困知記』などの書物を言うのであろう。明・詹陵撰『異端弁正』（京都・風月宗知蔵版、寛永二一年（一六四四）刊本）という書物があるがこれだけのことではないと考える。

(27) 鈴木大拙『禅とは何か』（角川文庫、一九六七年）の言う禅の基本仏典は、①『**楞伽経**』、②『般若心経』、③『**金剛経**』、④『**円覚経**』、⑤『**楞厳経**』（上18条）。『般若心経』以外は『承聖篇』で取り上げられている。

(28)『楞伽経』には、自ら覚る智恵が自分にあり（「自覚聖知」）、その境地に入るよう修行する禅宗の中心思想が述べられている（鈴木大拙『禅とは何か』（角川文庫、一九六七年）参照）。

(29) 看話禅とも言う。師から示された公案を解いて悟りに到るという禅。曹洞宗の黙照禅（一切の思慮分別を断絶してただ黙々と坐する）に対し、臨済宗の修行法を指す。

(30) 名大本書き入れに「書林を尋求得たりければ」と見える。

(31) 懐徳堂最後の教授・並河寒泉は膨大な日記を残しているが、その頃の日記『居諸録』は、弘化三年の一一月～嘉永四年末までの五年ほどは記述が抜けている（矢羽野隆男氏からの情報）。

本文（翻刻・校勘・注・解説）

上巻（四八条）

35　承聖篇序

〔1a〕承聖篇序

宇宙《ノ》之間有レ道焉、名為二中正《ト》一、*外《ハ》レ此《ヲ》皆邪説暴*行已《のみ》。淪《ンデ》而不レ明、浮屠乗レ之《ニ》、衆庶趨《ク》レ之《ニ》、固《ヨリ》其《ノ》宜也。但閔《レムノミ》下其同生《ク》二両間《ニ》一、滅二倫理一棄二綱常《ヲ》一、乃絶二祖宗《ノ》嗣《ヲ》一、遂為《ヲ》中不孝之人《ト》上耳。我欲レ救《ト》レ之、疾已《ニ》在二膏肓一、弗レ可レ薬矣。余聞《ク》朝鮮《ノ》仏法、隆二*于古一替二于今《ニ》一、天竺亦《モ》復然。其属国回紇不レ崇二仏法一、唯敬レ天且崇二孔子《ヲ》一。如二本朝《ノ》一、久《シテ》而廃《ン》焉、亦未レ可レ知也。嗚乎、仏入二我〔1b〕国《ニ》一、千二百年于茲《ニ》一矣、世之円頂《シテ》而方*袍《ナル》者、亦奚《ゾ》限《ラン》。坐二高堂大厦《ノ》之下《ニ》一、不レ耕《シテ》而食《シ》、不レ織而衣《き》、既《ニ》無二*顛裳《ノ》之労一、又無二簿書《ノ》之煩一、昂々然為《ニ》レ世帰《ノ》仰、恬《シテ》以自安《ズ》。仏恩亦大矣哉。是以有《レバ》二毫《モ》非一レ之《ヲ》、乃切歯疾視、弗レ能レ付二之不《ニ》一レ問、務《テ》欲二解レ紛脱《ント》一レ囲《ヲ》、亦其《ノ》宜矣。夫有《レバ》レ的*矢集《リ》、有《バ》レ賊吏逮《ス》、亦*自取《レリ》焉、尚奚《ゾ》尤レ人《ヲ》之有《ン》。世儒欲三漫《ニ》与レ之争《ント》二乎理《ニ》一也、彼《レ》素《ヨリ》有二其《ノ》備一、変幻出没、不レ可二端*睨《ス》一。禅子特《ニ》挙二其近似者《ヲ》一、以二機*辨《ヲ》一〔2a〕禦《ル》レ人《ニ》。是以君子好《テ》譚二空理一説二心法《ヲ》一者、不レ覚陥《ル》二其窠中《ニ》一、乃儒仏混《ジテ》為二一途《ト》一、*令二世貿々然不レ知《ラ》二其是非一。余乃目《テ》レ之為二無用長物《ト》一、閣《ク》二之度外《ニ》一耳。請終《ヘン》二長物之説《ヲ》一。物有二宜《ク》レ有者一、有二宜レ無《ル》者一、有二有《モ》亦可無《モ》亦可者一。故宜レ有者《ニシテ》而無《ナレバ》焉、則乱《ナリ》矣。宜レ無《ル》者《ニシテ》而有《レバ》焉、則亦乱矣。有無倶《ニ》可《ナル》者、不レ如レ無《ニ》也。宜レ有者《ハ》倫理綱常、宜レ無《ル》者《ハ》邪説暴行、不レ如レ無者浮屠氏是已《レのみ》。蓋古之聖世、人未レ聞レ有《ヲ》レ仏也。未レ有レ仏而国家治平、聖賢輩出《シ》、民俗淳厚。中古《ニシテ》而後有レ仏、而治未三嘗軼《ギ》二乎古一、〔2b〕人未三嘗超《テヘ》二乎聖《ニ》一、民俗偸薄《ナレバ》、則仏誠《ニ》無レ益二於有《ニ》一矣。雖レ然、*叔-世治-教不レ復二乎古《ニ》一。凡-庸-輩信二其教-誘《ヲ》一、不レ至《ル》二大*憨《ニ》一者有レ之、或《ハ》便《ナル》二為レ僧為レ尼寄《ルニ》レ蹤者有之。故曰、有亦《モ》可。雖レ然、古-昔無レ仏之時、未四嘗聞《テ》三以レ無《ヲ》レ仏《ヲ》為二生-民《ノ》之憂《ト》一、則寧《ロ》無《ランカナ》也哉。且也、不レ宜レ無《ル》者、自レ古業-已《ニ》有レ之、不レ俟二後世《ノ》添設《ヲ》一也。如夫中正之《ノ》教、乃乗二自然之《ノ》道《ニ》一、尽二稟-賦之《ノ》性《ヲ》一、不レ有レ加二-損於其《ノ》間《ニ》一、其目《ハ》則倫-理綱-常而《の》已《み》矣。倫-理綱-常、不レ可二一日《ニシテ》而廃《ス》一、不レ可二古今《ニシテ》而変《ズ》一、不レ可二夷夏《ニシテ》而棄《ツ》一、謂二之《ヲ》天下之《ノ》達道《ト》一。如二仏法一、有レ時起滅《ス》、非《レバナリ》二達道《ニ》一也。〔3a〕其謂二之長-物《ト》一、不二亦宜《ナラ》一乎。余撰二『承-聖-篇《ヲ》』一、乃筆二是語《ヲ》一以為レ序。

*宝暦七年丁丑十月望　五井純禎撰

【校勘】○懐徳堂本は「千」に作る。○矢　底本、東大本は「矣」に見える。○自　中之島本「目」。○睨　国会本は月へん。○辨　東大本、懐徳堂本「辨」。中之島本、国会本、阪大新収本「辯」。○二（返り点）　底本は「三」になっているが国会本により改めた。○憨　国会本は「熟」に誤る。

【注】○中正　普遍性を有する儒教を指すことば。『通書』道第六に「聖人之道、仁義中正而已矣」とある。『太極図説』にも「中正仁義」と見える。上30条、下30条、下41条にも見える。○邪説暴行　『孟子』滕文公下篇に「世衰道微、邪説暴行有作、臣弑其君者有之、子弑其父者有之。孔子懼、作『春秋』。『春秋』、天子之事也。是故孔子曰、知我者其惟『春秋』乎、罪我者其惟『春秋』乎」とあるのに由来する。○方袍　僧侶の着る衣。○顚裳　「顚衣到裳」で忙しくて順序を間違える意。『楚辞』の劉向「九歎・愍命」に「今反表以為裡兮、**顚裳**以為衣」と見える。○叔世　末世。○宝暦七年　西暦一七五七年（蘭洲六〇歳）。

【解説】仏教に対して儒教は、自然の摂理に適う普遍的な教えであると言う。仏教はあってもなくてもよい教えだという論には蘭洲の仏教批判の揺れを感じさせる（上30条で「私は仏教を全面否定するわけではない」と言っている）。仏教を信じてまっとうな生活を送っている人はそれはそれでよいと考えたからであろう。

〔4a〕もろこしに仏法入てより、これを排斥《しりぞくる》する人、世々におほし。吾朝《わがてう》にてはさることなし。古の儒《じゅ》と称《せう》するは、吉備公《きびこう》*・菅丞相《かんじゃうしょう》*などを始《はじめ》め、其主《しゅ》とする所は皆仏法なり。是中正の道、世に明らかならぬ故也。爰《ここ》に慶長《けいちゃう》・元和《げんわ》のころ、草も木もことやめて、東風になびきしより、大平を頌《うたい》し文運《ぶんうん》大に開《ひら》け、藤惺窩《とうせいぐは》*を挺《てい》生し、中正の道、世にあらはれ、林氏《はやしし》*これを受つぎ、つゐに諸儒《しょじゅ》*歴々《れき》かぞふべし。諸儒にすこしの異同《いどう》《ちがひ》はあれど、中正の道を主とするには、〔4b〕かはりなし。しかれども、仏氏《ほとけ》を排斥《しりぞくる》する説《せつ》はあからさまに世に聞えず。おもふに、今の世上《かみ》ざまに、必しも御身《おんみ》に仏道《ぶつどう》を修《しゅ》し給ふとにはあらで、おほくは古よりの例格《れいかく》にまかせて、行れ給ふことと見えたり。又、先例《せんれい》によらせ給ひ、やんごとなき御かたがた、名だたる大刹《おほてら》におはし、又勢《いきほい》ある寺院《てら》もあり。しかるをこれを論《ろん》ずるはここにおそれあり。憚《はば》らずまうさば、其大夫《たいふ》をそしらぬ礼《れい》にもかなはねば、をのづから口《くち》をつぐめるならし。しかるに、昔《むかし》嵯峨《さが》天皇弘仁《こうにん》六年に、伊勢大神《いせだいじん》の宮司《みやつかさ》、中臣清持《なかとみきよもち》、私に仏事を行ふにより、大神の御たたりありしことを『日本後記《こうき》』*にしるさる。〔5a〕これ仏法は神慮《しんりょ》にかなはぬによりてなるべし。又『源氏《げんじ》ものがたり』*などにも、斎宮《さいぐう》は仏《ぶっ》経《きゃう》を手にとることだに禁《きん》じ給ふといへり。今の世にても、僧尼《そうに》は大神の御前に至ることをゆるさず。大嘗会《だいじゃうえ》の時は、仏寺《てら》の鐘《かね》をだにならさず。大中臣能宣*の『榊葉の日記』*に、仏事の代詞をかきつらねて、「堂をこりたきといへるなん、げにぞ、ごまの烟のけ（ふ？）すみくゆらんは我神たちのいなみ給ふらん」といへり。近世《きんせい》、岡山《おかやま》*の大守は国《くに》を治《おさむ》るに仏法を用ひず、異端辨正《いたんべんしゃう》*の書《しょ》は公然《おしはれて》として印行《いんかう》し人間《せけん》に行はる。やつがれ儒《じゅ》を業《げう》とする家に生れ、我国の神

の道のはしばし聞ることもあれば、大神宮の神慮《しんりょ》にもとづき、これを論《ろん》じしるして、後の人につげ〔5b〕しらせんは、身におはぬことにもあらざるべし。されど、仏の道、今に至りては、おほやけの世《よ》を治めさせ給ふ、ひとつのそなへとなり、なくてはかなはぬこととなれば、これを排斥《しりぞく》といはば、おこがましくしれ者とやならん。ただ願《ねが》ふところは、これまでのおもむきにて、此上甚《はなはだ》しきに至らざらんやうにとおもへる*愚忠《ぐちう》のこころのみ。近き比、仏法宗旨《しうし》の中に、ことなることをとなへ人をすすむるとて、おほやけより*制禁《せいきん》し給ふこと、しばしばきこゆ。これ其甚しきをにくみいましめさせ給ふ御こころばへなるべし。世に行わるる異端辨正の書は漢文《かんぶん》にうとき人は、よみとくことかたかるべければ、ここには和文《わぶん》をもてしるし侍るものならし。

【校勘】〇歴々　中之島本「歴に」。〇こりたき　中之島本は「たるたき」に見える。阪大新収本「たるたき」。国会本は、この前後の文（「大中臣能宣」～「給ふらんといへり。」）が抜けている。〇おもへる　中之島本「おもへり」。

＊ここまで、底本、国会本は段を下げて書かれている。以降の圏点（「〇」）で始まる各条とは別のものであるという認識なのであろう。

【注】〇吉備公　吉備真備。〇菅丞相　菅原道真。〇藤惺窩　藤原惺窩。〇林氏　林羅山。〇『日本後記』『日本後紀』巻二五（逸文）「嵯峨天皇弘仁七年」に「六月丙辰（＊二十二日）。伊勢大神宮司従七位下大中臣朝臣清持、有二犯穢一、并行二仏事一。神祇官卜レ之有レ祟、科二大祓一、解二見任一。」と見える（黒板伸夫・森田悌編『訳注日本史料・日本後紀』（集英社、二〇〇三年）七二六頁）。〇『源氏ものがたり』『源氏物語』若菜　下35-49の「斎宮におはしましころほひの御罪軽むべからむ功徳のことを、かならずせさせたまへ」（斎宮の頃のお勧めで仏事を遠ざけていた罪もあり功徳を積ん

でください。必ずするようにしてください）について『岷江入楚』（中院通勝著の『源氏物語』注釈書）に「斎宮は経・仏をとり給はざるなり」と見える（早稲田大学蔵本71/112）。○大中臣能宣　「おおなかとみよしのぶ」。平安時代の歌人。三十六歌仙の一人。○『榊葉の日記』　二条良基著『榊葉日記』下巻に「堂をこりたきといへるなん、げにぞ、ごま（護摩）のけむり（煙）のふすみくゆらんは、わが神たちのいなみたまふらんに」と見える（内閣文庫写本15/21）。○こりたき　香燃。斎宮の忌詞で、堂のこと（「香をたく」に由来）。＊忌詞については『沙石集』巻一「一　大神宮の御事」にも「仏をばたちすくみ、経をば染め紙、僧をば髪長《かみなが》、堂をばこりたきなむど言ひ」などと見える。筒井正明「斎宮の忌詞に関する雑録」（『斎宮歴史博物館研究紀要』二〇号、二〇一一年）参照。○異端辨正の書　5bには漢文の書だと言う。明・詹陵撰『異端弁正』（京都・風月宗知蔵版、寛永二一年（一六四四）刊本）などを言うか。若槻正吾「江戸時代における幕府の宗教政策とその背景」参照。仏教批判については注2参照。○制禁　「諸宗寺院法度」（一六六五年）の「新儀を立て奇怪の法を説くべからざる事」などを言うか（山折哲雄・大角修編著『日本仏教史入門――基礎史料で読む』（角川書店〈角川選書453〉、二〇〇九年）三四三頁参照）。そうだとすると、この禁令は、異義異説の禁止であり、既成宗派を攻撃するものというより、保護するための措置であったはずである（結城令聞他『日本の仏教』（大蔵出版〈講座日本の仏教Ⅴ〉、一九七七年）「江戸時代の仏教形態」「二、教学の精神」「異義異説の禁圧」も参照）。蘭洲の理解は不正確ではないか。なお、上記『日本仏教史入門――基礎史料で読む』三四二頁～には江戸時代の仏教政策がわかりやすくまとまっている。

【解説】仏教が権力と結びついていたことを言う（序でも触れる）。

第1条

〔6a〕○神道者《しんとうしゃ》、ある僧《そう》にとふ、「仏書《ぶっしょ》*に、「法身《はふしん》遍《あまねし》二世界一ニ」と説《とけ》りとうけ給はる。然るに、仏法のわが国に行はるるは中ごろよりのことなれば、その昔《むかし》は仏といふ名もなし。いかが。」僧こたへていふ、「日本の始《はじめ》の国常立尊《くにとこたちのみこと》は即《すなはち》仏身《ぶっしん》なるをしらずや。」「それはいひ勝《がち》といふものなり。さの給ふこと、仏書にありともきかず。国常立尊、われこそ天竺《てんぢく》の仏《ほとけ》身よともの給はず。たれありてこれを信ぜん。もしいひがちならば、国常立の神徳《しんとく》は、国土《こくど》のよりて常《つね》に立《たつ》ところなり。天竺の仏も国常立の化身《けしん》なりといひても、たれかいなといはん。宇宙万国《うちうばんこく》、大小強弱《だいせうきやうじやく》のたがひはあるべけれど、同じく両間《てんちのあいだ》に並《ならび》立《たつ》る国なり。然るを、あらゆる国土、皆天竺《てんぢく》より支配《しはい》すべし〔6b〕といふをきてをきかず。其上、天照大神《てんせうたいしん》は仏法をすかせ給はねば、人の国はいざしらず、わが日本ばかりは、仏身のあまねき国にはあらず」といへりとぞ。余かたはらよりこれを思ふに、仏家に仏の三身*をもくして、法身仏《ほっしんぶつ》、報身仏《ほうしんぶつ》、化身仏《けしんぶつ》なり。種々《いろいろ》に説をたて、広大不可思議《こうだいふかしぎ》にいへど、畢竟《ひっきやう》は人心の妙《めう》をいへるなり。日本の国常立尊《くにとこたちのみこと》も、もろこしの三皇《さんくはう》も、天竺《てんぢく》の仏も、皆心はおなじとなり。『書経《しよきやう》』*に「上帝降二衷《ちうヲ》下民一ニ、若《シタガフ》二有恒性一ニ」、『詩経《しきやう》』*に「天生二蒸民一ヲ、有レ物有レ則」、聖人は性にていひ、仏氏は心にていふ。ここに違あることは、末々につまびらかにせり。後世《こうせい》、陸象山《りくしやうざん》*も、「東西南北の聖人、みな此心おなじ、此理おなじ」といへり。かくいはば、何のとがむることあらん。又、この〔7a〕心を、仏氏、「月墜二万川一ニ箇々《ここ》円なり」*といふ詩の句をもてさとせり。これ陸の説に同じきが如くにして違あり。陸のいへる理とは天をいふ。人の性は天のあたふるところ、人々一様《いちやう》なり。此仏氏の説くところは、ただ心のみにていふ。万川にをちたる月は、月の本躰《ほんたい》にあらず。月の本躰は、たとへば性なり。万川にをちたるは、たとへば心なり。万川にをちて円《まどか》なるをもて論ぜんより、月の本躰万古盈缺《ほんたいばんこみちかけ》なきをもて論《ろん》ずべし。これ聖人の道と釈氏の道とのたがひなり。仏書の書面は、仏といふを立をきて、いづれの国の聖人もみな天竺の仏の化現《けげん》したりと説くにより、かく人の

あらそひを生ず。是皆わが道を主張《しゅちょう》し、宇宙《うちゅう》の間、仏道にまされる道はなしといふこころより、〔7b〕其語《ことば》おほやけならず、心にこの三つあるもわづらはしければ、臨済《りんざい》は屋裏仏《をくりぶつ》*と名づけて三身*をひとつに約《やく》していへり。これも亦端《たん》的《てき》なり。

【校勘】○もくして　底本「もしりて」に見える。中之島本は「もうし」に見える。国会本・阪大新収本「モウク」。

【注】○仏書　「法身遍一切処」という言い方を言うか。毘盧遮那仏の「毘盧遮那」は、太陽の光線を意味し、天台では「遍一切処」と翻じて、法身の仏と見る（『法華経』の結経といわれている『観普賢経』には、「釈迦牟尼仏名毘盧遮那遍一切処」とある）。○『書経』『書経』湯誥篇に見える。○『詩経』『詩経』大雅・蕩之什・烝民に見える。○陸象山『宋史』巻四三四、列伝一九三（儒林四）の陸九淵伝に「東海有聖人出焉、此心同也、此理同也。至西海・南海・北海有聖人出、亦莫不然。千百世之上、有聖人出焉、此心同也、此理同也。至於千百世之下、有聖人出、此心此理、亦無不同也」とある。○月墜万川箇々円　禅や朱子学でよく使う。『朱子語類』巻一三九「論文篇」に「……月影散落万川、定相不分、処処皆円……」とある。○屋裏仏　『臨済録』「示衆」に「你要与祖仏不別、但莫外求。你一念心上清浄光、是你屋裏法身仏。你一念心上無分別光、是你屋裏報身仏。你一念心上無差別光、是你屋裏化身仏。」とある（岩波文庫本三六頁）。この場合の屋裏とは自分の肉体のこと。『碧巌録』巻一〇第九十六則「趙州三転語」に「真仏坐屋裏」と見える（『五山版中国禅籍叢刊』第一二巻「公案・注解」（臨川書店、二〇一八年）12b―、一五〇頁）。○三身　下14条の注を参照。『釈氏要覧』巻中「三宝」の中にも取り上げられている（蔵中進・蔵中しのぶ『寛永十年版釈氏要覧・本文と索引』（和泉書院〈和泉叢書23〉、一九九〇年）24b、一九八頁）。

【解説】儒教が天に由来する性に基づく教えであるのに対し、仏教は人の心に基づく教えである点が根本的違いだと言う。

第2条

○およそ、人は天の命《めい》を受《うけ》て、父母《ふぼ》より生る。生れ落《をつ》るより、又天地生《てんちせう》ずる所の五こく、草木《そうもく》のたすけやしなひにてひととなる。母《はは》の乳《ち》汁も五こくの精汁《せいじう》なり。身に着《き》る衣服《いふく》も草木《くさき》のいとなみより生ず。老死《としよりしぬる》*に至るまで、尊きもいやしきも、僧も俗《ぞく》も、一日として、天地日月の恩沢《おんたく》をかふむらざるはなし。しかれば、人は天につかへ、其恩をむくふべし。天につかへ恩をむくふるは、いかんせばよからん。日々天をおがむるにもあらず、天を祭《まつ》るにもあらず、口《くち》に天々《てんてん》ととなふるにもあらず。ただ人〔8a〕の人たるの道にしたがへば、是即《すなはち》天につかふるなり、むくふるなり。いにしへ伊弉諾《いざなぎ》、伊弉冊《いざなみ》*のみこと、天地《あめつち》陰陽《めを》のことはりにしたがはせ給ひ、みはしらをめぐらせ給ふ御こころをきてもこの事なるべし。仏法には天道《てんどう》をいはず。いはざれば、つかふることもむくふることもなし。四恩《しおん》*といへど、天恩をいはず。ただ何ごとも仏恩《ぶつおん》といふなり。天地も日月も、皆、仏のつくれる物とするにや。北狄《きたのえびす》*の風は、母《はは》をしりて父をしらずと、『史記《しき》』*にいへり。天竺も、此風に似て、仏をしりて天をしらぬなるべし。

【校勘】○老死　中之島本では後に「る」がある。○冊　底本、中之島本ともに「冉」ではなく「冊」となっている。蘭洲『茗話』上37条（刊本上11b）でも同様。

【注】〇四恩　仏教用語。人間がこの世に生活できるのは四つの恩があるからだとする。分類の仕方はいくつかある。例えば、『心地観経』では、父母の恩、衆生の恩、国王の恩、三宝の恩を挙げ、『釈氏要覧』中巻「恩孝」では、父母の恩、師長の恩、国王の恩、施主の恩を挙げる（蔵中進・蔵中しのぶ『寛永十年版釈氏要覧・本文と索引』（和泉書院〈和泉叢書23〉、一九九〇年）巻中44b、二三八頁）。第一二条（19a）に後出（上記両説を紹介する）。〇『史記』　この文句は未詳（『史記』は史書の意かも）。匈奴列伝「父死、妻其後母」あたりを言うか。類似の表現は、『呂氏春秋』恃君覧「其民聚生群処、知母不知父、無親戚兄弟夫妻男女之別、無上下長幼之道」、『荘子』盗跖篇「神農之世、……民知其母、不知其父、与麋鹿共処、耕而食、織而衣、無有相害之心、此至徳之隆也」などがある。

【解説】仏教が天を敬うことを知らないと批判。天を敬うことはすなわち、人としての道に従うことだというのは蘭洲が再三強調する持論である。

第3条

〇およそ、仏法にあるべくもなき、奇怪《あやしき》のことをうたがひてとふに、こたへがたきことには、かならず不可思議《ふかしぎ》とぞいふなる*。この不可思議の四字、仏家のおくの手にて、一世の〔8b〕人を愚弄《ぐろう》《なぶりもの》するところなり。いかなれば、水はさむく、火はあつきなりといはば、これぞ誠《まこと》のふかしぎなるべし。あるべくもなき事*を、あるやうにおもはせんとてのふかしぎは、遁辞《とんじ》なり。今かりに、奇怪《きくはい》の説をもうけていはん。「日月は東西にめぐるにあらず、地のめぐるなり。日月は、定《さだま》りたるところに在て、動《うご》かぬ物」といはんに、「いかなればその地のめぐるを人は覚《おぼ》えぬ」とうたがはば、「それは不可思議」とこたへば、愚《おろか》なる者はさもあらんとおもふべし。不可思議の四字だに覚えたらんには、いかなるそら言もつくり出すべし。

【校勘】○いふなる　中之島本は「なふなる」に見える。○事　東大本同じ。中之島本「こと」。

【解説】仏教が奇怪なことをすべて「不可思議」で片付ける姿勢を批判しているが、例えば科学的事実に反している。

第4条

○『倶舎論《くしゃろん》』*云、「日月衆星《しゅせい》、依《よりて》レ何而住《なににとどまる》。依《よりて》レ風《かぜに》而住。謂《いふ》諸《もろもろの》有情業増上力《うじゃうごふぞうじゃうりき》、共《ともに》引《ひき》レ風起《をおこし》、遶《めぐり》二妙香山*一《を》、空中《こくうに》旋環《めぐる》、運二持《めぐらしもつ》日《ひ》〔9a〕等《などを》一、使レ不レ停墜《おちざらしむ》。」この心は、日月星の、空《そら》にかかりてとどまらず、又落もせぬは、風の力によりてなりとなり。それ風は陽気《やうき》地中より発揚《はつやう》するものにて、日月のあたりに風はなきことをしらぬなり。その上、日月の西にめぐるは、天につきてめぐるなり。みづからのあゆみは、東にゆくことをしらず。又、いづれの経にか、羅睺阿修羅《らこうあしゅら》*、帝釈《たいしゃく》と戦ふとき、日月を手にとり、其光をかくす。此時食《しょく》するなりといへりとぞ。しからば、其阿修羅の手はいかばかりの大きさならん。ある僧いふ、この阿修羅の身のたけ、十六万八千由旬《ゆじゅん》なれば、其手日月よりも大なり。さほどの大きさならばさもあるべし。しかるに、その戦《たたかい》の朔日と十五日とに定りたるはいかん。これ軍《いくさ》の吉日《きちにち》なる〔9b〕べし。それもさもあらん。然らば、その戦の来年《らいねん》のいづれの月にありと、日本などの暦作《こよみつく》る人のしるはいかん。又手にとりささへおほふことの多少《おほきすくなき》を算術《さんじゅつ》にてしるはいかん。僧これは不可思議とはいふべからねば、答なし。日食は月に障《さへ》られ、月色は地影《ちえい》にへだてらるるといふことをしらずして、みだりに童《わらべ》べの如くなる説をいひて、愚人《ぐにん》をまどはす。笑ふべし。さきにかりにいへる地のめぐるといふに同じ類なり。されど、僧は仏説《ぶっせつ》なりとおもへば、信ずるにてぞあるらん。さてこの阿修ら*王の身のたけ、十六万八千由旬あるゆへ、大海の中にて、半身《はんしん》を出せば、須弥山《しゅみせん》とひとしと、『華厳《けごん》』*に出たりとぞ。これ又うた〔10a〕がひあり。此説の如くなれば、須弥山の外に海をのせたる大地ありとすべし。然らば其大地はいづれの大地ならん。須弥*の説をたつれば、海は皆須弥の四洲に付るものなり。別に須弥をのせたる海はなきことはりなり。ここに気のつかざるは、須弥を竪《たつ》に見て、国土《こくど》は其横《よこ》にめぐりてあれば、海水《うしほ》は横《よこ》にはあるまじとおもへるなり。これらの説、実説にはあらで、譬喩《たとへ》にてぞあるらし。

【校勘】〇妙香山　中之島本、国会本は、左に「しゅみせん」のふりがながある。……底本にはない。〇阿修ら　東大本同じ。中之島本・国会本「阿修羅」。〇須弥の　中之島本「須弥山」。

【注】〇『倶舎論』『倶舎論』（『阿毘達磨倶舎論』）巻一一に「論曰、**日月衆星、依何而住。依風而住**。謂諸有情、業増上力、共引風起、遶妙高山、空中旋環、運持日等、令不停墜。彼所住去此、幾踰繕那」と見える（『大正蔵』二九巻、五九頁上）。一条兼良著『日本書紀纂疏』巻二（上二）75b「次生月神……」の疏にも見える（ただし、原文では、「妙香」は「妙高」、「使」は「令」）。蘭洲が見たのはこちらかもしれない（二藤京「『日本書紀纂疏』における帝王の系譜」（『高崎経済大学論集』三、四合併号、二〇〇七年）参照）。『日本書紀纂疏』については、蘭洲『茗話』中巻63条で仏意で解すとして批判している。〇阿修羅と日月食　北魏時代の瞿曇般若流支が訳した『正法念処経』には、「今者日蝕。……如是羅睺阿修羅王、障蔽日光」とある。蘭洲は『茗話』下巻85条「極西の国に」段（刊本下31b-32a）でも、日月食は帝釈天と阿修羅の戦いの際、阿修羅が手で日や月を覆うことによるという説を取り上げて批判している。〇『華厳』『華厳

経』巻四〇に「如羅睺阿修羅王、本身長七百由旬、化形長十六万八千由旬、於大海中出其半身、与須弥山而正斉等」と見える。

【解説】日食など仏教の宇宙説を否定する。

第5条

〇仏《ほとけ》、三世因果《さんせゐんぐは》、地《ぢ》ごく天堂《ごくらく》を始《はじ》めて説く。自餘《ほか》の道にいはぬところにて、仏法の仏法たるところ、伎倆《ぎれう》《もちまへ》ここにあり。亦一奇《き》説といふべし。しかるに、天堂地ごくは論ずるにたらず。三世転世《さんせてんせい》《むまれかはる》は、少しくありもすらめとおもふやうにて、人々ま〔10b〕どひやすし。今、事物《もの》にてこれを論ぜん。草木を見るに、是実落《みおち》ては生《しやう》じ、落ては生じすれど、昔より梅《むめ》は梅なり、松は松なり。これ一定《てい》の理《り》あるゆへなり。三世の説なれば、前世の人、生れかはりては此世の牛馬《うしむま》ともなり、此世の牛馬、生れかはりては後世の人ともなるなれば、人には一定《てい》の性なく、鳥獣《とりけだもの》虫魚《むしうを》と混雑《こんざつ》せり。これ性は天のそれぞれにあたふる所なるをしらざればなり。しかれば、性は尊ぶべきものにあらず。『倶舎《くしや》』*にこの転生《てんせい》を説《とき》ていふ、「所レ泄不レ浄、流《て》至《る》レ胎《たいに》時、謂是己有《おもふこれいうと》、便生《す》二歓喜《よろこびを》一、此心生已《いでやみ》、中有《ちうう》便一投《いりて》、受二生有《の》身《を》一」とあり、この心は、夫婦まじはりて、精《せい》をもらし、女の胎内《たいない》に入るとき、男の心に、これをのれが子となるべきものとよろこぶ心〔11a〕生ず。このよろこぶ心やむとき、空中《そら》に人畜虫魚《とりけだものむしうを》の中有《ちうう》のたましゐ、むらむらとありて、男の精の出やむを見て、直《すぐ》にそのあとへ入りて、人身を受るとなり。然れば、夫婦の精血《せいけつ》は子とならずして、何ものとはしらず、外よりひそかに入来りて、胎《たい》をむすぶなれば、人には血脈相続《けつみやくさうぞく》といふことなし。『伝灯録《でんとうろく》』*に、「南岳《なんがく》の思大《しだい》和尚*、日本に生れて、国王《こくわう》となる」などいへる不経《ふけい》の説の如し。かけまくもかしこけれど、わが国のみかどは、天照大神より、御血《ち》すぢの一定《てい》なるをもて、万国にすぐれたりとす。天竺はいざしらず、我日本は、二尊《にそん》のの給へる、うみの子のやそ*つづきにて、子は必父母の子なり。いづくの牛の骨《ほね》、いづくの馬の骨にあらず。もし又世〔11b〕の人ごとに我は前《ぜん》世《ぜ》は牛馬にてありしに、宿縁《しゅくえん》のよくてかく人に生れたりとおもひ、又、我は前世は国王《こくわう》にてありしが、宿縁のあしくてかく下々に生れたりとみづからしるならば、実《まこと》*に三世あり、又、心の慎《つつ》しみとなるべし。古今《ここん》、世に一人も前身《ぜんしん》をしりたる者なし。後人此疑《うたがい》あらんことを、仏もかねておしはかり、「隔《へだつれば》レ生即《すなはちわする》忘」と説りとぞ。かくいはば、仏者かならず、鄧芝《とうし》**が牛となり、羊祜《やうこ》*が前身は李氏《りし》の子なりなどいふをもて証《しょう》とせん。これらのこと仏法ありてより後、野人《やじん》の妄誕《もうたん》《いつはり》・浮屠《ふと》の造言《ぞうげん》《そらごと》*なるをしらずして信《しん》ずるなり。然るにいづれの経にか、波羅奈国《はらなこく》**の仙人《せんにん》、小便《せうべん》するとて、精《せい》をおとしたるを、鹿《しか》のみてはらみ、一角仙人《いっかくせんにん》*を生り。是即釈迦《しゃか》の前身《ぜんしん》なり〔12a〕と自らいへりとぞ。然れば、『倶《く》舎《しゃ》』にいへる中有《ちうう》の入来るといへるにはたがへり。人の精即《せいすなはち》人となるなり。且釈迦《かつしゃか》は一角仙人*の子孫《しそん》とも、鹿《しか》の子《し》孫《そん》ともいふべし。浄梵王の子にはあらず。

【校勘】〇うみの子のやそ　東大本同じ。懐徳堂本「うみの子やう」。国会本「ウミノ子ヤハリ」。〇実に　中之島本なし。〇鄧芝が　懐徳堂本「鄧芝の」。〇造言　懐徳堂本「造謡？」。〇波羅奈　中之島本「彼羅奈」。国会本は「彼羅奈」か「波羅奈」か判断がつきがたい。

【注】〇『倶舎』『倶舎論』巻九に「所泄不浄、流至胎時、謂是已有、便生歓喜、此心生已、中有便没、受生有身」と見える。ただし、『大正蔵』二九巻四六頁下では以下のように文字の異同がある。「所憎不浄泄至胎時、謂是已有、便生喜慰。従茲蘊厚、中有便没生有起已名已結生」（所憎の不浄の泄れて胎に至る時、是已が有なりと謂ひて、便ち喜慰を生

ず。茲の蘊の厚きにより、中有は便ち没し生有の起こり已るを、已に結生すと名づくるなり。）仏教では、有（我々の生）には「本有」「死有」「中有」「生有」の四種があり、ぐるぐる回っているとする。本有とは我々が生きている間のことであり、死有とは死ぬ瞬間であり、中有とは死んでから次に生まれ変わるまでの期間であり、生有とは次の生に生まれる瞬間である。〇『伝灯録』『景徳伝灯録』。禅語録。巻二七に慧思が見える。（『五山版中国禅籍叢刊』第一巻「灯史1」（臨川書店、二〇一二年）60b、二九〇頁）史伝部「吾聞思大和尚生倭国作王」。『仏教大辞典』によれば、『続高僧伝』巻二〇、『釈氏六帖』巻一一、**『景徳伝灯録』**巻一七、『釈門正統』巻一、『仏祖統記』巻五に見える。〇思大和尚　慧思（五一五～五七七）。天台宗を開いた智顗の師。日本に生まれ変わって聖徳太子になったという伝説がある（思詫「上宮皇太子菩薩伝」（『大日本仏教全書』第七一巻「史伝部十」（鈴木学術財団、一九七二年）一二二頁「思禅師後生日本国豊日天皇宮」）。伊吹敦「聖徳太子慧思後身説の形成」（『東洋思想文化』一号、東洋大学、二〇一四年）参照。〇鄧芝　三国時代・蜀の人で、『三国志』に伝もあるが、牛に生まれ代わった話は未詳。『真誥』巻一二「稽神枢第二」には鄧芝の母が見えるが、この話は見えない。〇羊祜　羊祜は晋の人。この話は『蒙求』「羊祜識環」に見える。〇波羅奈国　古代インドの国。首都は現在のバラナシにあたる。釈迦が成道ののち最初に説法を行った鹿野苑があった。〇一角仙人『法苑珠林』巻七一「欲蓋篇」「訶欲部第四」に見える（標点本『法苑珠林校注』（中華書局〈中国仏教典籍選刊〉）二一一五～二一一六頁）。『今昔物語集』巻五第四話「一角仙人被負女人従山来王城語」にも見える。

【解説】天国地獄、三世の説を否定する。性（理）を持ち出して否定する点、要注目。

第6条

○檀越《だんおつ》、和尚にとふ、「世の中の親子《おやこ》を見るに、必父母《ちちはは》に似るなり。祖父母《ぢぢばば》に似るもあり。蕭穎士《せうえいし》*は五世の祖に似たりといふこともあり。是同じ精気骨肉《せいきこつにく》なればなり。和尚《をしやう》の法談《はふだん》にの給へるごとく、夫婦《ふうふ》まじはれる精血《せいけつ》は皆くさりうせて、中有《ちうう》のたましゐ、胎内《たいない》に入りて生るるならば、其たましゐの父母に似るべし。胎《たい》をかして生出せるまでの父母のかたちには似るべからず。いかん。」和尚答《こた》ふ、「十月の間、母の胎内にある故《ゆへ》なり。」「然らば、父に似るはいかん。」「母と一所に居る故〔12b〕なり。」「母、子をはらめるころより、父は遠方《えんばう》にゆき、そのあとにて生る子の、父に似るはいかん。」和尚これには答《こたえ》なし。これ極《きは》めて浅《あさ》はかなるやうなれど、事実《じじつ》をせめていへば、この一事にても生れかはるといふことのそら言なるをしるべし。草木の実《み》、又草木となるといへば、ただ一句《く》にてきこへたれど、その条理《ぢやうり》《すぢみち》をいへば、先、花咲《さき》て、其蔕《へた》にいとちいさき実《み》あり、其実の内に核《たね》あり、核の中に仁《にん》あり、仁の中に其草木となるべき性《せう》あり。このままに大になりて、熟《じゆく》して後、地《つち》におち、土中《どちう》に入り、歳月《としつき》を経《ふ》る内に、陰陽の気をもてやしなひ、芽《め》もえ出づ。先、根《ね》を仁の中より出して、土に入り、さて仁は*〔13a〕上に上にあふぎ出、それより二葉《ふたば》を生ず。次第に大きくなりて、つゐに花咲実のるところ、即もとの草木にかはらず。人は人の生むといへば、一言《ひとこと》にてすめど、その条理をいへば、又草木より深《ふか》く、人 力《ひとのちから》に及《およ》ばぬ天地化育《くはいく》の理《り》あるべし。死せる者のたましゐ、女人《をんな》の胎《はら》に入りて生るるものならば、何の条理かあらん。ある人のもうせし、天下の男女を五十年わかち置《をか》ば、世には絶《たえ》て人なし。これ転生《むまれかはる》することなき証《しるし》なり。もし又転生あるべきことならば、元来《ぐはんらい》男なくして女人ひとり子を生べし。中有のたましゐ、なんぞわづらはしく男女のまじはるをうかがひありき、胎に入ることをまたんや。魚《うを》は牝牡《めを》まじはることなくして、一胎《ひとはら》に千万の子を生ず。中有のたましゐいかがして〔13b〕入来るや。あくたをあつめ、水をそそぎ置《をけ》ば、一夜の内に、数《かず》しらぬむしけら生ず。これらも一々にたましゐの入来るや。わづらはしく迂遠《うえん》《まはりとをき》説を立んよりは、天の生々《せいせい》の一気《いつき》、各 物《をのをのもの》に賦《くだり》しあたへ、物をのをの物を生ず。物あれば即《すなはち》 理ありとこそいふべけれ。それ人の生ずるは、陰血《いんけつ》をもて陽精《やうせい》を保合《ほうごう》《たもちあはす》す。この精血《せいけつ》は陰陽純粋《いんやうじゆんすい》の一気、至奇至妙《しゐきしゐめう》、これぞまことの不可思議《ふかしぎ》なり。しかるを、ただに不浄《ふじやう》といへば、この精血を大小便《だいせうべん》の臭腐《しうふ》《くさりくさし》*と同じものと心得たり、差別《しやべつ》なしといふべし。

【校勘】○〈13a〉底本の丁付は「十二」になっている（十二葉が重なっている）。それに伴い、以下の丁付けが実際の丁数とずれている。○と　懐徳堂本「を」。

【注】○蕭穎士　『新唐書』巻二〇二「文芸伝」に伝が見える。『太平広記』巻四二「神仙」の「蕭穎士」に八世の祖に似ていたという記事が見える。

【解説】生命の誕生についての仏説（輪廻説）を否定する。蘭洲は男女の道を重視しそれを尊重する姿勢を持っていた。下線部によれば、性は今言う遺伝子のようなものと言えるであろう。

第7条

○老婆《ろうば》《ばば》あり、和尚にとふ、「地《ぢ》ごく極《ごく》らくにゆく人は、たましゐばかりなり。その形《かたち》はいづくにて出来《いでく》るやらん。」和尚いふ、「よくこそ問給ひけれ。地ごく極らくの道《みち》すぢに、たましゐの〈14a〉なき人のからおほくあり。をのをのおもひおもひに、其内に入ることとなり。」「其からは、たれのこしらへ置たるやらん。」「仏のこしらへ置《をか》せ給ふなり。」「それは甚しき仏の御せわなることかな。殊《こと》に夏《なつ》のころは、腐《くち》てくさくなるべきに」といへば、「これ仏の方便《ほうべん》、ふかしぎなり」といへる*とぞ。此疑《うたがい》あらんことをおしはかり、『倶舎《くしや》』の*頌《せう》に、「地獄《ぢごく》及《および》諸《しよ》-天中《てんちう》-有《うハ》唯《ただ》化《くわ》-生《せい》」といへり。

この心は、地ごくと天堂《ごくらく》にゆく人、又は中有にあるたましゐは、いづくともなく、忽然《こつぜん》《たちまち》として独形《ひとりかたち》の出来るとなり。
（〔割注〕按ずるにここに化生をいへるは文義をとりあやまれるなり。おくの四生のところに辨《べん》ず。）遁辞《とんじ》《にげことば》は其窮《きはまる》れるところをしるといへるは、かかることをやもうすべき。元来なきことをつくりたるゆへ、所々《ところどころ》にて破綻《はぢゃう》《とめのあはぬなり》す。破綻するに随《したがっ》て辞《ことば》をつくるなり。

【校勘】〇いへる　底本、東大本、国会本、懐徳堂本は「る」に見える。懐徳堂本は「り」に見える。

【注】〇『倶舎』の頌　『阿毘達磨倶舎論』第八に「一切地獄諸天中有、皆唯化生」と見える（『大正蔵』二九巻四四頁）。その他、『阿毘達磨倶舎論』第八の頌に「於中有四生、有情謂卵等、人傍生具四、地獄及諸天、中有唯化生、鬼通胎化二」と見える（『大正蔵』二九巻四三頁下）。

【解説】地獄極楽に行く人の体はどこでできるかについて反駁する。極めて具体的。

第8条

〔14b〕〇ある人のいへるは、「世には十歳にたらずして、碁《ご》をよく打小児《うつこども》あり。これ前世《ぜんぜ》の上手《じゃうず》の生れ来るなり。然らずんば、いかでかならはずして如此ならんや。これ三世ある証拠《しるし》なり。」しからず。三世を立る上にていはば、経《きゃう》に、隔生即忘《きゃくせいそくばう》*とあり。碁《ご》の上手も、死して後のたましゐは前世のことをみな忘れ、此世にては、又此世のわざをはじむるなり。仏は天眼通《てんげんつう》*あるゆへ、よく前世をしり、「われ薩博《さつはく》*といへる貪財《よくふかき》小人にてありしが、薩婆《さつば》*といふものをさし

ころす。其因縁《いんえん》にて、地ごくに落たり」とある*とかや。前世のわざをこの世まで*持来るものならば、仏は又貪財の小人なるべし。日本の哥人《うたよみ》、もろこしに生れたりとて、哥はよまず、必詩《し》を作るべし。天竺《てんぢく》の能《て》〔15a〕書《がき》、日本に生れたりとて、梵字《ぼんじ》はかかず、必いろはをならふべし。又、三世をたてぬ上にていはば、人は万物《ばんぶつ》の霊《れい》なれば、其生れつきに、おのおの得《う》るところあり。碁《ご》のみにかぎらず、諸藝《げい》みなしかり。ただ其内に、心と躰《たい》ともち合てする藝《げい》あり、心のみにていとなむ藝あり。手跡《しゅせき》をかく人、こころには書《しょ》の道を会得《えとく》したれど、おもふやうに手の運《まは》らぬあり。これは能書《のうしょ》とならず。弓太刀《ゆみたち》の藝《げい》などもしかり。ただ、碁《ご》のみ、心にてなることなり。石は人にならべさせてよし。ゆへに手にかかはさるる*事なく、心のままにするゆへ、外《ほか》の藝よりはまさりたるあり。されど碁といふ名をもしらず、碁《ご》盤《ばん》を見たることもなき所にては、碁《ご》に生れつきたらんずれども、一生碁《ご》のことはおもひ出さず。〔15b〕もし碁の上手の生れかはりたる小児ならば、碁の名をもしらぬ所にて、碁をみづからつくり出すべし。さいふことはよ*になきことなり。それことはしかることあるものなり。山中におほく生じたる松の中に*をのれと小松の時より、こだちよく枝《えだ》ぶりおもしろく、場師《じゃうし》《にはつくり》の作りこしらへたらんやうなるあり。これあに前世のつくり松のたましゐの、この松になりたるならんや。其小児のよく碁をうつも、たまたま碁《ご》に生れつきたるに、しかも碁《ご》のはやる所に生れあはせたるなり。前世のゆへといふにあらず。

【校勘】○ある　底本、東大本「ある」。中之島本、国会本、阪大新収本「あり」。○まで　底本、東大本、懐徳堂本「にて」。中之島本、国会本、阪大新収本により改めた。○かかはさるる　懐徳堂本「かかはる」。○よ　中之島本、国会本「世」。○おほく生じたる松の中に　中之島本なし。……大阪市立本の方が中之島本よりすぐれる箇所。

【注】〇隔生即忘　「きゃくしょうそくもう」。仏教用語。生を隔てれば前世のことはすべて忘れてしまうこと。『観経序分義伝通記』巻二などに見える。〇天眼通　「てんげんつう」。仏教用語。六神通の一。普通の人の見ることのできない事象を自由自在に見通すことのできる力（一切の衆生の輪廻転生を見る力）。『無量寿経』に由来するか。〇薩博　未詳。釈迦の前世の話は『本生経』（『ジャータカ』）に見えるはず。〇薩婆　未詳。薩婆薩埵（一切衆生）と関係するか。

【解説】前世の能力を引き継いでいる例を三世の説の根拠にすることを反駁する。遺伝的素質に関する蘭洲の考えは注目に値する（的を射ている）。

第９条

〇余《わ》が友《とも》に、わたのべの長祐*といふあり。王氏《わうし》の学《がく》を修《しゅ》しけり。仏学《ぶつがく》もその昔《むかし》、すこしくのぞきたり。余たはむれにいふ、〔16a〕「そこばかりに仏者《ぶっしゃ》になれ。われは儒者《じゅしゃ》となり、儒仏《じゅぶつ》の問答《もんどう》せん。」「よかるべし」とて地ごく、極楽《ごくらく》のうはさよりはじめ、心術《しんじゅつ》などさまざままうし終《をは》りに、三世の有無《あるなし》になり、われいふ、「人の性《せい》は天より受《うけ》て天と一なるにてこそ貴《たふと》けれ。三世の説によれば、かくいふわれも、さの給ふそこも、前世《さきのよ》はいかなる悪人《あくにん》やらん、愚《ぐ》人やらん、牛馬《うむま》やらん、むしけらやらん、しられねば、さらに性は尊ぶべからず。尊からぬ性なるに、いかなれば一切衆生悉有《いっさいしゅぜうしつう》仏性《ぶっしゃう》と説《と》き、禅者《ぜんしゃ》は見性成仏《けんしゃうじゃうぶつ》*、狗子有仏性《くしうぶっしゃう》*などといへるにや。」長祐やゝけしきばみて、「三世は汝《なんぢ》が信《しん》ぜぬこそことわりなれ。知識尊宿《ちしきそんしゅく》も、三世を、火のあつく、水のさむきが如く徹底《てってい》して信《しん》じ見つくる者すくなし。儒家《じゅけ》にていふ〔16b〕堯舜周孔《げうしゅんしうこう》、其身一生の修力《しゅりき》にて、さる大徳《たいとく》をなさんや。数世《すせ》を経《へ》て、善《ぜん》を積《つめ》る因縁《いんえん》にてなれるにあらず*や。」こたへていふ、「しからず。一切衆生《いっさいしゅぜう》、悉有仏性《しつうぶっしゃう》なれば、数世をかさねずとも仏性あり。堯舜周孔は、其身にて天性を其ままに尽《つく》したる人なり。さればこそ、孔子は十五より七十までの進徳《しんとく》の階級《かいきゅう》をいへり。仏のみづからいへるは、我前世六牙《ろくげ》の象《ぞう》ともなり、鸚鵡《あうむ》ともなりたりなど、所々に出たりとなん。然れば、世々《よよ》善を積《つめ》るにあらず。麻《ま》耶《や》の胎《はら》より出て後、八相成道《はっそうじょうどう》せり。これ一生の修力ならずや。又かく善を積る堯舜いかでか兜率《とそつ》天*に生れずして娑《しゃ》婆《ば》に出るや。」「前仏のはからひにて震旦《しんだん》を治《おさ》めしめんためなり。」「しからば、後世に濁悪《じょくあく》の〔17a〕世おほし。なんぞ、堯舜如き人を遣《つかわ》し治《おさ》めしめざるや。」「其人ありがたきなるべし。」「其人ありがたくば、仏なんぞみづからゆかざる」など、水かけあらそひの如くになり、たわむれにくきものと笑ひてやみぬ。

【校勘】○説き　中之島本「説れ」。○あらず　中之島本、国会本「あらん」。

【注】○わたのべの長祐　江戸の渡邉長祐は『蘭洲先生遺稿』上巻39a、『茗話』下巻59条（刊本下22a）にも登場する（附録参照）。○見性　仏教用語。身に備わる仏としての本性を見抜き、悟ること。特に、禅家で用いる。上18条、下48条、下55条、下60条にも見える。○狗子有仏性　「狗にも仏性がある」。慧開『無門関』冒頭の「趙州狗子」に見える公案。上20条にも見える。大慧が好んで取り上げた（『大慧普覚禅師書』で度々言及されている）*。○兜率天　仏教の世界観にある天上界の一つ。欲界の六天（四王天、忉利天、夜摩天、兜率天、化楽天、他化自在天）の中の第四にあたる。

*高木竜淵編『増冠傍註　大慧普覚禅師書』上巻（貝葉書院、一九〇三年）「答富枢密書（第一書）」30b、「答汪内翰書」58a、下巻「答栄侍郎書（第一書）」36a（荒木見悟『大慧書』（筑摩書房〈禅の語録17〉、一九六九年）五一、一一三、二〇九頁）など。

【解説】陽明学を修め、仏学もかじった友との会話という設定で三世の説などを否定する。蘭洲が仏教についてよく考える（議論する）環境にあったことがわかる。

第10条

○三世《さんぜ》報恩《むくゐ》天堂《ごくらく》地《ぢ》ごく実《まこと》にあることならば、よに仏法にまされる教《をしへ》あるべからず。もろこし、吾朝《わがてう》、仏法なき以前《いぜん》の人は、皆、地ごくにおつ。然れば、儒書《じゅしょ》などは、皆反古《ほうご》なり。もしなきことなれば、仏法ほど、人をまよはし、国土《こくど》の費《つゐえ》となるはなし。仏書《ぶっしょ》又無用《むやう》なり。この有無《あるなし》の間、半《なかば》は疑《うたが》はしく、半は信《しん》ずるゆへ、仏書、儒書、並《なら》び行はるると見えたり。実《まこと》にあることと見定《さだ》めたらば、俗《ぞく》は皆《みな》〔17b〕僧《そう》となり、僧は一衣一鉢《いちえいっはつ》*、樹下一宿《じゅげいっしゅく》*、『遺教経《ゆひけうきゃう》』*のをきての如くすべきなり。然るにさもなければ、俗《ぞく》はいふに及ばず、僧《そう》といへども、半《はん》疑《ぎ》半《はん》信《しん》《なかばうたがいなかばしんず》と見えたり。

【校勘】○実に　中之島本は「に」を貼り紙で訂正する。

【注】○一衣一鉢　道元『正法眼蔵随聞記』三ノ十一に以下のようにある。「一日、僧来りて学道の用心を問ふ。次でに、示して云く、学道の人は先須く貧なるべし。財おほければ必ずその志を失ふ。在家学道の者、猶ほ財宝にまとはり、居処を貪り、眷属に交はれば、設ひ其の志ありと云へども、障道の縁多し。……僧は三衣一鉢の外は財宝を持たず、居処を思はず、衣食を貪らざる間だ、一向に学道すれば、分々に皆得益あるなり。其のゆへは貧なるが道に親しきなり。」○樹下一宿　『四十二章経』第三章に見える。下6条、下24条にも見える。○『遺教経』　上10条、上16条、下36条などでも引用されている。蘭洲は釈迦の教えを伝える文献として評価している。

【解説】三世報恩、天国地獄の説を信じられないこととして否定する。

第11条

○ある人、和尚にとふ、「天堂《てんどう》、地ごくは、方寸《ほうすん》の内に在《あ》りとうけ給はる。然らば、実《じつ》はなきことなりや。」和尚こたへていふ、「天堂、地ごく、実《じつ》にあり。仏いかんぞ偽《いつはり》をの給はん。その方寸《ほうすん》の心《こころ》にありといふ詞《ことば》は、天堂《ごくらく》に生るるもその人の心からなり、地ごくに墜《おつる》*するも其人の心からなりといふ事也。心、道にかなひたる人の地ごくにおつべきやうなし。心、道にたがひて天堂に生るべきやうなし。ここをとける言也。」ひとりの和尚いふ、「しからず。三界六赴《さんかいろくふ》*は、皆三毒《さんどく》より〔18a〕おこる。天堂、地ごくは、仏のすすむる方術《てだて》にてこそあれ。実《じつ》にありといふにあらず。心清《せう》浄《じゃう》にして妄想《まうざう》なきは、一仏国なり。妄想《まうざう》あれば、一地ごくなり。一念《いちねん》生ずれば、天堂地ごくあり。一心おこらざれば、天堂地ごくなし。皆人の心中にあることなり」といへり。此二説、いづれか是ならん。余答《こたへ》ていふ、「およそ仏者の機《き》は着《ぢゃく》するをにくむ。今そこの問《と》へる如く、「天堂地ごくはなきか」と問へば、必《かならず》「あり」とこたふべし。「あることなるか」と問へば、必「なし」とこたへ、心の中に「あり」といふべし。是その手段《しゅだん》《てだて》なり。すべて、仏者の語は、実《じつ》にとり定《さだ》むべからず。余を以て見るに、仏の天堂地ごくをもうけられたるは、上智《じゃうち》の人のためにはあらねば、心のさたに及ぶこと〔18b〕なし。ただ、善《ぜん》をすれば天堂に生れ、悪《あく》をすれば地ごくに入るといひて、下根《げこん》の人をすすむるなり。そこに、よくつらつらおもひ見給へ。上智聡明《じゃうちさうめい》といはるる人、何ぞ童子老婆《わらべばば》のごとく、死後《しご》天堂をしたひ、地ごくをおそるる心あらん。しかるに、禅機《ぜんき》のするどなる僧も、つねに天堂地ごくをいふは、口ぐせにて、談《はなし》の資《あしらい》とするのみ。『孟子』*にいへる如く、善をすれば舜《しゅん》の徒《と》、悪《あく》をすれば蹠《せき》の徒といふ心ならば、儒仏《じゅぶつ》かはることなければ、めづらしからず。しかれば、天堂地ごくを実《じつ》にありとするにてこそ、仏法の伎倆《ぎりゃう》とはいふべけれ。ありと心得て善を修《しゅ》し悪をさるは、中人以下のことなり。なしと心得て真妄善悪《しんばうぜんあく》の明らかなるは、中人以上の事なるべし。」

【校勘】〇墜　中之島本は「堕」に見える。底本、懐徳堂本、国会本は「墜」。ただし国会本は、ふりがなが、右に「だ」、左に「をつる」。

【注】〇三界六赴　仏教用語。三界・六道（六赴）ともに、衆生が輪廻する世界を分けたもの。三界は、欲界・色界・無色界の三つで（後者ほどよい）、六道（六赴）は天道・人間道・修羅道の三善趣（三善道）と、畜生道・餓鬼道・地獄道の三悪趣（三悪道）を言う。〇『孟子』『孟子』尽心章句上篇に「鶏鳴而起、孶孶為善者、舜之徒也。鶏鳴而起、孶孶為利者、跖之徒也」とある。

【解説】天国地獄説を否定する。レベルの低い人のために根拠のないことを言っていると言う。ここで二人の仏者を登場させ別の説を述べさせているのはあるいは蘭洲自身の自問自答なのかもしれない。

第12条

〔19a〕〇仏家の四恩《しおん》*といへるは、父母恩《ふぼをん》・施主恩《せしゅをん》・国王恩《こくわうをん》・師長《しちゃう》恩なり。又、父母・衆生・国王、三宝《さんぼう》とも見たり。此四恩の本《もと》をおせば、天地《てんち》恩なり。天地生々の恩なくんば、父母・衆生・国王、三宝も世にたつことあたはず。人として天地の恩をしらずんば、人にはあらじ。仏家この天地の恩をおはぬはいかんぞや。天地の恩をしらぬのみならず、天地の恩徳《をんとく》をなくせんとはかるなり。かたじけなくも神武天皇《じんむてんわう》天下を定《さだ》め給ひ、即《すなはち》 先大和国《やまと》榛原《はりはら》にて天を祭《まつ》り給ふ、

其後、淳和《じゅんわ》天皇の御時は、交野《かたの》にて郊祀《こうし》の礼《れい》行はる。この時は其 祭 法《まつりのはふ》、もろこしの礼式《れいしき》にならひ給へり。祭文《さいもん》の御諱《いみな》はみかど御みづから筆《ふで》とりてしるさせ給ひ、文《ぶん》の始《はじめ》に嗣天子《つぐてんし》臣某《しんそれ》〔19b〕云々とあり。これ天に対《たい》して、みかど臣下《しんか》とおぼしめすなり。ありがたきことならずや。天恩を報《ほう》じ給ふ御心ばへかくもおはすべきことなり。礼にゐて天を祀《まつ》るといふは、ただ天子の御ことなり。其他《ほか》は、心に天恩をわすれず、ただ、人の道をつくす、これ天に事ふるなり。仏家天恩をしらざるにはあらざれど、天地生々の徳をいへば、三世転生《むまれかはる》の説に障《さわ》りあるゆへいはざるなり。みづからの説を人に信《しん》ぜしめんとて広大《くはうだい》なる天恩をいはざるは私《わたくし》なり。

【注】○四恩　上2条〔8a〕に前出。

【解説】蘭洲が最も重視する（信奉する）のは天の恩であり、それは蘭洲の信仰であるとも言える。天を祭るのは天子だけだが、その他の人は人の道を尽くす（自らの性を全うする）のが天恩に報いる方法であると言う。

第13条

○ある人、僧にとふ、「仏法は人の心に在とうけ給はる、故《ゆへ》に古徳《ことく》のいふ、*識《しれバ》レ心則《をすなはち》仏、何《なんの》仏更堪《かさらにたえん》レ*成《なるに》といへり。然れば、心の工夫を専一《せんいち》とすべし。姿《すがた》を天竺風《てんぢくふう》にやつすに及ばぬこと〔20a〕なるべきに、和尚を始め、いづれの仏者《ぶっしゃ》も祝髪染衣《しゅくはつせんえ》となり、又童子《こども》をも多く沙弥《しゃみ》になし給ふはいかなるゆへぞ。」和尚いふ、「それはいとちゐさき見識《けんしき》なり。慧眼《えがん》をひらき見れば、天竺、日本といふ差別《しゃべつ》なし。もと是仏菩薩化現《ぼさつけげん》の地なり。天竺日本とへだてて見れば、檀越《だんおつ》の人はるごとし。ひとつに見れば、今そこの羽《は》をり、はかまも拙僧《せっそう》が*三衣《さんえ》と同じことなり。」「然らば、日本国中の人、皆三衣一鉢《はち》の境界《けうかい》となりてよきや。」和尚「さることは所《しょ》せんなきことなり」などいひしらけてやみけり。其後、又、この人、寺にいきけるに、和尚、絵図《ゑづ》とおぼしきものをくりひろげ、隣寺《となりてら》の使僧《しそう》にいとはらだたしくものいはれけり。使僧《しそう》、主《あるじ》の御房《ごぼう》〔20b〕にさもうさんとて帰る。檀越、いかなることと問ふ。和尚いふ、「当寺《とうてら》の境《さかい》の土地《とち》、隣寺《りんじ》へ四五尺《しごしゃく》入こみたる故《ゆゑ》、「垣《かき》をあらためよ」と年ごろいへど、おほかた用ひず。この比《ころ》は*「さはなし」などあらそふゆへ、絵図《づ》をもてあきらめたるなり。そこも当寺とゆへある人なれば、ゆきて此ことをただされよかし」といふ。この人、いとふしんなるつらつきにて、「天竺、日本をひとつに見給ふほどの御心にて、いかでかわづかなる土地*をわれがの人がのと、いきまゐ給ふや。」和尚、「さればとよ、この寺、拙衲《せっそう》がとり立たらまし*かば、かくはまうさざらまし。昔《むかし》より伝《つたは》り来る境内《きゃうだい》なれば、私《わたくし》のままにはなりがたし。本《もと》の如《ごと》くにて後住《ごじう》にわたすべし。」「しからばいよいよいぶかし。和尚の御身、〔21a〕木《き》のまたよりも出こず。眼前《がんぜん》いなかに老《おいたる》父母《ふぼ》のおはすなれば、和尚の身は私のままにはなりがたし。むかしより代々《だいだい》うけつぎ給ふ身なれば、又、子《こ》を生みて血脈《けつみゃく》を相続《そうぞく》し後《のち》の代《だい》にわたし給ふべし。御身のさばきと土地《とち》のさばきと大にたがへり」といふ。和尚、「いな。それのみにあらず。仏法には護法《ごほふ》といふことのあり。かかる寺《てら》の害《がい》となるべきことは、そのままには打置《うちをき》がたし」といへば、「寺《てら》の土地《とち》、俗家《ぞくか》にせばめられ給はばさもあらんが、隣《となり》も同じ寺なり、こなたにて四五尺、護法減《ごほふげん》ずれば、隣寺にてそれほど益《ます》することはりなれば、さまで護法に害《がい》なし。」「されどこれにてつらつらおぼししり給へ。此寺かの寺とわかるれば差別《しゃべつ》なしとはいはれず。和尚のいか〔21b〕り給ふは、実《じつ》はことはりなり。和尚出世間《しゅっせけん》の法とはのたまへど、かく都《みやこ》の内の寺に住居《すまゐ》たまへば、世間《せけん》の法すてがたし。是人間《にんげん》のありさまなり。」「天竺、日本、ひとつなどいふは仏の大言のくちまねなり。うはさにいへば、さもあるべく*、実事《まこと》に至れば、さは行はれず。天竺は天竺きり、日本は日本きりのことなり。ことごとく天竺の法に従《したが》ふに及ばず。且《かつ》護法といふも、おほくは仏者の欲《よく》をかざる託言《たくげん》*なり。和尚戒行《かいぎゃう》だに全《また》く正《ただ》しくおはさば、これにましたる護法は侍るまじ」といへりとぞ。

【校勘】○しれ　底本は「せれ」に見えるが、東大本により改めた。○が　中之島本「の」。○さ　懐徳堂本「き」。○土地　懐徳堂本「大地」。○か　懐徳堂本「い？」。○仏の大言の〜さもあるべく　懐徳堂本なし。○たくげん　中之島本、国会本は、左に「かこつけごと」のふりがなあり。……おそらくもともとあった。

【注】○識心則仏、何仏更堪成　『景徳伝灯録』巻三〇に「識心心則仏、何仏更堪成」と見える。その他、『仏祖歴代通載』巻一六、『宗鏡録《すぎょうろく》』巻三六にも見える。

【解説】心を重んじるべき仏教が、形（服装）や土地にこだわっていることを批判する。出世間の教えと言いながら自ら世間にとらわれている（抜け出せていない）と批判する。ここも対話形式になっている。実際に誰と誰で行われたかは別にしてこのような「思想格闘」が当時の日本人が行っていたことは興味深い。

第14条

○神道者《しんとうじゃ》、僧《そう》にとふ、「わが国は、二尊《にそん》、めおのことはりにしたがひまして、此国はじまれり。めおとは陰陽《いんやう》のことなり。仏〔22a〕法に陰陽をいふをきかず。一の欠事《けんじ》《かけたること》といふべし、いかが。」僧こたふ、「天竺には仏といふありがたきことあり。其功徳広大不可思議《くどくくはうだいふかしぎ》なり。陰陽ごとき瑣細《ささい》のことにあらず。」「その仏はいづくともなくわき出給ふか。」「かたじけなくも、浄飯大王《じゃうぼんだいわう》の御子なり。」「其大王のひとりして仏を生るか。」「麻耶夫人《まやぶにん》をめとりて誕生《たんじゃう》し給へり。」「しからば、さきにの給へるは、ことはりともおもはれず。大王は陽《やう》なり、麻耶夫人《まやぶにん》は陰《いん》なり。此夫婦《ふうふ》の心に、「われこそ仏となる人を生ん」とて*悉陀《しつだ》太子の生れたるにあらず。自然《しぜん》なり。これを天《てん》といふ。天とは陰陽をひとつにしていふ詞なり。然れば、仏も陰陽をまぬがるることなきをとかぬは、仏法の広大《くはうだい》に似合《にわは》ぬ欠事《げんじ》なり。〔22b〕もし仏を天《てん》とし陰陽《いんやう》とせば、仏法のさまたげをする外道《げだう》のたぐひはよになきことはりなり。然れば仏は天より尊《たふと》しとはいふべからず。」又とふ、「仏には妻子《さいし》なかりしや。」「耶須夫人《やしゆぶにん》をめとりて、羅睺《らごう》を生給へり。」「しからば、和尚はいかん。」「われは小児《こども》より出家となりたり。」「しからば、仏は人のすべきことを一往修《いちわうしゆ》して後、成道《じやうどう》し給へり。今、小児の東西《とうざい》をもわきまへぬに、しゐて得度《とくど》せしめ、一生人間の道《みち》をしらしめず、子孫《しそん》なからしむるは、仏の所行《しよぎやう》にたがへりといふべし。和尚もいまだ成道《じやうどう》し給へりとも見えねば、一往還俗《いちわうげんぞく》し、妻子《さいし》を持《もち》てのち、ともかくもしたまへかし。仏道はいまだ成就《じやうじゆ》せぬ身にて、妻子をもたぬ事のみ仏にまさらんとし給ふは、軽重をしらぬと〔23a〕いふべし。」

【校勘】○悉陀　「陀」字は国会本はにんべん。他本はこざとへんっぽいがはっきりしない。

【解説】神道者の言を借りて、仏教が天の摂理である陰陽――それは釈迦自身免れていない――を説かないことを批判する。ここに言う神道者は実は神道に造詣のあった蘭洲自身かもしれない。

第15条

○仏書《ぶつしよ》にも、*父母《ふぼ》に孝《かう》することを説れたり。其言に、「父母に富楽《ふらく》を得《え》せしむるのみにては、孝とせず、報恩《ほうをん》とせず。

仏法に帰《き》せしむるをもて、報恩とす*」とあり。しかれば、聖人の説《とけ》る孝とは、其さまかはりたり。其父もし儒者《じゅしゃ》にて、仏法を好まぬ人ならば、其子いかによくつかへても孝子とせざれば、舜《しゅん》も曾子《そうし》も孝子にはあらずとす。*みかたびゐきなる孝の教《をし》へやうにあらずや。儒者のかたにては、其父仏を信《しん》ぜば、其子たるもの、供仏施僧《くぶつせそう》をして、父の心をなぐさむべし。しゐて儒道《じゅどう》に帰《き》せしめんとはせず。これ孝子のこころなり。今、出家に、「いかにして父母を養《やしな》はんともせず、僧となりたるや」と問〔23b〕に必《かならず》こたへていふ、「父母を養《やしな》ふは小孝《せうこう》なり。僧となりて、父母を極楽《ごくらく》に往生《わうじゃう》せしむるは、大孝にて、其功徳無量《くどくむりゃう》」といふ。仏の説るは、父母存生《ぞんじゃう》の内に、仏道に帰せしむるをいへり。此僧のいへるは、父母死後《しご》のことをいふなれば、大孝にてもあるべけれど、目に見えぬこと、風をとらへ影《かげ》をつながんとする如きことなり。先それより、目に見えたる孝を行ひて、父母をよろこばしむべし。もし小孝をつくせば、父母来世《らいせ》の為《ため》に害《がい》となるとならば、尚可《なをか》なり。よもさいふことは有まじければ、僧とならずともよかるべし。世の俗人《ぞくじん》も、これを聞ならひ、我は父母の腹《はら》をかりたるにてなり、かく生れ出るは皆仏の御恩《ごおん》なりとおもひ、父母を父母ともおも〔24a〕はず、ただ念仏《ねんぶつ》読経《どきゃう》供仏施僧《くぶつせそう》だにすればよしとおもへるなり。これより、不孝の子も出来て、仏に帰せしめ極らくに往生せしむるよりさきに、父子の間義絶《ぎぜつ》するに至る。あげて歎《たん》ずべし。近きころ、法華《ほっけ》を持《ぢ》する者あり。其父死しける時、「われは法花を持する故《ゆへ》、菩薩《ぼさつ》の位《くらゐ》なり。父は常人《つねのひと》なり。菩薩何《ぼさつなん》ぞ常人《つねのひと》の葬《はうむり》を送《をく》らん」といひけるとなり。にくむべきの甚だしきにあらずや。しかるに、仏説に一子出家すれば九族《いちもん》天に生ず*とありともうせば、父母に孝するは無用のことと見えたり。ある人僧にとふ、「心だに仏意《ぶつい》にかなへば僧とならずともよしと承る。いかが。」僧いふ、「『浄名経《じゃうめうけう》』*に阿耨菩提心《あのくぼだいしん》を得れば即《すなはち》 出家なり〔24b〕とあり。」「然らば、和尚はなにゆへ父母をすてて出家し、礼俗《れいぞく》にたがふて、剃髪染衣《ていはつぜんえ》せるにや。」「これ得がたき菩提心《ぼだいしん》にはうとくて、なしやすき剃髪染衣《ていはつぜんえ》のみをし給ふなり。」『釈氏要覧《しゃくしようらん》』*に、『叔迦《しゅくか》経』を引て、仏の語に、もし在家《ざいけ》の人よく善根《ぜんこん》を修《しゅ》すれば出家にまさるとも見えたれば、あはれ和尚も還俗《げんぞく》し、在家《ざいけ》となり、父母に孝行し、善根を修し給へかし」といへりとぞ。

【校勘】〇にも　懐徳堂本「には」。〇み　国会本なし。

【注】〇父母に富楽を得せしむるのみにては、孝とせず、報恩とせず。仏法に帰せしむるをもて、報恩とす　未詳。『父母恩重経』『孝子報恩経』『叢龍盆経』などか。『仏説孝子経』「若不能以三尊之至化其親者、雖為孝養猶為不孝」。『三教指帰』巻下「仮名乞児論」に儒教の孝を小孝、仏教の孝を大孝と言う。『釈氏要覧』巻中「恩孝」の「孝」の項に「『盂蘭盆経』云、仏令比丘為七世父母設盆供養仏及自恣僧（割注）世人行孝、只於一身。釈氏行孝、兼為七世父母、可謂孝矣）」とあるのを参照。〇一子出家すれば九族天に生ず　『書洞山語録尾』『禅宗決疑集』『護法論』などに「一子出家、九族生天」と見える。〇『浄名経』　北宋・道誠『釈氏要覧』（24bに後出）巻上「出家」の「発心即是出家」の割注に、「『浄名経』云、『汝得阿耨菩提心、即是出家』」と見える（蔵中進・蔵中しのぶ『寛永十年版釈氏要覧・本文と索引』（和泉書院〈和泉叢書23〉、一九九〇年）26b、五六頁）。〇『釈氏要覧』　巻上「出家」の「仏不定答」の割注に、「『叔迦経』、叔迦婆羅門白仏言、「在家白衣能修福徳善根、勝出家否。」仏言、「我於此中則不定答。若出家者或有不修善根、則不如在家。若在家者能修善根、則勝出家」」と見える（蔵中進・蔵中しのぶ『寛永十年版釈氏要覧・本文と索引』28a、五九頁）。

【解説】儒教の孝と仏教の孝の違いを述べる。仏教は、親に仕えることを「小孝」、悟道を「大孝」として、後者を優先することを批判する。出家者の立場を優先する仏教に対して、儒教はあくまで現世での親子関係を優先する現実に即した教えであることを強調する。親が仏教を信仰していればそれは否定しないという考えは注目に値する。

第16条

○『遺教経』ニ曰、我今得二滅度一ヲ、如レ除二悪病一ヲ。此ハ是応レ捨罪悪之物、仮名ニテ為レ身ト。没二在老病生死大海一ニ。唯有二智者一得レバ除二滅之一、如下シ殺二怨賊一ヲ而得中歓喜上ヲ。『釈氏要覧』*引二『法句経』一ヲ曰、「天下之苦、莫レ過レ有レ身。飢渇寒熱、嗔恚驚怖、色欲怨禍、皆由二於身一ニ。〔25a〕夫身者ハ、衆苦之本、禍患之源」とあり。老子《らうし》も仏も臭味《しうみ》*を同じうすればにや、『老子経』曰、何謂三貴大患若二身一ヲ。吾所三以有二大患一者、為二吾有一レ身メ也ガ。*苟吾無レ身ンバ、吾有二何患一乎ンヤ、といへり。

儒者《じゆしや》よりこれらの語《ことば》を見れば、尤《もつとも》ひきき見識《けんしき》なり。先いはば、人と生れ出て、かく此軀殻《くこく》をもてあつかひたるも、いひかひなくおかし。愚俗《ぐぞく》をいましむる語にてもあるべけれど、ことはりにかなへる辞《ことば》とはいひがたし。たとへば、火は闇夜《やみのよ》をてらし、物《もの》を烹熟《にじゆく》し、寒《さむさ》をふせぐ、一日としてこれなくては世はたたぬものなり。しかるを、人をやきころし、家をもやきうしなふを見て、火をあしきものといふべけんや。身は形《かたち》なり。形は耳目鼻口手足《みみめはなくちてあし》の類《たぐひ》なり。心だに正しければ、*形気《かたち》はこれに従ふ。これを心正して〔25b〕後身《のち》修《おさまる》るとはいへり。今、かへりて二家の説によりて、これを論《ろん》ぜん。*『金剛経《こんがうきやう》』に*「応三無レ所レ住而生二其心一」ととけるにあらずや。住着《ぢうぢやく》する所なくて、此心を生ぜば、此身に何《なに》の苦《く》かあらん。かくはあれど、修行《しゆぎやう》のかたきやらん、『涅槃経《ねはんぎやう》』に、「諸行無常ハ、是生滅法ノ、生滅滅已シテ、寂滅ヲ為レ楽ト」とあり。つらつらおもへば、寂滅せずとも為楽の場《ば》はあるべし。『老子経《らうしきやう》』*曰、「我有二三宝一、宝トシテ而持レツ之。一ニ曰慈、二ニ曰倹、三ニ曰不三敢テ為二天下ノ先一ト」と説り。此心をもて世に処《せう》せば、此身何《なに》の患《うれへ》かあらん。これ皆聖人動《うご》くに天を以《もつて》す*といふ道をしらねばなり。動くに天を以てすれば、鉄《てつ》に点《てん》じて金《きん》とす*。ゆく所として楽《たのしみ》ならざるはなし。

【校勘】○しうみ　中之島本、国会本には、左に「きみあい」のふりがなあり。……おそらくもともとあった。○苟　『老子』第一三章原文ではだいたいのテキストが「及」。「苟」は古本のみ。（島邦男『老子校正』による。）

【注】○形気《かたち》　下4条にも見える。下43条「客気」の注参照。○『金剛経』『金剛経』第十に「是故須菩提、諸菩薩摩訶薩応如是生浄心。不応住色生心。不応住声香味触法生心。応無所住而生其心」（是の故に須菩提よ、諸々の菩薩摩訶薩は、応に是の如く清浄の心を生ずべし。応に色に住して心を生ずべからず。応に声香味触法に住して心を生ずべからず。応に住する所無くして而も其の心を生ずべし）（岩波文庫『般若心経・金剛般若経』六六頁）と見える。『承聖篇』下47条、『茗話』下巻1条、『瑣語』下巻26bでも扱う（附録参照）。○応　「べき」と訓んでいる。（佐野大介「江戸期漢文訓読における懐徳堂点」（『懐徳堂センター報』二〇〇九、二〇〇九年）参照。）下22条も（ただし、『茗話』下巻1条では「まさに～べし」と訓む）。○『釈氏要覧』『釈氏要覧』巻下「躁静」の「苦」の項の割注に見える（ただし、原文では、「餲」は「渴」、「嗔」は「瞋」になっている）（蔵中進・蔵中しのぶ『寛永十年版釈氏要覧・本文と索引』（和泉書院〈和泉叢書23〉、一九九〇年）8b、二九二頁、宝永六年（一七〇九）刊本も同じ）。○『老子経』『老子』第六七章。○聖人動くに天を以す　朱子の先駆者である程顥の言葉。『河南程氏遺書』巻一一「明道先生語一・師訓」に「聖人之動以天、賢人之動以人」と見える。○鉄に点じて金とす　「点鉄成金」。「換骨奪胎」の意。ここでは、思考を変換すること。

【解説】仏教や道家思想が「身」を滅すべきものと考えることを批判する。仏典を引用して本来の仏教の考えを明らかにしようとする（相手の土俵で相撲を取ろうとする）。「楽しみ」について言及する点も要注目。蘭洲は天に則れば心配しなくてよいという基本的に世界を肯定し楽観的な考えを有していた。『老子』を拠り所にする点、分の思想が見える点も注目に値する。

第17条

○張九成*『伝心録』ニ曰、「以二天命之謂レ性ヲ、為二清浄法身一ト。率レ性〔26a〕之謂レ道ヲ、為二円満報身一ト、修レ道之謂レ教ヲ、為二千万化身一ト」といへり。此論《ろん》の心に、主客《しゅきゃく》のたがひあり。天竺《てんぢく》の人、もろこしに来り、『中庸《ちゅうよう》』をよみて、かくいはばさもあるべし。張九成、もろこしに生れ、幼少《ようせう》より聖人の教の中に成長し、身をたて家をなし、頗《すこぶる》是非《ぜひ》をしり、黒白《こくびゃく》を辨《べん》ぜり。然るに、かく仏を主《しゅ》とし、儒《じゅ》を客《かく》として、一途《いちと》に混《こん》ぜんとす。先人情《にんじゃう》ならず。もろこし人のひろくおほやけなるよりいはば、此仏語《このぶつご》を見て、「これは我国の道、『中庸』に説《とけ》る所と大やう同じけれど、珍《めづら》しげなし。見るに及ばず」とこそいふべけれ。さて、清浄法身《しゃうじゃうほふしん》を天命之謂性とひとつなりといへるは、儒者《じゅしゃ》の見《けん》しきにていへるまで、仏意《ぶつゐ》にあらず。仏はただ心といふのみ。天を説〔26b〕くことなし。性といへるも心を説くなり、性にあらず。いかなれば、天と性とを説くことなきや。三世転生の説をたつる故、人の性を受《うく》るところにてはいはず。唯《ただ》、人となりて後、知覚運動《しりおぼへはたらく》するところの心をとらへて、種々《しゅしゅ》に簸弄《ひろう》し、これを性ともいへるなり。清浄法身は、仏身の上にていふ詞、皆心のさたなり。天命之性は天の人にあたふる所の本躰《ほんたい》、無声無臭《むせいむしう》*にて、作用《さよう》にわたらず。形気《けいき》に落《おち》ぬところ、天と一体《いったい》なり。清浄などの詞《ことば》を用るに及ばず。およそ仏法は形而下《かたちしてしも》なるより説て、形而上《かたちしてかみ》の道をわすれたれば、其説あらし。

【注】○張九成　張九成（一〇九二～一一五九）、字は子韶、号は横浦または無垢。儒教を修めたが、深く仏教思想の影響を受け、陸象山の心学の先駆とされる。朱子は、「陽儒陰禅（表向きは儒者だが内実は前者）」であるとし、「雑学

弁・張無垢中庸解」を書いて痛烈に批判した（『朱文公文集』巻七二）。『伝心録』は『心伝録』のこと。『心伝録』巻中に「天命之謂性、便是清浄法身。率性之謂道、便是円満報身。修道之謂教、便是千百億化身」と見える（『張九成集』第四冊（浙江古籍出版社〈浙江文叢232〉、二〇一三年）一一六二頁）。その他、朱時恩『居士分灯録』（禅門の七二人の師承機縁を記す。ただし、宋学の朱熹や周敦頤も含まれる）下巻にも見える（森大狂編『禅林叢書』第二編（光融館、一八九七年）五二頁）。〇無声無臭　『詩経』大雅・文王に「上天之載、無声無臭」と見える。宋学の世界観を表す『太極図説』の朱子解説（「朱子太極図説解」）でも太極の様子を表すことばとして見える。下4条、下27条にも見える。〇形気《けいき》　上16条、下4条にも見える言葉。下43条「客気」の注参照。

【解説】儒仏一致論に異議を唱える。この段、儒仏の違いについて蘭洲の根本的理解が現れている。仏教は形而下（心）を説く浅い教え、儒教は形而上（性）を説く深い教えであると言う。

第18条

〇仏書《ぶっしょ》唯《ただ》心の妙《めう》をいふ。禅家《ぜんけ》に至りて、明心《めいしん》*又観心《くはん》*といふ〔27a〕工夫《くふう》にわたりたり、又性《せい》には見性《けんしゃう》*といへり。聖人の方にては性は養《やしな》ふといひ、又尽《つく》すといふ。ここにおゐて、其趣《おもむき》わかれたり。禅家の心をいふは、たとへば、水晶《すいしゃう》をみがきたる如し。清潔《せいけつ》にはあれど、物をてらしうつすことなし。聖人の心を修《をさ》むるは、鏡《かがみ》をみがくが如し。物をうつし妍媸《けんし》《よしあし》をよくわかつ。仏氏心を明らむるは一身の受用《じゅよう》なり。わが道はこれをもて忠孝《ちうこう》をつくし、家国天下に及す。高僧《こうそう》の山中に住《ぢう》し、明心見性《めいしんけんしゃう》したりとても、出世間《しゅっせけん》の法《はふ》なれば、人倫《じんりん》の用《よう》はなさず。もしこれをつれ来りて、国家の政《まつりごと》をはからば、必《かならず》堂塔《どうとう》をたて、世人を道引《みちびき》て、読経《どきゃう》念仏《ねんぶつ》をすすめんのみ。

【注】○明心　仏教用語。心を明らかにすること。さとりを開くこと。下6条、下55条、下60条にも見える。○観心　仏教用語。自己の心の本性を観ずること。○見性　仏教用語。身に備わる仏としての本性を見抜き、悟ること。特に、禅家で用いる。上9条、下48条、下55条、下60条にも見える。

【解説】心についての儒仏の違いを述べる。仏教は、自分を磨くだけで世の中の訳には立たないが、儒教は人倫を導き世の中の役に立つと言う。

第19条

○ある人、和尚にとふ、「大千《だいせん》世《せ》界《かい》の衆生《しゅじょう》は、皆仏の教化《けうげ》〔27b〕し給ふとうけ給はる。『観経《くはんぎゃう》』*に、造悪《ざうあく》無量《むりゃうの》者も臨終《りんじゅう》に十念《ねん》すれば、仏の願力《ぐはんりき》にて、三界《さんがい》を出離《しゅつり》す。又『楞厳経《れうごんきゃう》』*に、念仏《ねんぶつ》はたとへば子の母をおもふ如し。必母これに答《こた》ふとなり。これ皆極楽浄土《ごくらくじゃうど》に往生《わうじゃう》して、仏となり、永く輪廻《りんえ》をまぬがる。もし邪見外道《じゃけんげどう》の輩《ともがら》、仏を念《ねん》ぜず、謗法《はうばふ》する者は、奈落《ならく》に堕《だ》して永劫《えうごう》うかぶことなし。然らば、此二種《にしゅ》の衆生《しゅじょう》は天堂《ごくらく》と地ごくとにゆきゆきて、二度輪《りん》廻《え》をされば、娑婆《しゃば》には後の世ほど、人のすくなくなるべきに、もろこしも日本も、昔より人の多くなるはいかが。」和尚いまだ答《こたへ》なきに、旁《そば》にこざかしき者ありていふ、「極楽《ごくらく》もあまりに荘厳華麗《そうごんくはれい》なるゆへ、わびずきなる仏は、折々娑婆《しゃば》にかへり、地ごくにもせき〔28a〕やぶりのありてこそ」と笑《わら》ひてやみぬ。

【注】○『観経』『観無量寿経』。『観無量寿仏経疏妙宗鈔』巻三に「五逆罪人**臨終十念**得往生者」と見える。○

『楞厳経』『首楞厳経義疏注経』巻五之二に以下のように見える。「仏与衆生、憶念相応、故仏与生如形影也。……十方如来、憐念衆生、如**母憶子**。若子逃逝、雖憶何為。如母憶子仏也。若子逃逝生也。雖憶何為、不会遇也。……**子**若**憶母**、如母憶時、母子歴生、不相違遠。若衆生心、憶仏**念仏**、現前当来必定見仏。」個々の内容は、大阪大学懐徳堂文庫所蔵『鶏肋篇』巻七「冽庵漫録第四」13aにも見える。

【解説】天国地獄に行って輪廻からはずれる人がいれば世の中の人は少なくなるはずではないかと批判する。（仏教の教説が論理的に合わない点を批判する。）ここも問答体になっている。輪廻説批判は下53条にも見える（郝敬説の引用）。

第20条

○朱子曰、「釈氏以㆓知‐覚運‐動《スル》者《ヲ》㆒為㆑心《ト》」とあり。唯心とするのみならず、是を性《せい》とす。闡菩提《せんぼだい》がいはゆる作用是《さようぜ》性《しょう》、これなり。人の性、豈《あに》作用《さよう》あらんや、皆心のしわざなり。心性の辨《べん》、明らかなるよりこれを見れば、作用是心《さようぜしん》といふべし。狗子《くし》《いぬ》有㆓仏‐性㆒も有㆓仏心㆒といふべし。心は狗子《くし》《いぬ》とも同じかるべし。性を説て仏も狗も同じといふべけんや。

【注】○朱子曰　「先生曰、「他仏家都従頭不識、只是認**知覚運動**做性、所以鼓動得許多荘明豪傑之士。」」（『朱子語類』巻一二六「釈氏」）「釈氏……如以仁義礼智為非性、而以眼前作用為性、是也。」（『朱子語類』巻一二六「釈氏」）などを言うか。○闡菩提　未詳。田上太秀「一闡提とは何者か」（『駒沢大学仏教学部論集』三一号、二〇〇〇年）参照。蘭洲は人名でないものを人名と勘違いしているのかもしれない。○作用是性　例えば、『景徳伝灯録』巻三に「王怒而問曰、

「何者是仏。」答曰、「見性是仏。」王曰、「師見性否。」答曰、「我見仏性。」王曰、「性在何処。」答曰、「性在作用。」王曰、「是何作用。我今不見。」答曰……」と見える（『五山版中国禅籍叢刊』第一巻「灯史1」（臨川書店、二〇一二年）4b-5a、二四頁）。朱子は『朱子語類』（巻一二六「釈氏」その他）で「作用是性」という言い方でたびたび言及している（土屋太祐「玄沙師備の昭昭靈靈批判再考」（『東洋文化研究所紀要』一五四冊、東京大学東洋文化研究所、二〇〇八年）注7参照）。例えば、『朱子語類』巻一二六「釈氏」「「作用是性。在目曰見、在耳曰聞、在鼻齅香、在口談論、在手執捉、在足運奔」、即告子「生之謂性」之説也。」黄瑩暖「朱子対是禅宗「作用是性」説的理解」（台湾師範大学国文学系『中国学術年刊』二七期、二〇〇三年）参照。〇狗子有仏性　上9条注参照。

【解説】心、性について、儒仏の違いを弁じる。仏教は心（作用）を性（本体）と誤解しているとする。

第21条

〇ある人いふ、「子《そこ》は、すべて目に見えず、手にとられぬことは、皆信《しん》ずべからずとおもへるにや。」いはく、「さにあらず。一事《ひとつ》をあげていはば、天の運旋《うんせん》《めぐり》、歳《とし》の節《せっ》気《き》、日の躔度《てんど》*、又は鬼神《きしん》、これらは皆人の目に見えるものにあらず。されど、実理《じつり》〔28b〕あることゆへ、其理をおせば、毫釐《ごうり》のたがひなくしられたり。日月の食《しょく》はしりがたきことなれど、理《り》をきはむれば、以来《いらい》の食《しょく》をかねて委《くは》しくしる。是もろこし上古《いにしへ》聖人《せいじん》暦《こよみ》を作《つく》り、堯《げう》は始《はじめ》て閏月《うるふつき》を置《を》き、舜《しゅん》は始て測量《そくりやう》の器《うつわもの》を作るより、目に見えず、手にとられぬことも明らかにして疑《うたがい》なし。天地《てんち》山川《さんせん》の鬼神《かみ》は、人を生じ、人を育《やしなふ》する所、即神《かみ》なり。祖宗《せんぞ》*の鬼神《かみ》は、子孫《しそん》と一躰《いったい》にて、天に帰《き》しては、又、天《てん》とひとつなれば、冥々《めいめい》の中にわれと相つらぬく所即神なり。三世《さんせ》因果《いんぐは》天堂地《ごくらく》ごくは、いづれにも人の身の上に受《うく》ることなれば、しりやすきことなり。

もし其実理《じつり》あらば、聖人の知《ち》にてなどかはしらざるべき。もろこし聖〔29a〕人ありてより、孔孟《こうまう》に至《いた》り、下《しも》は楊雄《やうゆう》、董仲舒《どうちうじょ》の輩《ともがら》に及び、上下数千年《すせんねん》の間、実理を見て、万の事におしわたして説をつけたるに、一人も此仏説の如きをいふ人なし。日本にても神代より、下欽明《きんめい》の御時に至るまで、千二百年の間、一人もかかることをいはず。もとより此ことをしらずしても、天地の間ひとつのかけたることなし。いかなれば西域《せいいき》の人のおしあてにいひ出し、其国の俗《ぞく》をみちびく教なるを、もろこし聖人《せいじん》の域中《いきちう》、仁義礼楽《じんぎれいがく》の間に生れたる人、*これを信《しん》じ、目に見、手にとりたるやうにおもひ、かへりて、聖人の教《をしへ》をひきしせはしとす。よにおかしきこと、これに過たるはなし。日本にては、中臣勝海《なかとみのかつみ》、物部守屋《もののべのもりや》の、「日本は日本の神を尊む〔29b〕べし、外国《よそのくに》の仏を尊ぶべきやうなし」と議《ぎ》せられたるは、ことわりにあたれりと見えたり。仏者、実理《じつり》のある天象《てんしやう》のことにさへうとくおそろかに誤《あやま》りおほきを見れば、其種々《しゅしゅ》広大《くはうだい》奇怪《きくはい》の説、目に見えず手にとられぬことは皆信《しん》ずべからざること、おしてしるべし。」

【校勘】○てんど　中之島本、国会本には、左に「あゆみ」のふりがなあり。○て　底本、東大本は「而」らしい。中之島本、懐徳堂本は「て」らしい。国会本「て」。○目　中之島本は貼り紙で直す。○これ　中之島本「是」。

【注】○中臣勝海、物部守屋　この二人が仏教に反対したことは、『日本書紀』に見える。『日本書紀』巻二〇「敏達天皇紀」「(*十四年)三月丁巳朔、**物部**弓削**守屋**大連与**中臣勝海**大夫、奏曰「何故不肯用臣言。自考天皇及於陛下、疫疾流行、国民可絶。豈非専由蘇我臣之興行仏法歟。」詔曰「灼然、宜断仏法。」丙戌、物部弓削守屋大連自詣於寺、踞坐胡床、斫倒其塔、縦火燔之、幷焼仏像与仏殿。……」(『新訂増補国史大系』一巻下『日本書紀(後篇)』一一四頁)『日本書紀』巻二一「用明天皇紀」「二年夏四月乙巳朔丙午、……群臣入朝而議、**物部守屋**大連与**中臣勝海**連、違詔議曰

「何背国神、敬他神也。由来不識若斯事矣。」蘇我馬子宿禰大臣曰「可随詔而奉助、詎生異計。」於是、皇弟皇子引豊国法師入於内裏。物部守屋大連、耶睨大怒。」(『新訂増補国史大系』一巻下『日本書紀（後篇）』一二二〜一二三頁）

【解説】この条も問答体は続く。目に見えないことをすべて信じないのかという反論に対して、そうではなく理屈に合わないことを信じないのだと反論する。鬼神について述べられている（否定しない）点、要注目。鬼神とは、天地山川、祖先の神であり、自然現象として存在するものであるとする。ここでは、仏教が自然現象を正確に認識できていないことをその説自体が信憑性のない傍証としている（末尾の部分）。この理屈から言えば、正確な科学知識を携えて布教に来たキリスト教は魅力のあるものであったはずだろう（そしてキリスト教はまさにそのような方法で布教活動を行った）。

第22条

○明《みん》に京隆《けいりう》*といふ者あり。ある人とふ、「朱子《しゅし》の語に、仏経《ぶっきゃう》は老荘《らうそう》を剽窃《へうせつ》《ぬすむ》すといへり。いかん。」隆《りう》、こたへていふ、「仏《ほとけハ》 是《これ》天上天下三界大聖人《さんがいのだいせいじん》なり。老荘《らうそう》ハ皆仏におくれたり。先の人、後《のち》の人の語《ことば》をぬすむことあらんや。朱子、種々《しゅしゅ》に仏をそしる、人は欺《あざむ》くべし、天は欺くべからず」といへり。さてさて、仏はことごとく仰山《ぎゃうさん》なる聖人なるかな。かくいへばとて、信《しん》ぜぬ者は信ぜず。〔30a〕此京隆《けいりう》はいかなる無眼無腸《まなこなくはらわたなき》の小人なるにや。其身、尭舜《げうしゅん》の域《いき》に生れ、其化《くは》を蒙《かうむ》りながら、それは尊ばず、かへりて異《い》国の人に荷担《かたん》す。先本《もと》をわすれたる者なり。さて、朱子のさいへる心は、仏書を翻訳《ほんやく》せる者、老荘の心をとりて、書入《かき》たりといふ心なり。朱子又曰*、「釈氏只有二『四十二章経』一是《ハ》古-書、餘《ハ》皆中国《ノ》文士潤-色《シテ》成《ト》レ之」といへるにてしるべし。およそもろこしに生れ道をしり理を窮め本をわすれぬ人は皆仏をそしるなり。朱子に限らず。其言に天は欺くべからずといへり。京隆、仏に淫すれど、もろこしに生れ孔子の教にそだてられたるゆへ、われしらずに聖人の語をいへり。しかるに仏法には儒家にていふ天といふ事なし。此人おそらくは仏の法をもわき〔30b〕まへぬものなるべし。翻訳《ほんやく》のこと、宋《そう》の大慧《だいゑ》の書*に、ある人仏書は翻訳者《ほんやくしゃ》の附会《ふくはい》せるなりといへるこたえに、翻《ほん》やくの様子《ありさま》をいひて、一字《いちじ》も心のままにならぬことをいへり。それ*羅什《らじう》などの翻訳《ほんやく》する人、天竺人にて、もろこしに来り文字言語をよくしりたり。ほんやくする時、老荘のこころ、儒書の詞《ことば》をとり、この梵文《ぼんもん》はかくかくといはんに、たれかさはあらじとおもふ者あらん。いかやうに訳《やく》せんも、羅什《らじう》が心ままなり。大慧《だいゑ》の言分けは、信ずるにたらず。

【校勘】○それ　中之島本「そ水」。

【注】○京隆　未詳。『時習新知』『困知記』あたりに見えるか。○朱子　『朱子語類』巻一二六「釈氏」に見える。続きは、「『維摩経』亦南北時作。」ただし、原文では「只有」ではなく「只」。○大慧の書　『大慧普覚禅師書』巻下「答孫知県」の中に見える「左右詆諸聖師翻訳失真、而汨乱本真、文句増減、違背仏意。……六朝翻訳諸師、非皆浅識之士。翻訳場、有訳語者、有訳義者、有潤文者、有証梵語者、有正義者、有唐梵相校者、而左右尚以為錯訳聖意」あたりの内容を言うか（『五山版中国禅籍叢刊』第一〇巻「詩文・尺牘」（臨川書店、二〇一三年）79a-80a、六四六頁下〜六四七頁上、荒木見悟『大慧書』（筑摩書房〈禅の語録17〉、一九六九年）二一六〜二一八頁）。『大正蔵』四七巻。

【解説】ここも問答体が続く。仏書は中国に訳された時に、老荘やある時は儒教のことばを用いたと言う。中国人でありながら、仏教に染まった京隆という人を批判する（西域のものを用いるべきではないという考えが根底にある）。

第23条

○延暦十九年*に、「大安寺僧孝ノ聖言《まうす》、自性尫弱、不レ堪二修行一ニ、老母在レ堂、無レ由二定省一ニ、還俗色養セント許スレ之ヲ」と見えたり。此僧見識《けんしき》*あり。殊勝《しゅせう》のことなり。此時分は、出家には、度牒《どてう》**を〔31a〕給はるゆへ、還俗《げんぞく》すれば、朝庭《みかど》の御ゆるしを蒙《かう》むり、度牒《どてう》をかへし納《おさむ》ることなり。これいよいよ世に還俗《げんぞく》をふれながすことなるに、よくも決断《けつだん》せり。此時、薬師寺《やくしじ》の僧、景国《けいこく》も一所に願《ねが》ひて還俗せり。今時の僧にもかくの如きもあるべし。其上、還俗は心のままなれど、名聞《みゃうもん》にかかはり、恥《はぢ》とおもひて*、志《こころざし》を得立《えたて》ぬも有べし。元明《げんみゃう》天皇の御時は、仏法をおさへ給ひ、僧の藝能《げいのう》あるをば勅命《ちょくめい》にて還俗《げんぞく》なさしめ給へるおほし。

【校勘】○た　中之島本は貼り紙で直す。○を　底本では振り仮名だが中之島本により改める。○おもひ　中之島本「おもへ」。

【注】○延暦十九年云々　『日本後紀』巻九逸文「桓武天皇」（延暦一九年（八〇〇））に「冬十月……己卯、大安寺僧孝聖言、已元右京人田中朝臣名貞也。自性尫弱、不堪修行。老母在堂、無由定省。還俗色養。許之」と見える（黒板伸夫・森田悌編『訳注日本史料・日本後紀』（集英社、二〇〇三年）二〇八頁）。母を養う問題については、『正法眼蔵随聞記』でも言及している（岩波文庫『正法眼蔵随聞記』第三、一四、六三頁）。（『拾補日本後紀』巻二「桓武天皇　巻四」（早稲田大学古典籍ＤＢ）9bにも見える（文の異同あり）。）○度牒　下28条、『茗話』下巻60条（刊本下22）にも見える（附録参照）。

【解説】還俗した例が歴史上あることを説き、あるべき人の道に従ったとしてその行動を称える。

第24条

○道昭《どうしやう》和尚は、孝徳《こうとく》天皇白雉《はくち》四年に入唐《につとう》し、玄奘《げんぢやう》三蔵《ぞう》にあひ、禅法《ぜんぱふ》を伝《つた》へ帰朝《きてう》しけり。この時、日本の仏法ただ福《ふく》田《でん》利益《りやく》*にまよひ、禅を好まざればにや、元〔31b〕興寺《ぐはんごうじ》のかたすみに禅院《ぜんいん》をたてて引こもり、世に出ず、天下を行脚《あんぎや》せし時、所々の川々《かはかは》に舟《ふね》をもうけ、橋《はし》を架《かけ》して人をめぐみけり。宇治《うぢ》橋も此僧のはじめて作りけりとぞ。其後、玄賓《げんひん》もおなじさまなる僧にて、いと殊勝《すせう》なり。嵯峨《さが》天皇のころ、伯耆備中《はうきびちう》の間に住して、終《つゐ》に京《みやこ》に出ず。みかどおりおり*書《ふみ》を給《たま》ひ、御贈物《おくりもの》などありしこと、『日本後記《こうき》』*に見えたり。わたし守《もり》になり、又は、伊賀郡司《いがのぐんじ》の難《なん》を救《すく》ひしこと、『古《こ》事談《じだん》』*に出せり。かかる僧こそ、『遺経教《ゆいけう》』の仏意《い》にもかなふべけれ。これ道昭も玄賓も、人の為《ため》となる事は、来世《らいせ》はさし置《をき》て、かく現世《げんぜ》をたすけたり。貴ぶべし。今時の仏者に、「人の貧窮艱難《ひんきうかんなん》を救《すく》ふはわろし、其前世《ぜんぜ》の〔32a〕宿《しゆく》業《ごう》なれば、これを果《はた》させたるをよしとす」などいひて、富《とめ》る身がらにて、貧しき者をめぐまぬものあり。仏法中の外《げ》道邪魔《どうじやま》*といふべし。かかる者は、必天の罰《ばつ》をうけ、時王《ときのきみ》の刑戮《けいりく》にあふべし。

【校勘】○おりおり　中之島本「おのおの」（都立本は「の」を「り」に直す）。○外道　中之島本は両字にかかる貼り紙がある。

【注】○道昭　『宋史』巻四九一「列伝第二五〇」「外国七・日本国」「孝徳天皇白雉四年、律師道昭求法至中国、従

三蔵僧玄奘受経律論、当此土唐永徽四年也」。『日本書紀』幸徳紀白雉四年（六五三）五月壬戌（十二日）の条＝遣唐使として唐に行ったこと。長洋一「律令制と仏教（一）――道昭について」参照。〇福田利益　仏教用語。福田は、福を生ずる田の意。田がよく物を生ずるように、福徳を得させる人のこと。仏や僧、父母、貧者などを敬い、施しを行なう時、多くの福徳を生み功徳が得られるところから、これを田に喩えて言う。仏を大福田といい、仏や僧を恭敬福田（敬田）、父母や師を報恩福田（恩田）、貧者や病者を貧窮福田（悲田）という。下3条、下34条にも見える。〇『日本後記』『日本後紀』には、嵯峨天皇の御代にたびたび玄賓に下賜品が贈られたことが見える。弘仁二年五月一六日（一〇一頁）「己酉、賜玄賓法師書曰、……聊附法服一具、至宜領之。」、二年一一月一三日（一〇六頁）「甲辰、賜書存問玄賓法師、又施綿百屯布卅端。」、三年五月二〇日（一一四頁）「丁丑、遣使問玄賓法師、兼施法服並布卅端。」、三年一二月四日（一二〇頁）「戊子、……賜玄賓法師書、兼施綿布等物。」（『新訂増補国史大系・日本後紀・続日本後紀・日本文徳天皇実録』）。〇『古事談』『古事談』第三「僧行」第八話「玄賓僧都、大僧都を遁れ、渡守と為る事」（第一〇話「玄賓、伊賀国に流浪奉仕と為り、郡司の国勘を解く事」）に見える（川端善明・荒木浩校注『古事談・続古事談』（岩波書店〈岩波新日本古典文学大系41〉、二〇〇五年）二四九頁～）。

【解説】現世を救うことに力を注いだ仏者（道昭（六二九～七〇〇）、玄賓（七三四～八一八））を称え、そうしない仏者を批判する。仏教自体の批判というより、仏者のあり方を批判するというスタイルを取る。前条と同じく、仏者を我が方に引き込む意図か。現世の困窮を前世の報いだとして同情しない人は確かにいたであろう（理屈には合うので）。

第25条

○ある士人《しじん》《さむらひ》、和尚にとふ、「われら同僚《どうれう》《ほうはい》に二人の士《さむらい》あり。一人はとにかくに主君《しゅじん》を敬《うやま》ひ、をのれが職分《しょくぶん》をせちにつとめ、忠義《ちうぎ》を専一《せんいつ》と心かくるのみなり。一人も同じく主君を敬ひ、をのれが職分をせちにつとめ、忠義を専一とすれど、朝暮《あさゆふ》、増俸遷任《ぞうはうせんにん》《かぞうりっしん》をこころがけ、人の役替《やくがへ》するを見ては、甚うらやみ、少しはねたましき心なきにしもあらず。此ふたつ、をとりまさりありや。」和尚いふ、「加増立身《かぞうりっしん》に心なきは、欲《よく》すくなければ、仏心に〔32b〕かなへり。加増立身を心かくるは、先むさぼりなり。其上、いつまでも不幸《ふしあはせ》にして、同じ身がらならば、上をうらみ、且《かつ》はつとめにおこたる心出来らん。然らば、仏心にかなはねばおとりたり。」士人いふ、「しからば、和尚より我等《われら》、仏心にかなふべし。和尚平生善根《へいぜいぜんこん》を修《しゅ》し給ふは、臨終《りんじう》に生滅《しゃうめつ》の念絶《ねんたえ》て、天堂にゆかんとなり。これをいはば、増俸遷任に心かくる如し。我等は、天堂地ごくはなきこととおもへば、平生する所の善根は、ただ今日人たる者のすべきことをするとのみ心得て、外に望《のぞみ》はなし。これ加増立身に心なきと同じければ、和尚にまさらずや」といふ。和尚うち笑ひて、「口かしこきもうしやうや」といはれけり。

【解説】自らの悟りのために修行する僧は利己的であるとして批判する。儒者の善行は無目的ですべきことをするまでだと言う。それが本来の姿、すなわち性だからである。叙述方式は仏者と対話させて言い負かすという『荘子』に似た方法である。

第26条

〔33a〕○人の嗜好《しこう》《すきこのみ》は、只珍《めづ》らしく常《つね》ならぬことにあり。晋宋《しんそう》の間、仏法の行はれたる、これなり。かねておもひよらぬことのよきは、尤《もっとも》愛《あい》する心の出来るなり。たとへば、芍薬《しゃくやく》の花は牡丹《ぼたん》におとりたり。たまたま牡丹の花の中に芍

薬の如きあらば、かへりて甚《はなはだ》賞玩《しゃうぐはん》すべし。儒者の仏法を好めるはおほくかくのごとし。年ごろ、仏書は見るにたらぬとおもへりし人、禅録《ぜんろく》など見て、其心法を説るにおどろき、「すつべきにあらず」とおもひ、又其心をたんれんする所、儒者の五倫《ごりん》中に在て千緒《ちょ》万端《たん》処置《さばき》しがたきことおほかる中より見る心と、僧のをのれひとり岩居川観《がんきょせんくはん》し心の妙処《めうじょ》を説くとは、ややことなるところもあれば、ことにめづ〔33b〕らしく、折々其説を主張《しゅちゃう》するやうになり、これをとがむる人あれば、終《つゐ》に戈《ほこ》をとり室《しつ》に入り、仏に党《とう》する論《ろん》をもいへり。*謝顕道、*楊時如きこれなり。されど此人々幼少より聖人の教法骨ずいに染たれば、僧となるにはいたらず。もし聖人の道の皮膚のみをしり、あるは記誦俗学の輩はいかがあらんもしられず*。然れども、古より僧の儒者となるはあり。儒者の方袍円頂《はうはうえんてう》のすがたとなるは、いまだ聞ず。これ自然《しぜん》の符《ふ》なるべし。およそ、もろこし代々《よよ》に名ある大臣君子《だいじんくんし》のほとけによるは、皆其心法を説るをよろこぶなり。禍《わざわゐ》をさり福《さいわゐ》を来し、天堂に生れんとおもひて、仏法に帰するは、皆小人にて、国家をみだす者なり。唐の元*載、*盧犯、宋の*丁謂、*盧多遜のともがらの如し。

【校勘】〇しられず　中之島本「しらず」。

【注】〇謝顕道　謝良佐（一〇五〇〜一一〇三）。字は顕道、上蔡先生と呼ばれる。朱子学の先駆者である程顥（明道）・程頤（伊川）兄弟の高弟の一人。朱子に対抗した陸象山の心学の先駆になった。『質疑篇』14aにも見える。〇楊時　一〇五三〜一一三五。字は中立、亀山先生と呼ばれる。程顥・程頤の継承者。〇元載　?〜七七七。唐の代宗朝に宰相として専権をふるい、悪徳政治家の代表のように言われる。〇盧犯　未詳。〇丁謂　九六六〜一〇三七。中国北宋初期の政治家・文人。字は初め謂之、後に公言と改める。真宗の晩年に皇后劉氏と結んで実権を掌握、忠臣とさ

れる宰相・寇準を失脚させた。〇盧多遜　九三四～九八五。趙普への恨みと皇帝のご機嫌取りで、太宗に同調して趙普を宰相から引きずり下ろしたとされる。

【解説】儒者が仏教に流れることを新しいもの好きの心理で説明する。そもそも儒者から僧になった人はその逆より少ない、儒者が仏教に引かれたのは禅の心法、自分の幸せを求めて仏法に帰したのは小人物のみ、だと言う。

第27条

〔34a〕〇およそ、宇宙《うちう》の間に、目に見えぬ広大荒唐《くはうだいくはうとう》の説をなすは、先、暫《しばら》くさし置き、今日眼前の境《さかい》にては、君臣《くんしん》、父子《ふし》、夫婦《ふうふ》より重《おも》きはなし。これ世界《せかい》のよってたつ所なり。仏、西方《さいはう》一区《く》の地に生れ出、其教《をしへ》を立んとて、はじめてこの三綱《さんかう》をほろぼす。人々見なれ聞なれたればこそあれ、つらつらおもふに、よにけしからぬこと、又これより甚しきはなし。これをおもしろしとして学ぶ人、もろこしにても、吾朝にても、見ならひて又この三綱をほろぼす。其遁辞《とんじ》に、「必《かならず》しも、ほろぼすにはあらず。優婆塞《うばそく》・優婆夷《うばゐ》・居士《こじ》・信士《しんじ》*の類《たぐひ》あるを見るべし」といへり。然らば、其身は、何ゆへ出家するや。此三つの者をたちさらねば、一大事因縁《いちだいじゐんえん》にさまたげあればなり。うばそくうばゐは〔34b〕一大事因縁にさまたげありてもよし、みづからの身のみ妨《さまたげ》なきをするなれば、これ私《わたくし》なり。宇宙《うちう》間の人を皆僧尼《そうに》となし、此三つのものをたち、一大事因縁をりょう*ぜしめんこそ、仏の大慈本願《たいじほんぐはん》なるべけれ。所《しょ》せん宇宙《うちう》間の人、皆僧尼となるべからねば、其法は、全《また》くは行はれぬなり。もし全く行はれたらましかば、其法も亦ほろびうせぬべし。「小道《せうどう》といへどもみるべきあり、遠《とを》きをいたさば、なづまんことをおそる」*とはこれをやもうすべき。

【校勘】○ぜ　原文のママ（濁点あり）。

【注】○優婆塞・優婆夷・居士・信士　在家の信者。優婆塞は男性信者、優婆夷は女性信者（『釈氏要覧』上巻「称謂」に見える。蔵中進・蔵中しのぶ『寛永十年版釈氏要覧・本文と索引』（和泉書院〈和泉叢書23〉、一九九〇年）17b-18a、三八〜三九頁）。○小道といへども〜おそる　『論語』子張篇の「子夏曰、雖小道必有可観者焉。致遠恐泥、是以君子不為也」を言う。

【解説】人倫（三綱）をなみすることを批判する。仏教の教えに従うと人類が滅んでしまい、引いては仏教も滅んでしまうと言う。

第28条

○仏氏《ぶっし》、天をいはずして、四大《しだい》をいふ。陰陽《ゐんやう》をいはずして、転生《てんせい》をいふ。これ皆平常《へいぢゃう》にことならんことを欲して、奇怪《きくはい》の説を設《もうけ》るなり。四大は、地《ち》・水《すい》・火《くは》・風《ふう》なり。『円覚経《えんがく》』*に出たり。然るに〔35a〕風は陽気《やうき》にて、地《ち》より出る火気《くはき》なり。火と別物《べつぶつ》にあらず。荘生《そうせい》がいはゆる大塊《たいくはい》の噫気《あいき》*なり。人の呼吸《こきふ》、急《きう》に吹《ふけ》ばさむく、緩《ゆる》く呵《ふけ》ばあたたかなるが如し。いかんぞ、地・水・火とならべいふべけんや。これは天地の始《はじめ》は風輪《ふうりん》より起《をこ》る*といふによりていふのみ。もろこし五行《ごぎゃう》の説の外に、西儒《せいじゅ》の説には、水・火・土・気といふ。気《き》は即、天をいふ。これ四大の説より端的《たんてき》なり。

【注】○『円覚経』「我今此身四大和合。所謂髮・毛・爪・歯・皮・肉・筋・骨・髄・脳・垢・色、皆帰於地。

唾・涕・膿・血・津・液・涎・沫・痰・涙・精・気・大小便利、皆帰於**水**。暖気帰**火**、動転帰**風**。**四大**各離、今者妄身当在何処」とあるあたりを言うか。〇大塊の噫気「あいき」。『荘子』斉物論篇に「夫大塊噫気、其名為風」と見える。蘭洲『茗話』では『荘子』の名言だと言う（『茗話』下巻58条、刊本下21b）。〇天地の始は風輪より起る『倶舎論』巻一一に「有情業増上力、先於最下依止虚空、有風輪生」（有情の業の増上力もて、先ず最下において虚空に依止して、風輪生ずる有り）と見える（『大正蔵』二九巻五七頁上）。『倶舎論』の世界観では、風輪の上部が大雲雨によって水輪となり、水輪の上に金輪が形成され、金輪の中央に須弥山が位置する。

【解説】四大批判（特に風）。五行説や西洋の水火土気（天）の説の方が優れると言う。

第29条

〇天地は、始《はじめ》もなく、終《をわ》りもなく、万物《ばんぶつ》の祖《そ》なり。これに生滅《しやうめつ》ありては、これも亦物《またもの》なり。いかんぞ永々《ながなが》万物を生《せい》育《ゆく》することを得ん。唯其地のかぎる所につれて盛衰《せいすい》あり。*邵子《せうし》の十二万九千六百年は一年の日数、三百六十に三百〔35b〕六十を乗《ぜう》《かけ》て数《すう》の尽《つく》るところ、これを閉物《へいぶつ》とす。これより又開物《かいぶつ》はじまるといへり。開閉《かいへい》は盛衰《せいすい》をいふ。生滅《しやうめつ》をいふにあらず。異端家《いたんか》、天地の生ずる始《はじめ》を説んとす。始あれば終《おはり》あり。これより想像附会《そうざうふくはい》、人々いひがちなり。*老子《らうし》はいふ、「物あり混成《こんせい》す。天地に先だちて生ず」といひ、『*淮南子《えなんじ》』には、「天地の始《はじめ》は鶏《けい》卵《らん》《にはとりのたまご》の如し」といひ、仏家には、*毘嵐《びらん》といふ風あり、是天地を生ずる始なり。これより雲雨《くもあめ》ありて、天地出来るなり。其後いくばくの劫《ごう》を経《へ》て、業火起《ごうくはおこ》り、国土なくなり、虚空《こくう》のみなりといへり。これ『日本記纂疏』に引る『倶舎』の*説なり。是説の心、天地なき始なれば、すこしも形質《かたち》あるものにていふべからねば、風といへるなり。風も雲も雨も皆地気《ちき》の升《せう》〔36a〕降鬱《かううつ》蒸《ぜう》してしからしむ。もし天地なき時ならば、いづくより風雨の出来べけんや。是想像《さうざう》の説のあたらぬなり。すべて仏家の天文《てんもん》をとくは、理《り》を推《を》すことをしらずして、ただおしはかりにいへるなり。ゆへに笑ふべき説おほし。

【注】〇邵子　宋学の先駆の一人とされる北宋・邵雍（一〇一二〜一〇七七）のこと。以下の説は、『皇極経世書』に見える。『朱子語類』巻九四「周子之書・太極図」にも「康節以十二萬九千六百年為一元、則是**十二万九千六百年**之前、又是一箇大**闢闔**、更以上亦復如此、直是「動静無端、陰陽無始」」と見える。邵雍は引用文ながら、下56条にも見える。〇老子　『老子』第二五章に「有物混成、先天地生」と見える。下58条にも見える。〇『淮南子』『淮南子』の天文訓や俶真訓には、天地の始めが混沌としていたという記述があるが鶏卵のようであったという記述はない。鶏卵のようであったと見えるのは、『三五統紀』（『芸文類聚』天部上、『太平御覧』天部一・元気所収）である。ここでの蘭洲の言はおそらく『日本書紀』神代巻上「古、天地未剖、陰陽不分、渾沌如鶏子、溟涬而含牙《きざし》」について、『日本書紀纂疏』などの注で『淮南子』が引かれていることによる。〇毘嵐　仏教用語。世界の生成、または壊滅する劫初・劫末に吹く大暴風。『倶舎論』巻二九に「如世間説東風南風西風北風、有塵風、無塵風、毘湿縛風、毘嵐婆風、風輪風等。故風遍処、亦縁色処」と見える。（『大正蔵』二九巻一五三頁あたりか。）〇『日本記纂疏』に引る『倶舎』の説「然後神聖生其中焉」の疏。「且依『倶舎』説、則空劫之末一切有情業増上力空中漸有微細風生、是器世界将成前相、此風名毘嵐。」（上32b-32a）

【解説】仏老の世界生成論を批判し、無から有は生まれないと言う。前条に述べる「世界が風から生まれた」という説の理由にも触れる。蘭洲は循環の考えを重んじ（邵雍『皇極経世書』の説に共鳴していた）、世界には初めも終わりもないと考えていた。

第30条

○余必しも仏をいとはず。ただ、もろこしにて、始めて僧となる者尤にくむべし。仏は天竺の人にて、其土地に応《をう》じ人情《じやう》にあはせ、法をたて始められたり。始めより外の国につたへおよぼす心なし。然れば、外国の人の、とかくいふべきにあらず。ただ、中国にもてわたりて、中正の*道と抗衡《かうかう》《はりあふ》するゆへに、諸儒《じゆ》も止《やむ》ことを得ずこれを論《ろん》ずるのみ。もろこしは、上古の聖人、天と性《せい》との理を明らめて、道をたて、風気人情に随《したがつ》て、礼教《れいけう》を設《もうけ》〔36b〕けられたり。これより、文物《ぶんぶつ》ひらけ、人皆堯舜周孔《げうしゆんしうこう》の徳沢《とくたく》を被《かう》り、これを修行《しゆぎやう》し、人々心のままに、賢人君子《けんじんくんし》となるべし。然るに、これをすて、本をわすれ、わがもろこしの風ならぬ、西戎《せいじう》《にしのえびす》の俗《ぞく》に変《へん》じ、生れつきし鬢髪《ひげかみ》をけづり去り、あやしき衣を身にすぢかひにまとひ、ことなる言を誦《じゆ》し、祖宗《そそう》より伝《つた》はりたる姓氏《せいし》をあらため、釈氏《しやくし》と称《せう》し、臣《しん》として君《きみ》につかへず、子として父母をやしなはず、堯舜《げうしゆん》をせばしとし、周孔《しうこう》をさみし、一身に私して、朦朧《まうらう》《おぼろ》、恍惚《かうこつ》《ちらちら》たる道を求《もと》めんとす。にくむべきの甚しきにあらずや。*わろふべきの甚しきにあらずや。出家は魏《ぎ》の黄初《くはうしよ》年中に、中国の人、はじめて僧となると見えたり。わが国の道をしらずして、他国の法をよし〔37a〕とおもへるは、先妄人《もうじん》といふべし。わが日本は神の道に随《したが》ふをもてよしとす。然るに其教法《けうはふ》の条目、いまだ具《そなは》らぬ内にもろこしの経典《けいてん》わたりたり。我道といふは、伊弉諾 尊《いざなぎのみことゐんやう》陰陽のことわりに従はせ給ひしより、国のみはしらたちはじめたり。もろこしの道も陰陽《ゐんやう》の外ならねば、わが国の風にかなひたり。ゆへに、先代帝王《せんだいのていわう》其条目《でうもく》によりて、これを用ひ給へり。されど、人は日本の人、『源《げん》じものがたり』にいへる、*やまとたましゐのあれば、事ごとにもろこしの如くにせんとはし給はず。天子姓《せい》をかふるなど、日本の風ならぬ*ゆへ、をのづから其ことなし。仏を学ぶ人は、其形《かたち》をも天竺《てんぢく》にし、所作《しよさ》をも天竺にし、たましゐも天竺にす。ゆへにむかし恵美《ゑみ》*のおしかつは、をのれ天〔37b〕子とならんとたばかりたり。このおしかつ、いかなるものといふに、仏法を尊み、其術《じゆつ》をもて、孝謙《こうけん》天皇をおろかにせしものなり。其後、道鏡法師《どうけうほふし》も、亦あまつひつぎを奪《うば》はんとたくめり。これ仏法には君臣の道、名分《めいぶん》、義理《ぎり》といふことをいはぬゆへ、其身天竺人となりて、いみはばかることなく、かかることの出来たるなり。わが神の道にことなる法は、より用ふまじきにあらずや。これによりて、僧徒《そうと》本地垂迹《ほんちすいじやく》の説をいひ出し、神と仏をひとつにいひなし、無眼《むがん》の巫祝《ふしゆく》《ねぎ》、これに傅会《ふくはい》し、習合《しふがふ》の説をとなへ、仏法いよいよ根《ね》ぶかくなり、のぞくべからぬさまになり来れり。*

【校勘】〇わろふ　中之島本「わらふ」。〇ゐみ　中之島本「めぐみ」。〇来れり　底本、東大本はない。次節の〇もない。中之島本などにより補った。

【注】〇中正の道　序文参照。〇『源じものがたり』にいへる、やまとたましゐ　（「漢才」に対する）「大和魂」という言葉は、『源氏物語』少女帖に「猶、才を本としてこそ、大和魂の世に用ひらるる方も、強う侍らめ」と見える。天野聡一「五井蘭洲の和学—『勢語通』の改稿過程を通して」（『国語と国文学』九七—七、二〇二〇年）によれば、蘭洲には漢学が大和魂を養う文脈が重要であったと言う。「日本魂者、出源語乙女篇。其言曰、大抵人以才学為本、辞藻為末、乃日本魂之用於世有餘裕、是先帝之所以教光（＊源氏）也、謂人心而已」（『蘭洲先生遺稿』上95a-b）。〇天子姓をかふるなど、日本の風ならぬ　陶徳民「国粋主義と中華崇拝を超えて——五井蘭洲『百王一姓論』の再評価」（『東アジア文化交渉研究』一号、二〇〇八年）参照。

【解説】風土に合っていない仏教を信じることを批判する。儒教は、神道と同じく陰陽の道であり、日本の風土に合う（神道が発達する前に儒教が伝わった）と言う。神道と儒教の共通性に触れる点、『源氏物語』に触れる点も注目に値する。

第31条

○出家にふたつのさまあり。人の人たる道は行ひおはり、子ありて家をつがせ、其身、世事をいとひ、老後《らうご》僧となるは、この〔38a〕む所に随《したが》ふなり。十歳にたらぬ人の子の、なにごともわきまへぬをとらえて沙弥《しゃみ》となし、頭《かうべ》をまろくし、すみ染《ぞめ》をきせたるを見れば、頻《しきり》に涙《なみだ》のもよほされて、見るにしのびぬを、白眉《はくび》《まゆのしろき》の老僧の、これをむごくさしつかひ、朝夕《あさゆふ》かゆのみすすらせをき、一生人の道をしらしめず。これらは、甚しといはざらんや。

【解説】人としての人性を終えた老後に自ら進んで出家するのはよいが、自ら判断ができない子どもを出家させることは人道上、問題だと言う。

第32条

○仏家に五戒《ごかい》をもて仁義礼智信《じんぎれいちしん》の五常《ごじゃう》にあてたり*。五戒は、偸盗《ちうどう》・邪淫《じゃいん》・妄語《もうご》・飲酒《をんしゅ》・殺生《せっしゃう》なり。抑《そもそも》五常*の名目、周書《しうしょ》に始めて出て、本文にいづれの五といふこと見えず。『古周礼《こしうらい》』*『孟子《もうし》』*によれば、親義別序信《しんぎべつじょしん》なり。仁義礼智をつらねていふは、孟子にはじまり、信《しん》をそへて五常とするは、漢《かん》の董仲舒《とうちうじょ》にはじまる*。仏者は、堯舜《げうしゅん》の時より、仁義礼智信を五〔38b〕常といふと心得たるなるべし。不案内《ふあんない》のことなれば、さもあるべし。さて、仁《じん》を不殺にあてたり。

仁は、天地の大徳《たいとく》、人の人たる所なり。殺すべきものをころすは、義《ぎ》にて、これ即仁の行はるる所なり。秋冬《あきふゆ》の殺気《さっき》なければ、春の生気《せいき》なきが如し。しかれば、殺すも仁なり。この心に達《たっ》せずして、ただ不殺《ころさぬ》といふは、牛犢《ぎうとく》《うしのこ》の愛《あい》にてとるにたらず。不盗《ぬすまぬ》を義《ぎ》にあてたり。盗むは悪《あく》*なり。ぬすまぬといて、ほむるにたることにあらず。義《ぎ》は世の中に一《いち》*定《じゃう》のことわりありて、かくせねばかなはぬといふことあり。これを義といふ。不淫《ゐんせぬを》を礼《れい》にあてたり。我定《さだま》れる妻妾《さいせい》の外に、みだりに婦女《をんな》に淫《ゐん》するをいへると見へて、邪《じゃ》の字をそへたり。邪婬《じゃゐん》せぬとて、これ又ほむるにたることならず。礼《れい》は、尊卑《そんぴ》上下の分《ぶん》をわきまふるをいふ。〔39a〕不妄語《いつわりいはぬ》を信《しん》にあてたり。これ大やうは似たり。されど、信の徳《とく》はおよそのことにわたり、まことあるにていふ。言のみにかぎらず。不妄語のみにてはあさし。不飲酒《さけのまぬ》を知《ち》にあてたり。尤《もっとも》笑《わら》ふべし。酒をのみて節にあたれば人の和となる身の養となる即智なり。酒をのまぬとて、智者《ちしゃ》といふべけんや。此註《このちう》に、「不飲酒者、不行智而知明」*といへり。又笑ふべし。酒をのむ人に知者《ちしゃ》おほし。酒のまぬ者、酒を禁《きん》ずる人に、愚者《ぐしゃ》おほし。智《ち》はよく是非善悪《ぜひぜんあく》をしりわきまへて、すこしのたがひなきなり。およそ仁義礼智信は、ひとつの性中《せいちう》より、ことにあたりて出る天徳《てんとく》、自然の妙用なり。五戒《ごかい》ごとき浅近《せんきん》《あさはか》なることにあらず。すべてこれらしゐて儒者《じゅしゃ》と一様《いちやう》ならんとする故、かく牽合《けいごう》するなり。天竺の道なれば、儒者〔39b〕とひとつにならでもすむことなり。根本《こんぽん》にたがひあれば、所せん一途《いっと》にはならず。さて此五戒、おそらくは、天竺にて後世の仏者、儒書を見て、五常《ごぢゃう》にならひ、仏説十悪《じふあく》の内より、四つをとり、飲酒《をんしゅ》をそへて、五戒の名を立たるなるべし。又は翻訳者《ほんやく》の附会《ふくはい》せるか。いかんとなれば、仏法には元来、義《ぎ》・礼《れい》のふたつなし。子は父母を養《やしな》ふべき義《ぎ》なるに、すてて出家す。是義《ぎ》なきなり。出家となれば、父母も子を礼拝《らいはい》す。子は父母を俗人《ぞくじん》とし、他人《たにん》としてあしらふなり。是礼《れい》なし。ただ智《ち》は彼《かれ》にて貴《たっと》み、般若《はんにゃ》といひ、慧《ゑ》といひ、覚《かく》といふ。もろもろの善根《ぜんこん》、皆この般若《はんにゃ》より生ずとするなり。其心に、儒者のかたにていふ智は、仏家にいふ智と異《こと》にして、あさき事なりとして、不飲酒《ふをんじゅ》をあてたるなり。かれ〔40a〕律《りつ》を礼といへど、出家の中にての礼*なれば、わがいふ礼にことなり。

【校勘】〇にて　中之島本「にて」を重複する。〇あく　右行の影響で左に行ったようだ。東大本も同様。〇礼　底本、東大本では「私」に見えるが、中之島本、国会本、阪大新収本により改めた。…底本に問題がある箇所。

【注】〇五戒をもて仁義礼智信の五常にあてたり　『大仏頂如来密因修証了義諸菩薩万行首楞厳経講義』に「此五戒、即儒教仁義礼智信五常。不殺、仁也。不盗、義也。不邪淫、礼也。不妄語、信也。不飲酒、智也」と見える。〇五常　『書経』泰誓下篇に「商王受、狎侮五常」と見える。〇『古周礼』『周礼』巻四「地官・司徒」か。〇『孟子』『孟子』滕文公上篇に「聖人有憂之、使契為司徒、教以人倫。父子有**親**、君臣有**義**、夫婦有**別**、長幼有**序**、朋友有**信**」とある。〇五常　董仲舒にはじまる。伊藤東涯『東涯漫筆』上（甘雨亭叢書）10a-10bに同様の内容がある（「孟子言仁義礼智、而未嘗言仁義礼智信也。言仁義礼智信、始見于『漢書』董仲舒伝」）。〇不飲酒者、不行智而知明　『釈氏要覧』上巻「戒法」の「五戒」の項に見える（蔵中進・蔵中しのぶ『寛永十年版釈氏要覧・本文と索引』（和泉書院〈和泉叢書23〉、一九九〇年）50b、一〇四頁）。その他、証厳法師『浄因三要』に「持戒不殺、不求仁而仁者。持戒不盗、不忻義而義敷。不淫者、不忻礼而礼立。不妄語者、不慕信而信揚。不飲酒者、不行智而智明」、隆琦『弘戒法儀』上巻「授出家在家五戒法儀第三」「第八説戒相」に「故仁者不殺。義者不盗。令者不淫。信者不妄語。智者不飲酒。行此五者。不求仁而仁著。不欣義而義敷。不行礼而礼立。不慕信而信揚。不行智而智明」と見える。

【解説】儒教の五常と仏教の五戒を結び付けることを批判する。仏教側からの附会であり、酒を飲むことと智慧は無関係だと言う。

第33条

○三世を信《しん》ぜば、尤《もっとも》殺生《せっしょう》を禁《きん》ずべし。いかなるちゐさき虫《むし》もたましゐあれば、必《かならず》前世《ぜんせ》後世《ごせ》あるべし。先（＊まず）人地上《ちのうへ》を往来《わうらい》すべからず。よく見れば、蟻《あり》よりちゐさき虫《むし》、おほく土の上をはひありく。一足《ひとあし》ふめば、皆死《みなし》す。この罪《つみ》、いかばかりならん。人ごとかく殺生戒《せっしょうかい》をたもたば、此世に交《まじは》りすまれず。人のいとなみすべからず。かならず一室《ひとま》の内に独坐《ひとりすみ》し、念仏《ねんぶつ》読経《どきゃう》のみうちして餓死《うへじに》すべし。然して後、仏の心にかなひ、天堂に生るるなり。ある人のものがたりに、檀越《だんをつ》寺《てら》にもうでけり。夏《なつ》のころにて、和尚の顔《かほ》に蚊《か》のとまりけるを、かりそめに手にてはらはれけるに、やがて死にけり。檀越《だんをつ》「これは和尚〔40b〕に似合《にあは》ぬことをし給へり」といふ。和尚、さは*がず、「人を害《がい》する者は、ころして其業《ごう》をはたす。これ慈悲《じひ》なり」といへり。遁辞《とんじ》といふべし。これらにて見れば、殺生戒は、仏法の第一の戒《かい》なれど、所せん行はれぬことなるをしるべし。全く行はんとおもはば、さきにいへるごとく、一室の内に餓死すべし。しからば、甚しきにあらずや。

【校勘】○が　国会本「ガ」。底本、中之島本「か」。阪大新収本「ら」。

【解説】仏教の第一の戒である殺生戒が成り立たないことを批判する。そんなことをしていれば、人間生活が送れないからである。

第34条

○三教《さんげう》の名目《みゃうもく》は、仏者よりいひ出して、晋《しん》のころより始れるか。元来《ぐゎんらい》、儒《じゅ》とは士《し》の字の心なり。道藝《どうげい》を学びて、出て君に仕ふる人をいふなり。格別《かくべつ》に、儒とて一派《いちは》の道あるにあらず。釈氏《しゃくし》はことに、別《べつ》に一派《は》の道をたて、人倫日用《じんりんにちよう》のことをいはず。老子は、人倫日用の事をいへど、虚無《きょむ》といふ〔41a〕ところを目あてとして道をとなふゆへに、儒とおもむきたがへり。しかるに、三教といへるこころの*老氏《らう》は、老子の本意《ほい》にはあらで、又一派の道をたて、修養家《しゅやうか》とて、仙術道士《せんじゅつどうし》の方《はう》にながれたる故、尤とるにたらず。釈老《しゃくろう》の道は、世にやむ時もあるべし。其法のなき国もあるべし。儒者は、上王公《かみわうかう》より下庶人《しもしょじん》までの日用の道をとくなれば、一派の道をたつべきやうもなし。世界《せかい》あらん限《かぎ》りはやむ時なし。なき国もなし。いかんぞ二家《にか》とひとつにならべいふべけんや。何人のあめるにか、『平心録《へいしんろく》』*といふ書に、「儒《じゅ》は星《ほし》なり、道《どう》は月《つき》なり、仏《ぶつ》は日《ひ》なり」といへりとぞ。此説よりしるす所ありていへるか。又はみだりに仏法びゐきにて、儒をおとしめいはんとていへるか。余を以て見るに、先其道の優《ゆう》〔41b〕劣《れつ》は暫《しばらく》さし置《をき》て、其さまをもていはん。日は一日として、是なくては世界《せかい》たたず。星月《ほしつき》は其光なくとも、先はさして害《がい》なし。人倫の道は、しばらくもかけては今日たたず。儒はこの人倫の道なれば、日にたとふべし。仏法は、もろこし三代《さんだい》の時、わが国欽明帝已前《きんめいていいぜん》、其名《な》もなけれど、ひとつも欠《かけ》たる事なし。日にたとへてはかなはず。老子《らうし》の道は、虚無《きょむ》に用《よう》あることをいへば、星にたとふべし。星はしゐて用なきが如くなれど、天の運旋《うんせん》と日の躔度《てんど》は星をもてとめあかすなり。仏はかくれたる所に道をたつ。月は昼《ひる》は用《よう》なく、夜《よ》になれば光を生ず。月にたとふべし。共《とも》に光《ひかり》を受《うけ》て明らかなれば、日ありての上の星月なり。老仏の法は、此世界人倫《せかいじんりん》の道よくととのひ、〔42a〕天下太平《たいへい》の上のえやうことなり。人倫の道よくととのひ、天下太平は、儒者の任《にん》ずるところなり。然れば、儒者の道たたざれば、老仏も世に行はれず。故に仏も国王の恩をいへり。国王《こくわう》の恩《をん》といふは、人倫の道をととのへ、天下太平なるところなり。

【校勘】〇ころ　底本、東大本「三つ」に見える。中之島本「こころ」。国会本「ココロ」。阪大新収本「心」。

【注】〇『平心録』　元・劉謐撰『三教平心論』巻上2aに以下のようにある（三教すべてが必要であると言う）。「隋季士謙之論三教也、謂仏日也、道月也、儒五星也。豈非三光在天、闕一不可。而三教在世、亦缺一不可。雖其優劣不同、要不容於偏廃歟。」（早稲田大学図書館蔵、民国八年（一九一九）刊本）『平心録』は富永仲基も『出定後語』で取り上げており、仏を日、道を月、儒を星に喩えることを批判している（巻下、第二四「三教」）。＊和刻本は以下にあり。『三教平心論・山菴雑録・道餘録・諸上善人詠・尚直編・尚理編』（中文出版社〈近世漢籍叢刊・和刻影印〉（岡田武彦・荒木見悟主編、思想四編五）、一九八四年）（明本『竜蔵黜字函三教平心論』）にもあるようだ。『大正蔵』五二巻。

【解説】三教について述べる。儒を学派とはせず、時代や地域を限らない普遍性を強調する。議論を中国、日本に限定しない点は注目に値する。仏教も道教も儒教の人倫の道がなければ存在しないと言う。仏教については学派を立てた点、道教については老子を離れて養生術などで学派を立てた点を批判する。

第35条

〇ある人いふ、「儒者より、とにかく仏法を論《ろん》ずれど、古よりかく世に行はれ、後世ほど盛《さかん》になれば、此後千万年《こののちせんまんねん》をへてもやむ時なし。然れば、其道の諸法にすぐれたるしるしにあらずや。」こたへていふ、さのみいひがたし。『楞厳《れいごん》経《けう》』＊にいはく、「如来滅後《ノ》、比丘不レ敬二仏法僧戒定《ヲ》一、以レ是正法不レ得二久住《ヲ》一」とあり。これによれば、仏もみづから其法の滅《ほろ》ぶる時あるをかねてしれり。もろこし、今は古の如くなる仏法は絶《たえ》て、ただ禅《ぜん》の一法のみ〈42b〉のこれり。『臨済録《りんざいろく》』*にいへる「正法眼蔵《しゃうはふげんぞう》、瞎驢辺滅《かつろへんにほろぶ》」は、僧の心法行作《こころをこなひ》あしく、如来の正法絶《たえ》たりといへるなり。其盛《さかん》になるとおもへるは、ただ堂塔《どうたう》の華《くは》れいになり、僧法師《そうはふし》の富《とみ》さかふるをいへるにて、仏の本旨《ほんし》は盛《さかん》なりとも見えず。『明《みん》史《し》』に、「榜葛剌《べんから》は東印度《とうてんじく》、沼納僕児国は中印度にて、古称《せう》する所の仏国といへるまでにて、仏法のことは一字もいはず。かへりて、鳥師蔵国は其国王は僧なり」などいひ、又活仏《かつぶつ》と称《せう》して、外道《げどう》の如くなる僧あるをいへり。然れば仏国には仏法絶《たえ》たりと見ゆ。『つれづれ草』*に、「祇園精舎《ぎをんしゃうじゃ》も狐 狼《きつねおほかみ》のすみかとなりたり」など、兼好《けんこう》しるし置り。

又、朝鮮《てうせん》国は、昔《むかし》日本へ仏法を渡《わた》せし国なり。『明史』《みんしの》朝鮮伝に、明大祖《みんのたいそ》の時、高麗《かうらい》王、使を遣《つか》はす。太祖《たいそ》其使《そのつかひ》〈43a〉に、「国王《こうわう》は国《くに》に居て、何をか為《す》る」と問《と》はれしに、使答《つかひこたへ》*ていふ、「王は、ただ釈氏《ほとけ》を崇信《そうしん》するを知《し》るのみ、其他《ほか》にいとまあらず」と。太祖《たいそ》書《しょ》を国王《こくわう》にあたへ、国を治むる道をのべ、終《をわ》りに、「いたづらに仏《ほとけ》につかへて福《ふく》を求《もと》むるは、梁《りゃう》の武帝《ぶてい》のこと、以《もっ》て鑑《かがみ》とすべし」とこれをいましめ、『六経《りくけい》』『四書《ししょ》』『通鑑《つがん》』を給ひける。此太祖の詔《せう》を守《まも》り従《したが》ひけるにや、今 朝鮮に仏法なし。たまたま僧あれば、人の役《えき》となるといへり。太祖かくの給へど、其身は仏法を好まれけるはいかがとおもふに、武宗正徳《ぶそうしゃうとく》元年*に、帝 鳥師蔵国の僧《そう》に、よく三生をしる者ありときて、使を遣《つかは》し迎《むか》んとす。梁儲《りゃうしょ》といへる賢臣《けんしん》、いさめていふ、「我祖宗《そそう》の朝《てう》、天下始めて定《さだま》る。愚 頑《ぐぐはん》《をろかなるもの》を化導《けどう》《みちびき》し荒服《くはうふく》《えびすくに》を鎮撫《ちんぶ》《しづめ》せん為に〈43b〉仏法をたて置給へり。其教を信じて、これを崇奉するにあらず」といへり。これによりて、併《あは》せ考《かんが》ふれば、太祖の詔は、王者《わうじゃ》の辞《ことば》なり。

【注】○『楞厳経』　この文句は『楞厳経』には未発見。『釈氏要覧』巻中「三宝」の「令仏法速滅有五法」の項に「四分律、有長老波摩那白仏言、以何因縁、如来正法滅而不久住。仏言、有五因縁。若**如来滅後、比丘不敬仏法僧戒**

定、以是正法不得久住」と見え（蔵中進・蔵中しのぶ『寛永十年版釈氏要覧・本文と索引』（和泉書院〈和泉叢書23〉、一九九〇年）44a、二三七頁）、『四分律』巻五九第四分之十には「仏告波摩那言、**如来滅後、比丘不敬仏法僧及戒定、以是因縁正法疾滅而不久住**」と見える。このことからすると、蘭洲が直接見たのは『釈氏要覧』であり、『四分律』を出典とすべきところを『楞厳経』と誤ったか。○『臨済録』末尾の臨済の臨終のことばの中に「誰知吾正法眼蔵、向這瞎驢辺滅却」と見える。「瞎驢辺」は目の開かない驢馬という意味で、愚かな弟子を指す。○『明史』『明史』列伝「外国七」に以下のように見える。「榜葛剌、即漢身毒国、東漢曰天竺。其後中天竺貢於梁、南天竺貢於魏。唐亦分五天竺、又名五印度。宋仍名天竺。**榜葛剌則東印度**也。自蘇門答剌順風二十昼夜可至。」「**沼納樸児**、其国在榜葛剌之西。或言即**中印度**、**古所称佛仏也**。」○『つれづれ草』『平家物語』巻二「山門滅亡の事」の「遠く天竺の仏跡を訪ふに、昔仏の法を説き給ひし竹林精舎・給孤独園（＊祇園精舎のこと）も、この頃は**狐狼**野干の**栖**となって、礎のみや残るらん」を言うか。○『明史』朝鮮伝　『明史』列伝「外国一」朝鮮に以下のように見える。「明興、王高麗者王顓。**太祖即位之元年遣使**賜璽書。二年……秋、顓遣總部尚書成惟得、千牛衛大将軍金甲両上表謝、并賀天壽節、因請祭服制度、帝命工部製賜之。惟得等辞帰、**帝従容問**、「**王居国何為**。城郭修乎。兵甲利乎。宮室壮乎。」頓首言、「東海波臣、**惟知崇信釈氏**、**他未遑也**。」遂**以書諭之**曰、「古者王公設険、未嘗去兵。民以食為天、而国必有出政令之所。今有人民而無城郭、人将何依。武備不修、則威弛。地不耕、則民艱於食。且有居室、無庁事、無以示尊厳。此数者朕甚不取。夫国之大事、在祀与戎。苟闕斯二者、而**徒事仏求福**、**梁武之事**、**可為明鑑**。王国北接契丹、女直、而南接倭、備禦之道、王其念之。」**因賜之**『**六経**』『**四書**』『**通鑑**』。自是貢献数至、元旦及聖節皆遣使朝賀、歳以為常。」○武宗正徳元年『明史』列伝「西域三」に以下のように見える。「正徳元年来貢。……時帝惑近習言、謂**烏斯蔵**（＊中央チベット）**僧有能知三生者**、国人称之為**活仏**、欣然**欲見之**。考永・宣間陳誠・侯顕入番故事、命中官劉允乗伝**往迎**。閣臣**梁儲**等言、

「西番之教、邪妄不経。**我祖宗朝雖嘗遣使、**蓋因**天下初定、**藉**以化導愚頑、鎮撫荒服、非信其教而崇奉之也。**」

【解説】仏教が栄えていることを仏教が優れている証拠とする仏者に対し、仏教の本家である印度で仏教が廃れていることなどを挙げて反駁する。

第36条

○おほやけの刑《けい》に梟首《けうしゅ》《ごくもん》・磔死《ごくし》《はりつけ》如きありてだに、悪をするものやまず。いはんや身死して後、地ごくの苦《く》を受るとのみにては、悪をするほどの者、これを怖《をそ》れず。又いはんや、極重悪人《ごくぢうあくにん》も「仏をたのまば天堂《ごくらく》にやらん」とありては、ほとんど悪人の腰《こし》をおす如し。今時悪人の首《くび》きらるる時、其身皆念仏《みなねんぶつ》し、旁《そば》よりも念仏しすすむれば、皆極らくにゆくと見えたり。然らば、地ごくには罪人《ざいにん》すくなく、閻羅老子《えんまわう》*もいとまあらんとおかし。

【校勘】○も　中之島本「と」（都立本は「も」に修正する）。

【注】○閻羅老子　閻魔大王のこと。

【解説】悪について、極悪人でも誰でも往生できるという仏教の考えだと悪をやめさせられないと言う。下9条にも類似の発言が見える。

第37条

○こざかしき檀越《だんをつ》あり。寺にまうでけり。和尚いふ、「よくこそまうで給へつれ。いつぞはまうさんとおもひしことあり。そこには、寺〔44a〕の為《ため》にもほどこしあり。おりおりまうで給ふはよろこばしけれど、つらつら見るに、菩提《ぼだん》心《しん》の出来《いでく》るさま見受《うけ》ず。これのみ残りおほく覚え侍る。」檀越いふ、「こは和尚のおほせともおもはれず。われこそ菩提心のおこたらぬ者にてあれ、身を慎《つつ》しみ家を治《をさ》め、邪欲《じゃよく》なることをなさず、家の業《わざ》をよくつとめ侍る。さればこそ、供仏施僧《くぶつせそう》のいとなみもすれ。たとひつねに念誦読経《ねぶつどきゃう》し坐禅観法《ざぜんくはんはふ》すとも、家おとろへたらましかば、すべきやうあらざらまし。菩提心は和尚に打《うち》まかせたれば、和尚の御心は即《すなはち》我心《わがこころ》なり。われはただ人のつとむることをおこたらずつとむるをもて、をのれが菩提心とす」となんまうしけり。

【注】○菩提心　仏教用語。悟り（菩提）を求める心。

【解説】こざかしき者（＝その実、儒者の立場）を使って仏教を批判する。菩提心など僧侶に任せておいて普通の人は人事に努めればよいと言う。対話になっているが、おそらく蘭洲の自問自答であろう。

第38条

○『徒然草《つれづれぐさ》』に、人のそら言をかまへ出して人をはかることあら〔44b〕んに、きく人々の心の中、さまざまならんを書《かき》つらねて、つぎにいふ、「明らかならん人のまどへる我らを見んこと、掌《たなごころ》の上の物を見んが如し。ただ、かやうのおしはかりにて、仏法までをなずらへいふべきにあらず」といへり。つらつら此言がらを見るに、この法師、仏法にそら言もありやと、すこしはおもへりと見え*たり。

【校勘】○見ん　国会本「見る」。○見え　国会本「見へ」。

【注】○『徒然草』『徒然草』第一九四段。「達人の人を見る眼は、少しも誤る所あるべからず。たとへば、或人の、世に虚言を構へ出して人を謀る事あらんに、……あきらかならん人の、まどへる我等を見んこと、掌の上の物を見んが如し。但し、かやうの推し測りにて、仏法までをなずらへ云ふべきにはあらず。」

【解説】『徒然草』第一九四段の法師の言（達人は何もかもお見通し。ただし仏法については話が違う）は、その法師が実は仏法にも虚言があると思っていた証拠ではないかと言う。蘭洲は話題が虚実の話なのでこのように言うのであろう。ただし、法師が仏法を対象外としたのは、仏法が絶対的真理なので話が違うと考えたと解釈することもできるとも考えられる。

第39条

○ある念仏者《ねんぶつしや》のまうせしは、「阿弥陀仏《あみだぶつ》とは、人の心の異名《いみやう》なり、これを常々《つねづね》にとなふれば、心ここに在りて邪《よこしま》ならず。故《ゆへ》に念仏を貴《たふと》ぶ」といへり。これいづれの経《きやう》に仏のとけるやしらず。去之不遠《こしふをん》《さることとをからず》*の語《ことば》にもとづきていへるこそ。達磨《だるま》*の語に、誦仏《じゆぶつ》と念仏《ねんぶつ》とを分《わか》ち、「誦《じゆ》は口《くち》にとなふるなり、外に求るゆへ益《えき》なし。心に在《ある》を念《ねん》といふ。念は憶《をく》なり。覚行《かくぎやう》の門《もん》なり」〔45a〕といへり。禅家《ぜんけ》に主人公《しゆじんかう》など称する、即此工夫《くふう》なるべし。もし此説を主張《しゆちやう》すれば、三世輪廻《りんゑ》は長物《ちやうぶつ》《いらぬもの》にて、後世陸王《こうせいりくわう》の心学におなじ。されど、そのいへる心は、あみだ仏とも、主人公ともいひがたかるべし。わづかに心といへば、*知覚運動《ちかくうんどう》するところにて、形迹《かたち》に落《を》つ。善《ぜん》もあり悪《あく》もあり。心はこれを格《ただ》し、これを操《とる》ことなければ、純粋ならず。*孔子もあまたの階級《かいきう》をへて後に、*「心の欲するところに従ひて、矩《のり》をこえず」とあり。いはんや、常人《ぼんにん》の心をや。たとへば、淘汰《とうた》《ゆりこす》をへて後の金《きん》を尊ぶべし。然らずんば、賊《ぞく》をとめて子とするの失あらんのみ。これ仏法に、天の命ずるを性とするの説なきゆへなり。

【校勘】〇。　この点は各本とも原文にはない（それに従うべきかもしれない）。

【注】〇去之不遠　仏教用語。「去此不遠《こしふおん》」。阿弥陀仏の極楽浄土は西方十万億土の彼方と『阿弥陀経』にあるが、『観無量寿経』には「去此不遠」（此を去ること遠からず）とある。真理真実の世界であるから、遠い彼方でもあり、すぐそこでもあるのである、とする。〇達磨の語　達磨『小室六門集』第二門「破相論」に以下のようにある。「**念者憶也**。所謂憶持戒行、不忘精進、了如是義、名之為念。故知念在於心、非在於言。因筌求魚、得魚忘筌。因言求意、得意忘言。既称念仏之名、須知念仏之道。若心無実、口誦空名、三毒内臻。人我填臆。将無明心。**向外求仏、徒爾虚功**。且如**誦之与念**。**義理懸殊**。**在口日誦**、**在心日念**。故知念従心起、名為**覚行之門**」（『五山版中国禅籍叢刊』第六巻「語録1」（臨川書店、二〇一六年）15a-15b、一〇～一一頁）。「覚行」とは、覚りのままに行ずるということで、他者を悟らせるための行いのこと。〇陸王　陸象山と王陽明。次条でも登場する。〇孔子　『論語』為政篇に見える。志学、而立、不惑、知命、耳順の段階を経た後に「七十而従心所欲、不踰矩」という境地に至ったことを言う。

【解説】仏教が儒教のように天命の性に基づかず心を重視して心に基づいて教えを説くことを批判する。

第40条

○むかし一州の守《くにのかみ》あり。帰依《きえ》の僧《そう》に問《と》はれけるは、「我いやしくも〈45b〉人民の上に在り、国を治め、民を安んずるをもて、職《しよく》とす。其道いかん。」僧いふ、「拙衲《せつのう》は、後世《ごせ》のことをこそもうせ、現世《げんせ》のことは覚悟《かくご》し侍らず。」又ある国守、ある僧にかくとへり。僧いふ、「君読経作善《どきやうさぜん》おこたり給はず、所々《ところどころ》に寺院《てら》を建立《こんりう》し、供仏施僧《くぶつせそう》をねんごろにし給はば、其功徳《くどく》により、国中安楽《あんらく》ならん」となり。又ある国守《こくしゆ》、ある僧にかく問へり。僧のこたへ、「君、仏祖《ぶつそ》の教《をしへ》に従《したが》ひ給ひ心法《しんぱふ》を修《しゆ》して、仏菩薩《ぶつぼさつ》の位《くらゐ》に至り給はば、をのづから国中治《こくぢうおさま》らん」といへり。第一の僧の答は真率《しんそつ》にて、出家相応《さうをう》の言なれば論《ろん》ずるに及ばず。第二の僧の教《おしへ》に従ひし国は、其国、としごと兵革《いくさ》相つづき、民の財《たから》を聚斂《しゆれん》《ありてい》し苦《くる》しむる上、今又寺造営《てらぞうえい》のこと起《をこ》り、民に課役《くはやく》を〈46a〉かけ、人夫《にんぷ》をめしつかひ、民いよいよ苦《くる》しみ農民一同《のうみんいちどう》して上にそむき、国中御さはがしく此さばきに乗《ぜう》じ隣国《りんごく》より隙《ひま》をうかがひ、責《せめ》おそひければ、国つゐにほろびたり。これはもろこし梁《りやう》の武帝《ぶてい》の天下を失《うしな》へりしありさまなり。第三の僧の教に随《したが》ひし国は、益《えき》もなく害《がい》もなかりけりとなん。これは『孟子』にいへる「格《ただす》㆓君心之《の》非《ひを》㆒」といふにかなへば、国に益あるべきに、さもなきはいかん。これ其心法を修《しゆ》するは、告子流《こうしりう》といふが如し。言《ことば》と気《き》とをすてて、唯心々*といふ。ゆへに、一念動《いちねんうご》けば即《すなはち》妄《もう》とす。言《ことば》と気《き》とは事《こと》に属《つく》す。心はしるゐて動《うご》かぬやうになれど、事《こと》と一致《いつち》せぬにより、空鐺《からなべ》を煮《に》*るが如し。功利《こうり》の学《がく》は、事上《こと》のみにて心をしらず。禅仏《ぜんぶつ》の学《がく》は、心上〈46b〉のみにして事にわたらず。窮理《きうり》の学《がく》なれば、心と事と相かへり見てすすむ。然るに、告子流《こうしりう》の心法《しんぱふ》はしるし速《すみやか》なり。孟子流は、其功遅《しるしをそ》し。速《すみやか》なるは遠《とをき》を致《いたす》の器《うつはもの》にあらず。功の遅《をそ》きは神《しん》をきはぬるの材《ざい》なり。儒者のかたにても、陸象山《りくせうざん》・王陽明《わうやうめい》の学、この告子禅子の心法に同じ。むかし宿徳《しゆくとく》の僧あり、檀越《たんをつ》に剣術《けんじゆつ》をよくする人あり。対談《たいだん》のとき、「剣術《けんじゅつ》にいまだ至らぬ所あり」といふ。僧いふ、「それはそこの心法いまだ定らぬによりてなり。」「しからば和尚は心法定《さだ》まれり。一太刀受《ひとたちうけ》て見給へ」と、いひもはず、扇子《あふぎ》にてはたとうつ。僧如意《にょい》をとりのべてはらひ落《をと》す。檀越おどろき*服《ふく》し、こたびは、*刃引《はびき》の刀《かたな》を僧に渡《わた》し、其身も刀取《と》りて、「さら〔47a〕ば今一太刀」といふ。僧手《て》にとれど、ぬくすべもしらず、からうじてぬけど、ふりあぐべくもあらねば、檀越《だんをつ》わらひて、うつまねびしてやみけり。これ扇《あふぎ》は如意《にょい》にてはらふべけれど、刀《かたな》を持《もち》て刀《かたな》ははらはれず。心にかはりはあるまじけれど、事上《ことの》に磨練《まれん》せざればなり。国を治むるは、心の外ならねど、唯坐禅観法《ざぜんくはんはふ》のみにては、事ならず。宋《そう》の大慧《だいえ》の富《ふ》枢密《すうみつ》にこたふる*書に、「公廓徹大悟《こうくはくてつたいご》し給はば、生死を離《はな》れ給ふのみならず、この後、天下の政《まつりごと》をとり給ひ、君を堯《げう》舜《しゅん》の上《うへ》にいたさんこと、掌《たなごころ》の上をさすが如し」といへり。さもあらんやうなれど、これは、はたけにて水練《すいれん》をする如し。心事内外一致《しんじないぐはいいっち》せざれば、一家も治まらず。大慧の〔47b〕生死をはなるといへるは、事相有為《じそううゐ》をはらゐすてて、空虚《くうきょ》になることとなり。たとへば、穴《あな》ごもりせるむしけらの如し。これはいかんぞ君を堯舜《げうしゅん》の上にいたす事をよくせんや。禅子《ぜんし》の大言慚《たいげんはぢ》ぬ、この類なり。心事内外一致にせんとならば、周孔の道を学ぶべし。今、事上に磨練《まれん》するは、事相有為として、煩《わづら》はしくおもひ如意《にょい》にて払《はら》ふやうなることを、ただ上すべりにおもしろしとす。これ豈《あに》事に益《えき》あらんや。いにしへ梁《りゃう》の武帝《ぶてい》仏に淫《ゐん》し、其身僧の境界《けうかい》より精修《せいじゅ》せられたれども、少しも心身家国に益なく、達磨無功徳《だるまむくどく》*の一句に一喝《いっかつ》せられたり。武帝もし窮理《きうり》の学あらば、「心は天竺もろこしもひとつ心なるに、師《し》は何《なに》とてわづらはしく西来《せいらい》せ〔48a〕るや」といはば、達磨はにげて西帰すべし。武帝浅はかなる仏法に陥《おちゐ》り、つゐに其身餓死《がし》し、天下をうしなへり。

【校勘】〇心々　国会本「心」。〇服　中之島本は「眼」に見える（都立本は「服」に修正）。

【注】〇空鐺《からなべ》を煮る　『大慧普覚禅師書』上巻「答富枢密（第二書）」に、「廓徹大悟、胸中皓然、如百千日月、十方世界、一念明了、無一糸毫頭異想、始得与究竟相応、果能如是、豈独於**生死**路上得力、異日再秉鈞軸（*権柄）**致君於堯舜之上、如指諸掌耳**」とある（『五山版中国禅籍叢刊』第一〇巻「詩文・尺牘」（臨川書店、二〇一三年）19b、六一五頁、荒木見悟『大慧書』（筑摩書房〈禅の語録17〉、一九六九年）五四〜五五頁、高木竜淵編『増冠傍註　大慧普覚禅師書』上巻（貝葉書院、一九〇三年）31a）。〇刃引　は　『蘭洲先生遺稿』下巻4a-5aにも見える（附録参照）。〇大慧の富枢密にこたふる書　びき。刃が切れないようにしたもの。〇無功徳　梁の武帝が達磨に仏教の益を尋ねると、達磨が「無功徳（功徳無し）」と答えた逸話を言う。『景徳伝灯録』巻三に「帝問曰、「朕即位已来、造寺写経度僧不可勝紀、有何功徳。」師曰、「並無功徳。」帝曰、「何以無功徳。」師曰、「此但人天小果有漏之因、如影随形、雖有非実。」帝曰、「如何是真功徳。」師曰、答曰、「浄智妙円、体自空寂、如是功徳不以世求。」」とある（『五山版中国禅籍叢刊』第一巻「灯史1」（臨川書店、二〇一二年）2b、二五頁）。

【解説】仏教が治世に役立つかの問いに対する答えを論破し、仏教は治世に役立たないとする。蘭洲の学派についての考えがよくわかる。すなわち、心法重視は告子流、禅仏、陸象山、王陽明であり、事（実践）を欠く。逆に、功利の学は、事だけで心を知らない。それに対して、窮理の学は心と事の両方を重視する完全な教えである。という考えである。

第41条

○世には、ひゐきのひきだをしといふことのあり。其事をあまりに奇妙《きめう》にいはんとて、かへりて人の疑《うたがひ》を生ず。仏の出生《しゅっしゃう》は母の右の脇《わき》をやぶりて生れたりといへり。定《さだま》りたる産門《さんもん》より生れ出たればとて、仏の恥《はぢ》にもあらず。わざわざ母の身を破《やぶ》りそこなはば、先煩《むつかし》らはしきことなり。無眼《むがん》の僧徒《そうと》、仏を尊ばんとてつくりいへること、児童《わらべ》のよろこぶところなり。然れば、其「天上天下唯我独尊《てんじゃうてんげゆいがどくそん》」の語《ご》も、後人の造言《ぞうげん》《そらごと》なり。もろこしの儒者《じゅしゃ》、孔子の生れし時、種《しゅ》々の祥瑞《しゃうずい》ありしことを作りしるしたり。これ又見《けん》しきなきの甚しきなり。上古の聖賢《せいけん》〔48b〕の生れし時、常《つね》にことなるをかきしるすは、唯其説《せつ》を神《しん》にするなり。これを信じて実《じつ》とするは、痴人《ちじん》《おろかなる人の》の前に夢をとくが如し。

【解説】仏が脇から生まれたという誕生譚を否定する。儒教における中国の聖人の特殊な出生譚も否定する。

……以下の条、世界観・宇宙論を述べる。……

第42条

○三千大千世界《せかい》とは、『倶舎《くしゃ》』の頌*に、四大州《しだいしう》*・日月《ひつき》・蘇迷盧《そめいろ》・欲天《よくてん》・梵世《ぼんせい》の国土を千あはせて小千世界とし、小千世界を又千あはせて中千世界とし、中千世界を又千あはせて大千世界とす。千を三度あはせるにより、三千大千世界といへるなり。かく荒唐不経《くはうとうふけい》の説を設《もう》けいふは何の為ぞ。世の人此世界《せかい》を大なることとおもへど、大千界より見れば、一芥子《ひとつのけし》なりといふ心なり。此世界を芥子《けし》の如くおもはせて何の益かある。此世に執着心《しふじゃくしん》なく、天堂に〔49a〕生れんことをおもはせんとの方便《てだて》なるべし。此天堂《てんどう》又是荒唐不経《くはうとうふけい》のことにて、智《ち》ある人の信用《しんよう》すまじきことなれば、畢竟無用《ひっきゃうむやう》の誓言《ぜいごん》なり。その上に、此大千界は皆仏の教化《けうげ》の及《およ》ぶところをいはんためなり。もし「世界かくのごとくにたくさんにはあるまじ」といはば、「それは井蛙《せいあ》《ゐのうちのかはづ》の見《けん》にて、推量《すいりゃう》なり」といふべし。もとより三千世界をいひ出せるも推量なり。ともに推量ならは、先目に見ぬにより有まじといふはことはりなり。「仏は天眼通《てんがんつう》あれば、実《じつ》に三千界を見ていへり。凡夫《ぼんぶ》とは同じからず」といはば、それは仏者中間《ぶっしゃなかま》にていふべし。何も証拠《しゃうこ》とすることなきなれば、他人《にん》の信《しん》ぜぬ所なり。其上、これを人信じたりとて何の益もなし。信ぜぬとて〔49b〕何の損《そん》ずることもなし。又「阿《あ》修羅王《しゅらわう》*将㆓三国土ヲ㆒飛㆓行虚‐空ヲ㆒、自‐在‐天以㆓火箭ヲ㆒射㆑之一‐時ニ倶ニ尽ク」といへり。これ貪嗔痴の三毒を真如法性《しんにょはふしゃう》をもて消滅《せうめつ》するをいへる語《ご》なるべけれど、実にかかることのあるまじきにもあらずといはば、論《ろん》ずるに及ばず。もろこしにても、昔女媧補天《ぢょくはほてん》*のことをいふ。この外墳典索丘《ふんてんさくきう》*の書に、誕妄不経《たんまうふけい》のことありつらん、世に伝《つた》へて無益《むやく》なれば、皆孔子に削《けづ》りしりぞけらる。仏家には、けづりしりぞくる人なし。かへりて後世ほどいよいよ附会《ふくはい》したりと見えて、奇《き》怪《くはい》に堪《たへ》ず、大千界のことをいはんよりは、先眼前《がんぜん》見えたる天地の間の理《り》をわきまふべし。眼前天地の理にはおろそかにて、大千界のこと、いかんぞしることを得ん。すべて仏家は、何事〔50a〕にても、ただ仰山《ぎゃうさん》にいふを手がらとす。仏の眉間《みけん》白毫《びゃくごう》東方《とうほう》万八《まんはっ》世界《せかい》をてらす*ともいへり。然れば、四方に各万八世界、すべて七万八世界なり。又、大千界より仰山《ぎゃうさん》なり。ある人いふ、「これは心の量《りゃう》の広《こはう》大なるをいふ、譬喩《たとへ》の言なり。なづむことにあらず。」もとよりさあるべし。然らば、『孟子』*にいへる「塞㆓於天地之間ニ㆒」などいひて事たれり。又、久しきをいはんとて、百由旬《ひゃくゆじゅん》の城《しろ》に粟《あは》をつめ置《おき》て、一劫《いちがう》ごとに一粒《ひとつぶ》づつとり出し、尽《つく》る時もつきぬ*などいへる。是又無窮《ぶきう》の二字にてことたれり。ただ、仰山《ぎゃうさん》にいひて、愚俗《ぐぞく》の耳《みみ》をおどろかす手段《てだて》なり。愚俗の耳をおどろかして、何の益《えき》かある。『四十二章経《しゃうきゃう》*』曰、「未㆑有ヨリ㆓天‐地㆒、逮ビ㆓于今日㆒、十方所㆑有、無㆑有㆑不㆑見、無㆑有㆑不㆑知、無㆑有㆑不㆑聞、得㆓一切智ヲ㆒、可㆑謂ト㆑明矣」〔50b〕又毘奈耶律に、仏比丘《びく》に大千界不同《ふどう》の文字《もじ》を学《まなば》しむとあり。近きもろこしの事《こと》もろこしの文字《もじ》だに、しれりとも見えねば、いかんぞ、大千界十方国土の事と文字とをまなぶことを得んや。これ今の俗《ぞく》にいふ、ぜいといふものなり。仏はいかなれば、ぜいをいふことのすきにてありしやらん。おそらくはこれら後人の附会《ふくはい》か、又は翻訳者《ほんやくしゃ》の仏法を広《くはう》大《だい》に人におもはせんとての造言《ぞうげん》《そらごと》にて、仏意にはあらざるべし。

【注】○『倶舎』の頌　『阿毘達磨倶舎論』巻一一「分別世品第三之四」に「頌曰、四大洲日月、蘇迷盧欲天、梵世各一千、名一小千界、此小千千倍、説名一中千、此千倍大千、皆同一成壊。」とある（『大正蔵』二九巻六一頁上）。○四大州　仏教の宇宙観で須弥山の四方にあるとされる四つの島。○阿修羅王　『倶舎論頌疏』「論本第七」に「有三阿修羅、将三国土、飛行虚空、向自在天上過、自在天見、以火箭射之、一時倶盡尽」とある。○女媧補天　女媧は、中国の古代神話に登場する女神。天地を補修し、人類を創造したと言われる。『淮南子』覧冥訓などに見える。○墳典索丘　古い書物のこと。「墳典」は「三墳五典」、「索丘」は「八索九丘」として、『春秋左氏伝』昭公一二年に見える。○仏の眉間白毫東方万八世界をてらす　『添品妙法蓮華経』巻一に「爾時仏放眉間白毫相光、照東方万八千世界、靡不周遍」と見える。『茗話』上巻21条（刊本上7b）でも言及する（附録参照）。○『孟子』　『孟子』公孫丑上篇の有名な「浩然の気」の説明に「其為気也、至大至剛、以直養而無害、則塞于天地之間」と言う。○百由旬の城に粟をつめ置て、一劫ごとに一粒づつとり出し、尽る時もつきぬ　『大智度論』巻三八「釈往生品第四之上」に「有一比丘問仏言、『世尊、幾許名劫』仏告比丘、『我雖能説、汝不能知、当以譬喩可解。有方**百由旬城**、**溢満芥子**、有長壽人過百歳**持一芥子去**、**芥子都尽**、**劫猶不澌**（＊尽）』」と見える（『大正蔵』二五巻三三九頁中）。○『四十二章経』　『四十二章経』第一五章の文句。

【解説】仏教が荒唐無稽の大世界を言う（大きな数字を用いたがる）ことを批判する。まずは見える世界を知ることから始めるべきだと言う。仏教をそしるというより、仏教にはそのような荒唐無稽な説を斥ける人がいなかったことを批判する。（儒教にも荒唐無稽な話があったが孔子が斥けた）。ただ、現在の荒唐無稽の言はもともとの**仏意ではないだろう**とも言う（末尾）。

第43条

○一団丸《いちだんぐはん》の地《ち》は、上下四方より気《き》をもてはりつめて、中にかかり居るなり。気《き》は即天なり。地の外は皆天なり。*『列《れっ》子《し》』に「人《ハ》在㆓天中㆒《ニ》立止《ス》」といへり。おろかなるものは、上《かみ》に蒼々《あをあを》と見ゆるのみを天とおもへり。仏書《ぶっしょ》もさおもへりと見えたり。*『素問《そもん》』〔51a〕には「岐伯云、地在天中大気挙之」といへり。渾天《こんてん》の説《せつ》よって祖《そ》とする所なり。大地は胡桃核《くるみたね》の如く、高き所は国土、ひきき所は海水《うみ》なり。地の外に海なく、海の外に地なし。仏家四州《ししう》をたてたれど、空《くう》にかかり居るといふことはりをしらねばなり。*『倶舎《くしゃ》』に「鹹海《かんすひ》之中有㆓四大州㆒」といひ、又「妙高山《めうかうさん》《しゅみせん》従㆓第《ノ》四層級㆒去㆓下《ノ》大海《ヲ》㆒四万踰繕那」といへり。然れば、四大州の外に、又地ありて、海水をたたえたるなれば、四州にはあらず。五大州なり。これ皆打見たるところより説をつけて理をおさぬよりあやまりあり。

【注】○『列子』『列子』天瑞篇の杞憂の出典となった以下の一連の段を言う。「**天、積気耳**、亡処亡気。若屈伸呼吸、終日**在天中行止**、奈何憂崩墜乎。」○『素問』『黄帝内経』『素問』「五運行大論」に「黄帝問於岐伯曰、「地之為下否乎。」**岐伯曰**、「**地**為人之下、大虚之**中**者也。」黄帝曰、「馮乎。」岐伯曰、「**大気挙之也**」」と見える（南京中医学院編・石田秀実訳『現代語訳　黄帝内経素問』（東洋学術出版社、一九九三年）四四〜四五頁）。○『倶舎』『倶舎論』巻一一に「**謂妙高山、従第四層級、去下大海、四万踰繕那**、是四天王本所住処」」と見える（『大正蔵』二九巻六〇頁下）。四大

州は、上42条にも見える。

【解説】渾天説に基づき、仏教の宇宙観を否定する。地球は気の中に浮いており、気が即、宇宙だと言う。この天動説は弟子の中井履軒に影響している可能性がある（拙稿「中井履軒の宇宙観——その天文関係図を読む」（『日本中国学会報』五七号、二〇〇五年）参照）。

第44条

○『倶舎』*頌曰、「日月迷盧半、五十一五十。」釈云「日五十一月唯五十。星最小者、唯一倶盧舎。其最大者、十六喩繕那。」『日本紀纂疏《さんじょ》』*に『倶舎《くしゃ》』をひかれたるは、「日輪径《にちりんわたり》五十一由旬〔51b〕周囲百五十三由旬、厚《サ》六由旬*零《レイ》十八分」とあり。十八分とまでしるさるるは、こまかに算《さん》をしきてたりと、人におもはせて信ぜしめん為なるべし。果《はた》してしかるや、しからずや。およそ日月星の大小は『天経』*に委《くは》しくあらはせり。先理をおし実《じつ》を求《もと》め、測量《そくりゃう》の器《き》を用ひて、これを明らかにせり。先しりやすき地の大さをはかり、周囲《しうゐ》九万里とさだめて、これをもて、日の昼夜《ちうや》運転《うんてん》する時刻《じこく》にてらしあはせ、日の大さ、地《ち》より一百六十五倍八之三とする。其餘、これによりておす。今日の厚《あつ》さをいへば、日の体《たい》は、ひらたくて、まろきものとおもへるなり。是下より打見たる所、丸盆《まるぼん》のごとくなるゆへ、毬《まり》の如く真丸《まんまろ》にはあるまじとおもひ、おしあてに、厚さ〔52a〕をいへるなり。もし実にひらたきものならば、西東に見るとき、其厚さの所を見るなれば、ほそながく見るべし。いづかたより見ても、まろく見ゆるは、其躰のまんまろなるゆへなり。かつ百五十三由旬のまはりにて、厚さわづかに六由旬なれば、甚うすひらたきものなり。かの風の吹《ふき》をくる時、吹折《ふきお》るる時あらんかといとおかし。月の大さも、厚さも、日と同じといへり。然らば、朔日、日月の会《くはい》するごとに食《しょく》あるべし。『天経』によれば、月は地より小といへば、日に対《たい》すれば甚小なり。これゆへ、日食は、月食よりまれなり。月の躰《たい》も日の如く、真丸なるゆへ、これに日の光を受《う》る正《せい》と斜《しゃ》《すぢかい》とにて、弦望《げんばう》《ゆみはりもち》のたがひあり。もしひらたきものならば、上下弦のすがたはなかるべし。〔52b〕もろこしの諸儒、天文を委しく論ずれど、月食の説は、あやまりにて、『天経』の説的当《てきとう》なり。この説、もと西儒琍馬竇《りめとう》に出たり。いづこの人にても、理にあたれることは、たれ人か信ぜざらん。ただ、『倶舎』の説は信ずべからず。

【校勘】○零　底本、東大本は上が穴冠。中之島本、国会本「零」。関西大学本、懐徳堂本「容」。

【注】○『倶舎』頌　『倶舎論』巻一一「分別世品第三之四」に「頌曰、日月迷盧半、五十一五十、夜半日没中、日出四洲等、雨際第二月、後九夜漸増、寒第四亦然、夜減昼翻此、昼夜増臘縛、行南北路時、近日自影覆、故見月輪缺」と見える。迷盧は須弥山のこと、倶盧舎、喩繕那、由旬は長さの単位。○『日本紀纂疏』「次生月神……」の疏に「日輪者火珠所成、径五十一由旬、周囲百五十三由旬零十八分」とある（上二76b）。○『天経』履軒も読んだ『天経或問』であろう（和刻本もあった）。天之巻「星体大小」50b-51aに「七曜之体、唯日最大。其径大於地、一百六十五倍八之三。……地大於月、三十八倍又三之一」と見える。

【解説】『天経或問』によって、仏教の言う太陽・地球・月の大きさや地面が平たいとする説がおかしいと批判する。同じく『天経或問』によって天文を学んだ中井履軒の天文学のルーツである可能性がある（拙稿「中井履軒の宇宙観——その天文関係図を読む」（『日本中国学会報』五七号、二〇〇五年）参照）。また、西洋の天文知識を評価する点も注目に値する。

第45条

○儒者より仏法を論《ろん》ずれば、きく人必《かならず》いはん、「をのれが道をはらんとて、非議《ひぎ》するなり」と。さにあらず。世の仏法を好む人を見るに、おほくは、後世をたすからんとおもふのみ。身の行《おこな》ひ心だてをかへりみることなし。又は祈禱《きとう》をたのみて福《ふく》を得んと願《ねが》ふ、つとむべきことおろそかなり。人たるもの、こころだて、身の行ひをかへりみず、つとむべきことをつとめずして、只祈禱《ただきとう》にて福《ふく》を得んとおもはば、世中の風俗《ふうぞく》、ますます鄙薄《ひはく》《うすく》〔53a〕なるべし。わづかに、禅家《ぜんけ》の心法を修《しゅ》するあれど、又ただ頓悟発明《とんごはつめい》*などいひ、あばづれなる言行《げんかう》をよしとおもへり。かりにも心だてをよくし、風俗を正くし、君に忠し、親に孝することを説《とか》ず。これなげかしくて、やむことを得ず論ずるなり。

【注】○発明　明らかに悟ること。

【解説】蘭洲が仏教批判するのはやむを得ずしているのだと言う。蘭洲は、安易に福を求める仏者を野放しにはできないと思っていたのである。蘭洲がどういう意識で仏教批判していたかがよくわかる。「わづかに、禅家の心法を修するあれど」という箇所からは、蘭洲自身が禅を体験していた可能性が窺える。やむを得ず批判するという言い方は、下19条にも見える。

第46条

○ある人いふ、「儒家《じゅけ》*に湯《とう》の雨《あめ》をいのり、周公《しうこう》・金縢《きんとう》のいのりあり。孔子も「丘之禱久矣*」ともいへり。しかるに今仏家の祈禱《きとう》を無益《むやくと》そしるは如何《いかが》。」答ていふ、「湯《とう》の雨をいのるは、天地山川の神祇《じんぎ》にいのるなり。旱魃《かんばつ》にて、万民飢《ばんみんうえ》死《じに》に及ばんことをかなしむ誠《まことの》心にて、外にすべきやうなし。天地山川は、雨をふらす本源《みなもと》なる故、いのり給ふ。金《きん》縢《とう》は、この時武王崩《ほう》ずれば、天下のさはぎともなるべし。文王《ぶんわう》已前の神霊《しんれい》は〔53b〕周公《しうこう》と一気《いっき》なるゆへ、感通《かんつう》の理《り》をもて武王の命に代らんと禱《いの》るなり。皆誠心実意《せいしんじつい》の親切《しんせつ》なるより出たることなれば、神霊などかうけひき給はざらん。孔子の語は子路の「いのらん」といふ言を受《うけ》ていのるといふのみ。これを言語《ことば》の道といふ。孔子平生《へいぜい》の心術躬行《こころだてみのをこなひ》俯《ふ》仰《ごう》して天地に恥《はぢ》ぬ人なれば、神霊《しんれい》の心にかなふにより、「禱《いの》ること久し」といへるのみ。道理文義《どうりもんぎ》にくらき人、この語《ご》*になづみ、孔子の実にいのることありと見るはおろかなり。ゆへに「罪《つみ》を天に得れば禱る所なし*」ともあり。然れば、罪《つみ》を天に得ぬ人は、もとよりいのるに及ばぬこともしられたり。いづれにも、をのが身のことを神にいのりて福を求むるといふことはりなし。*古哥に、「心だに〔54a〕誠《まこと》の道にかなひなばいのらずとても神や守らん」、いのりの無《む》益《やく》なるをよめるなり。仏家のいのりは、これに異なり。よく思慮《しりょ》して見給へ。数万里あなた、数千年已前の人の、其国の言《ことば》にていへる詞、又もろこしの文字にかへたるをとなへ、そのわざを修《しゅ》したればとて、日本の人の病に何のしるしかあらん。いはんや、其病《やめ》る人の親や子弟のいのるにもあらず。嚫物《ふせもつ》を出して法師にいのらせ、法師はやくめの如くおもひ、又は米銭《べいせん》をむさぼる利《り》心なり。もとより、一気誠意《いっきせいい》の感通《かんつう》もなければ、たとへば、火の消《きえ》たる炭《すみ》にて鉄《くろがね》を湯《ゆ》にわかさんとするが如し。無益の甚しきにあらずや。『遺教経《ゆひけうきゃう》*』を見るに、沙門《しゃもん》は人のために「合㆓和湯薬㆒ヲ、占㆓相吉凶㆒ヲ、呪術仙薬を施《ほどこ》すをゆるさず」と〔54b〕あれば、今時の僧の祈禱は、仏の心にかなふべしともおもはれず。」

【校勘】○語に　貼り紙により修正する。

【注】○儒家（の祈り）・周公金滕　『書経』金滕篇に、武王が病気になったので太公望が武王の身代わりになるために周公が穆卜（祈禱）をしたことが見える。湯の祈りは、『荀子』大略篇に「湯旱而禱曰、政不節与、使民疾与、何以不雨至斯極也」と見える。○丘之禱久矣　『論語』述而篇に以下のように見える。「子疾病。**子路**請**禱**。子曰、有諸。子路対曰、有之。誄曰、禱爾于上下神祇。子曰、**丘之禱之久矣**。」ちなみに、蘭洲『論語解』にも同様の内容が見える。111b-112a「子路ノ云分モットモ道理アル事ユヘソレヲ非義トハイハレザルユヘ子曰丘之禱久矣、イヤソノ事ナレバ今更ノ事ニ非ズ。平日兼テ此方ガ自身ニ随分祈禱ヲナシ置タリ。今更イラザル劬労無用ニセヨト也。コレ**聖人勿論始終一生天地一体神明一致ニシテ天ニモ先タタズ天ニモ後レズ、天理流行純**（?）**亦不已ノ聖人ユヘカツテ天ニ背キ天理ニ違フテ一点ノ罪ノ覚ヘナキユヘ、何祈ルベキユヘナキユヘ、ココヲ以テ丘之禱久矣ト也**。モト祈ト云ハ其罪ヲ天地神祇ニ謝シ祈ルノ道也。ユヘニ聖人ニ於テ其訳ナキ事ヲ子路ノ知ラザルユヘ也。」○罪を天に得れば禱る所なし　『論語』八佾篇に「獲罪於天、無所禱也」と見える。○古哥　菅原道真の歌とされる。謡曲などに引用されているらしい。○『遺教経』『遺教経』「二、修習世間功徳分」「一、誡邪業」に以下のように見える。「**不得斬伐草木、墾土掘地、合和湯薬、占相吉凶**、仰観星宿、推歩盈虚、暦数算計。皆所不応。節身時食、清浄自活。**不得参預世事**、通致使命、**呪術仙薬**、結好貴人、親厚媟嫚。皆不応作。」（『仏説四十二章経・仏遺教経』（岩波文庫、一九三六年）六五、六七頁）

【解説】儒教も禱ることがあるではないかという意見に対して、儒教は実際禱るわけではないと反論する。禱りは通じないと言う。「心術（こころだて）」「躬行（みのをこなひ）」という読みは当時の日本人のこの用語に対する理解がよくわかる。現在の仏教の禱りは本来の仏教のものではないだろうという発言も注目に値する。

第47条

○世には名実《めいじつ》のたがへることのおほき内に、尤《もっとも》甚しきは、僧法師の戦《たたかい》を好むなり。天宝神護《てんぼうじんご》二年、恵美押勝《ゑみのおしかつ》が乱《さわぎ》の時、近江国僧法師ら、及《および》錦部寺、蔦囲寺の僧、軍《いくさ》をひきゐて官軍《くはんぐん》をたすけたりとて褒賞《ほうしゃう》を給はりしことあり。此出家の軍する始なるべし。後世いよいよ甚し。このことももろこしまで聞えけるにや、『登壇必究《とうだんひっきう》』*東倭《とうわ》の部《ぶ》に、「紀伊《きのくに》の頭陀僧《づだそう》、三千八百房《ばう》あり。専習二武芸一ヲ、好ンデ殺レ人」としるしたり。これは、高野《かうや》のことなるべし。もろこしにても、明《みん》の時、劉六《りうろく》・劉七《りうしち》といふ者の*乱《らん》を起《をこ》せし時、僧軍をつれて戦ふ〔55a〕こと見たり。五戒《ごかい》を持《たも》つ僧の身にて、人を殺《ころ》し国のさまたげをなすは、甚しきにあらずや。其よる所は、寺院《てらでら》の富饒《ふねう》になり、奢傲《をごりたかぶり》甚しきゆへなり。その富饒《ふねう》になるは、むかしより、世の人貴賤《きせん》ともに、禍福《くはふく》の説にまよはされ、祈禱《きとう》・加持《かぢ》をたのみ、荘園《しゃうえん》・財宝《ざいほう》をおほく寄附《きふ》するゆへなり。

【注】○天宝神護二年、恵美押勝が乱　七六六年、恵美押勝（藤原仲麻呂）が起こした反乱。『続日本紀』に見えるようだ。○『登壇必究』巻二四「東倭」9a「有淑有慝」（日本人には善人もいれば悪人もいる）の割注（善人の例）に「如紀伊之頭陀僧三千八百房、専習武芸殺人而不犯中国」と見える。○劉六・劉七といふ者の乱　正徳五年（一五一〇）から約二年間、河北省で発生し、山東・河南・山西・湖北・安徽・江蘇の七省にわたって展開された民衆反乱。僧軍については、『明史紀事本末』巻四五「平河北盗」に「（正徳六年）十一月……守備万都司率衆追至亳州、武平県指揮石堅率兵千人、僧兵三百人邀戦、皆敗、殺僧兵七十餘人」とあるあたりを言うか（ただ、官軍）。西村元照「劉六劉七の乱について」（『東洋史研究』三二㈣、一九七四年）参照。

【解説】僧が戦いを好む（参加することがある）ことを批判する。その根底に人をだまして経済力を蓄えていることがあると言う。ポール・ドミエヴィル「仏教と戦争――殺生戒の根本問題」（林信明訳が『禅学研究』六五号、一九八六年にあり）参照。

第48条

○仏律《ぶつりつ》*に、「和尚於二弟子一、当レ生二児ノ想ヲ一*、弟子於二和尚ニ一、当レ如ス二父ノ想ノ一」とありとかや。然れば、此和尚は、子《こ》を持《もて》るなり。もし子を持《もた》ぬ和尚ならば、いかでか子を愛《あい》する想《さう》《おもひ》をするべき。この弟子《でし》もいまだ俗縁《ぞくえん》をはなれやらぬと見えたり。俗縁《ぞくえん》をはなれば、いかでか、父をいとをしむ想《さう》《おもひ》のあるべき。且幼少《ようせう》よりなれる僧ならば、仏恩《ぶつをん》のみありがたくおもふべければ、父母の恩をしる〔55b〕べからず。しかるに、律《りつ》にかくいへる上は、父子の道は天性《てんせい》也と聖人のいへる如く、はなるべからぬことと見えたり。然るを「棄《き》《すてて》レ縁《をん》《を》入《にふ》二無為《むゐ》一*」と云て出家し、実《じつ》のおやは他人《たにん》としてよそに見なし、又他人《たにん》をさして父とおもひ子とおもひ、又一切《いっさい》の男子《なんし》を父とし、一切の女子《によし》を母とおもへとは、至理《しゐり》あることにてもあらんずれど、先はすなをならぬ教《をしへ》といふべし。もしくは、天竺の僧は、皆仏をまなぶにより、すべて妻子《さいし》ありて後、出家す。ゆへに、是を出《いづる》二世間《を》一の法といふか。然らば、此仏語ことはりにて、人倫《じんりん》の道に、さまたげすくなし。

【注】○仏律　『釈氏要覧』巻上「師資」の「師」の項に「律云……」として見える（蔵中進・蔵中しのぶ『寛永十年版釈氏要覧・本文と索引』（和泉書院〈和泉叢書23〉、一九九〇年）30a、六三頁）。○和尚於二弟子一、当レ生二児ノ想ヲ一　「和尚　弟子に於けるや、当に児の想を生むべし」と読んでいるらしい。○棄レ縁入二無為一　恩愛の情を捨て、世俗の執着を断

ち切って、悟りの道に入ること。「流転三界中、恩愛不能捨、棄恩入無為、真是報恩者」は出家する時に唱える偈文。『勅修百丈清規』巻五に「所以云、流転三界中、恩愛不能捨、棄恩入無為、真是報恩者。出家之後礼越常情、不拝君王不拝父母」と見える。『正法眼蔵随聞記』『清信士度人経』に見えるか。

【解説】仏教での出家はもともと家族を持った後にするものではないかと言う。仏教を儒教に引き込もうとする論理であると言える。仏律の中に見える「父母を重んず」ということばは仏教の宗旨と矛盾するのではないかという指摘は鋭い。

下　巻（六三条）

第1条

〔1a〕○弘法の作《つく》れる『三教指帰《さんきゃうしき》』*にいはく、「儒童迦葉《じゅどうかやふ》、並是我朋《ならびにこれわがとも》、*愍《あはれみ》二汝冥昧《めいまいを》一、吾師先遣《わがしまづやる》。」註《ちう》にいはく、『弁-正-論』『仏-説-空寂所-問-経』及《び》『天地経』《に》皆云《みないふ》、「吾令三迦葉為二老子一、号無上道ト、儒-童在レ彼ニ、号曰二孔丘ト一、漸々教-化、令レ具二孝順ヲ一。」『止-観』曰、「我遣三三聖化セ二彼真丹ヲ一。」『弘-決ニ』曰、「我遣二三聖等者一。」『清-浄-法-行-経』曰、「月-光菩薩、彼コニ称二顔回ト一。光-浄菩薩、彼ニ称二仲-尼ト一。迦-葉菩薩、彼ニ称二老子ト一。」」運敞《うんせう》又これを注《ちう》していふ、「三教《さんけう》ハ皆如-来大-医王之所ノレ施也。其三-綱五-常使二孔ヲシテ述レ之、蓋我遣シ三二-聖化シテ二彼震-旦ヲ一之謂也。」注に引《ひく》ところの諸書《しょしょ》の旨《むね》は、釈迦仏《しゃかぶつ》*三人の弟子《でし》にいひ付、もろこし〔1b〕に生れ、老子と孔子と顔子となりて、もろこしの人を教《をし》へみちびくとなり。是皆、無智《ぶち》の僧徒《そうと》、つくりこしらへたる妄言《もうげん》なれば、かくくだくだしくここにしるすに及ばぬことなれど、仏経《ぶっけう》にはかく人をあざむき、わが法を世にひろめんとたくめる、かだましき心根《こころね》あるものなるを、人にしらしめんためなり。此事の有無《あるなし》は、あまりにおろかしきとなれば、ただすに及ばず。ある僧のいふ、「これらの経《きゃう》は皆偽経《ぎきゃう》の内にて、心ある僧は用ひず」となん。さもあるべし。然るを、弘法《こうぼう》これを信じて、ここに老子も孔子もわが弟子朋輩《でしほうはい》なり、もろこしの人のおろかにくらきをあはれみて、わが師匠《しせう》の釈迦《しゃか》、弟子《でし》にいひ付て、もろこしに先《まづ》やりたるなるをいへり。笑ふべきの甚しきなり。儒童《じゅどう》は〔2a〕孔子、迦葉は老子なりとぞ、老子は老《らう》といふにより、孔子には、童《どう》の字を付た

るもいとおかし。運敞《うんせう》は亦《また》これを実《じつ》と心得て、かく注《ちう》して、其愚《ぐ》を世にあらはせり。もしこれを実とせば、仏のおもひつかれたるは、甚迂潤《うくはつ》なり。此三人をもろこし王公《わうこう》の家に生れしめば、国天下よく治まり、其功徳《こうとく》大なるべし。三人とも皆下《みなしも》ざまの家なり。且顔子《がんし》は陋巷《ろうこう》にこもり居て、世に出ず。其言行《げんかう》も伝はらず。徳沢当世《とくたくとうせい》に及ぶことなければ、やりぞこなひなり。其上、此三人もろこしに生れ、何とて其師匠《そのしせう》の仏法《ぶっぱふ》はひろめずして、仏の敵《かたき》となる道をひろめしや。いまだ仏法の幾《き》をしらむ時といふべし。然れば、仏法は不自由《ふじゆう》なる法なり。中正*の道は、時をきらはず、〔2b〕所をわかたず。人たる人なれば、いづくにても、いつの時にても行ふべし。此偽経《ぎきゃう》いかなるをこの者の作れるか。此によりて、真《まこと》の仏経まで*疑《うたが》はしくおもはるるなり。さて、此書題《しょだい》を見れば、三教の奥義《おふぎ》をのべて、つゐに仏の指《むね》に帰《き》したらんとおもひしに、さはなくて、老者儒者の人を諫《いさむ》*る言をあげて、末に仏法自慢《じまん》をいへるまでなり。およそ仏者の修行《しゅぎゃう》は、戒定慧《かいじゃうゑ》の三つをもて、貪嗔痴《とんじんち》の三毒《さんどく》を*去《さ》ることと聞えたり。弘法《こうぼう》のころ、京に火災《くはさい》しきりなり。おほやけより、諸僧に読経祈禱《どきゃうきとう》おほせつけらるれどしるしなし。終りに、弘法に命《めい》ぜられて、禁《きん》中にて一七日息災《そくさい》の法を行わしむ。其間に、このたびは、禁中大蔵省《きんちうおほくらせい》より火出たり。うろんなる天〔3a〕竺の息災の法をいかに修《しゅ》したりとて、日本の火災のやむべきことわりなきに、かくするは、嚫物《ふせもつ》をむさぼるなり。これ貪《どん》なり。老者儒者《ろうしゃじゅしゃ》に対して腹《はら》あしく尓汝《しじょ》《なんじ》といやしめいへり。これ嗔《しん》なり。老子孔子を仏の弟子なりといふを信ずるは、是痴《ち》なり。僧として、この三の毒をまぬがれねば、其他《た》は又何をかいわん。

【校勘】〇朋　底本、東大本、国会本「朋」。中之島本、懐徳堂本「明」。〇まで　底本は「にて」に見えるが、東大本、中之島本、国会本により改めた。〇いさむ　東大本「いさ」。……劣る点。〇医　国会本は「匧」に作る。

【注】〇『三教指帰』『三教指帰』巻下に「儒童迦葉、並是吾朋、愍汝冥昧、吾師先遣」と見える（『三教指帰・性霊集』（岩波書店〈日本古典文学大系71〉、一九六五年）一二七頁）。注は、『三教指帰註』巻六16ab（内閣文庫本、寛文三年刊本）に見える。ただし、「又注して」の部分は当該箇所には見あたらない。〇運敞　一六一四〜一六九三。江戸時代初期の僧。『三教指帰註刪補』を著した。当該箇所未詳。〇中正の道　序文参照。〇戒定慧の三つをもて、貪嗔痴の三毒を去る　貪嗔痴は、仏教用語。怒ること、迷い惑って理非のわからないことの三つの煩悩。戒定慧は、悪を止める戒と、心の平静を得る定と、真実を悟る慧。『茗話』中巻29条にも見え、『六門集』に見えるとある（附録参照）。『少室六門集』第五門「悟性論」に「此人以発大乗、乃超三界。三界者、貪嗔痴是。返貪嗔痴、為戒定慧、即名超三界。然貪嗔痴亦無実性、但拠衆生而言矣。能返照了了見、貪嗔痴性即是仏性、貪嗔痴外更無別有仏性。経云、諸仏従本来、常処於三毒、長養於白法、而成於世尊。三毒者、貪嗔痴也」と見える（『五山版中国禅籍叢刊』第六巻「語録1」（臨川書店、二〇一六年）21b-22a、一四頁）。

【解説】弘法大師の『三教指帰』が三教一致を説くことを批判する。孔子や老子が釈迦の弟子の生まれ変わりであるという俗説を批判する。仏教が大事にする「貪嗔痴の三毒を去ること」が実践できていないことを批判する。下線部では儒教の普遍性を強調する。

第２条

〇ある人、僧にとふ、「余《われ》は神道者《しんとうしゃ》なれば、仏にも儒*にも方人《かたうど》する心なし。ただありのままなることをもてまうし侍る。むかし仏法、もろこしに入るとき、楚王英《そわうえい》*これを信じ貴べり。其のち謀叛《むほん》のことあらわれて、自害《じがい》せり。百済国《はくさいこく》に入る時、聖明王《せいめいわう》これを信じ貴べり。其後、高麗《こうらい》と戦《たたか》ひ、敵《てき》の奴卒《どそつ》《やっこ》にとらはれ、〔3b〕首《くび》を切《き》られ、国もやがてほろぶ。日本に入る時、馬子《むまこ》これを信じ貴べり。其身、君《きみ》を弑《ころ》する悪逆《あくぎゃく》をなし、其子ゑみし、其孫入鹿《いるか》に至り、逆臣《ぎゃくしん》となり、其身刑戮《けいりく》にあひ、家ほろぶ。すべて仏法を信ずる益なし。これらは、いかなるゆへやらん。其よりむかし、儒教《けう》の入りし時、仁徳帝《にんとくてい》御兄弟これを学び給ひ、世の人の知る如く、仁譲恭倹《じんじゃうけうけん》の徳《とく》をなし給ひ、みかど御在位八十七年、天下太平無事、御とし百十歳にて崩《ほう》じ給へり。今の世に至るまで、聖代《せいだい》とまうし奉る。しかれば、もろこしの教《をしへ》は天竺の教にまされりと見えたり。いかん。」僧こたへていふ、「それは其信じ貴ぶ人のあやまりなり。仏法のとがにあらねば、をとれりとせず。」いはく、「其人あしくば、仏何ぞ大慈悲《だいじひ》をもて、其〔4a〕人を善人《ぜんにん》とし給はぬや。」「此世にて善人とならねど、来世にて必仏果《ぶっくは》を得べし。仁徳帝の御兄弟、もし仏法に帰し給はば、其功徳《くどく》猶もって無《む》量《りゃう》なるべし。」いはく、「しからず。御兄弟は忠孝《ちうこう》の人にておはします。仏法には、忠孝を第一に説くことなければ、きわめてこのみ給ふまじ。もし仏の教に、在家《ざいけ》の人は高きもいやしきも忠孝を専一《せんいち》とし、人倫《じんりん》をよくし、国を治め、民をやすんずべし。然らば必天堂《ごくらく》に送《をく》り遣《つかは》すべし。これにもとらば、地ごくに送り遣さんとならば、馬子如き者も其教にしたがひ、忠孝の人となるべし。たとひ忠孝の人とならずとも、君をころす悪逆《あくぎゃく》には及ぶまじ。悪《あく》人も仏を貴べば、来世にて仏果《ぶっくは》を得るとなれば、これ賄賂《わいろ》をとりて、罪《つみ》ある人を〔4b〕ゆるすなり。世に悪逆《あくぎゃく》する人、いよいよおほかるべし。しかれば、仏法のとがにあらずといふべからず。」僧いふ、「忠孝もよきことなれど、小事《せうじ》なり。畢《ひっ》竟《きゃう》は娑婆《しゃば》の業障《ごうしゃう》なり。仏の教《をしへ》は、一大事因縁《いんえん》を了《りゃう》ずるなり。これを大丈夫《だいぜうぶ》のしわざとす。其外にはいとまあらず。」「それはかきやぶりといふもの。仏法中にてはさもあらん。和尚さきほど、小僧《こぞう》の茶《ちゃ》もてきやうのあしきとて、頭《かしら》をたたき給へり。忠孝は小事ならば、茶の給仕《きうじ》はまして小事なり。いかさまに無礼《ぶれい》にてもとがむべからず。されど、此世にすめば、此世のこと、眼前《がんぜん》の一大事なり。和尚出世間《しゅっせけん》の法にて、忠孝は無用《むやう》なればとて、娑婆《しゃば》の業障《ごふしゃう》とし給ふは、在家《ざいけ》の人に毒《どく》をすすむるなり。悪人のかたうどをし給ふなり」と〔5a〕いひやぶりて坐《ざ》をたちけるとぞ。

【校勘】〇儒　中之島本「僧」（都立本は「儒」に修正する）。

【注】〇楚王英　劉英（?～七一）のこと。中国の後漢の光武帝の三男。『後漢書』巻四二「光武十王列伝第三十二」に「楚王誦黄老之微言、尚浮屠之仁祀（黄老の微言を誦し、浮屠の仁祀を尚ぶ）」と見える（標点本一四二八頁）。下巻48条～53条で取り上げる明・郝敬著『時習新知』巻六14b、蘭洲著『瑣語』下巻13b-14aにも見える（附録参照）。

【解説】神道者に仏教を攻撃させる。仏教を信じても実社会でよいことがないと論破する。

第3条

〇我朝の古《いにしへ》、世々《よよ》のみかど、仏に帰し給ふは、福田利益《ふくでんりやく》*のため、又は堂塔《だうとう》の華麗《くはれい》仏事の富贍《ふせん》《にぎわしき》をよろこび給ふよりなり。仏意にかなはせ給ふとは見えず。達磨《だるま》*のいへる「今時浅識《せんしき》、唯《ただ》知二事相一、広《ク》費二財宝《ヲ》一、多傷二水陸《ヲ》一、妄《リニ》営二像-塔《ヲ》一、虚《ク》役《ス》二人夫《ヲ》一」といましめたる所なり。ひとり清和《せいは》のみかど*、御とし二十八歳にて、御位をおりさせ給ひ、三十一にて崩じ給ふ。平生《へいぜい》酒酢塩穀《しゅそえんこく》《さけすしほ》をたち、二三日をへだてて斎飯《とき》をすすめ給ふ。日夜苦《く》修し御姿削《すがたけづ》るが如くやせさせ給ひ、常に御身にあき、捨身《しゃしん》せんとおぼしけり。仏に淫《ゐん》するの甚しとは、これらをまうすべし。『伊《い》せ物がたり』*に、此みかど仏の御名を御心にいれてとなへさせ給ふ〔5b〕ことをしるしたり。御おりゐ*の後、わづかに従者《ずさ》ひとりふたりして、国々の名刹《なあるてら》をめぐり、丹波の水尾寺《みづのを》を終焉《しうゑん》の地とし給ふ。此御さま、名僧《めいそう》も及ばぬところなり。此功徳《くどく》により海内《かいだい》安寧万民快楽《あんねいばんみんくはいらく》なるべきに、さはなくて、水旱災異《すいかんさいゐ》打つづき、奥州《おうしう》には、叛人《ほんにん》大におこり、京の獄《ごく》中に、囚人《めしうど》二百人ありとしるされたり。天下の貢賦《こうふ》《みつぎ》を領《れう》し、万民《ばんみん》の尊奉《そんぼう》を受させ給ふべき御身の、かくあさましくかなしきさまをし給ひ、世に何の益《えき》かありし、御身に何の福《さいわゐ》のありし。あまつさへ寿《じゅ》をも得たまはず、はやうかくれさせ給へり。せめて来世《らいせ》といふことありて、兜率天《とそつてん》*に生れさせ給はば、其かいもあるべし。これ又無《なき》となれば、畢竟《ひっけう》仏法のために誤《あやま》らせ給ふなり。『元亨《げんこう》〔6a〕釈書《しゃくしょ》』*に、此帝《みかど》の御ことをしるし、「饗ルコトレ国ヲ十五年、海内安寧」といへり。此法師《ほふし》の妄言《もうげん》、今に始《はじ》めぬことなれど、人は国史《こくし》をしらぬとおもへるは、尤笑《わら》ふべし。此帝、仏に帰《き》し給ふ御心ざしを変《へん》じ、伊弉諾尊《いざなぎのみこと》の詔《みことのり》にかなひ、神武帝已来《じんむていいらい》の聖主《せいしゅ》の御おきてを守らせ給はば、実《じつ》に海内安寧、御身も天年をたもたせ給ふべし。仏にのみおち入り、父子君臣《ふしくんしん》の道にはうとくおわしますゆへ、御位をおろされさせ給へり。かかることをおもへば、何ゆへに仏法わが国に入来りて、世の害《がい》をなせしぞとおもへば、おぼえず憤懣《ふんまん》の情《こころ》の言にあらはれ侍るなり。

【注】○福田利益　上24条注参照。下34条にも見える。○達磨　この語は、『少室六門集』第二門「破相論」32abに見える（『五山版中国禅籍叢刊』第6巻「語録1」（臨川書店、二〇一六年）17a、一一頁、下21条にも見える）。『少室六門集』は従来は達磨の作とされてきたが、今では「破相論」は「観心論」と呼ばれている。（田中良昭「『菩薩惣持法』と『観心論（二）』（『駒沢大学仏教学部研究紀要』四四号、一九八六年）に訓読あり。）○清和　清和天皇（八五〇〜八〇）が仏教にのめりこんだことについては、例えば、『日本三代実録』には、清和天皇が即位の翌年（八五九年）内裏において円仁から菩薩戒を受けたことが見える（『増補新訂・日本三代実録』前篇一二七頁、貞観六年正月一四日辛丑条、円仁卒伝）。（神谷正昌『清和天皇』（吉川弘文館〈人物叢書〉、二〇二〇年）参照。）○『伊せ物がたり』『伊勢物語』第六五段。「……この帝は顔かたちよくおはしまして、仏の御名を、御心に入れて、御声はいと尊くて申し給ふ……」と見える。○おりゐ　退位。

○兜率天　上9条注参照。○『元亨釈書』『元亨釈書』巻一七「願雑十之二・王臣」に「貞観皇帝者仁寿第四子也。天安二年十一月即位。**饗国十九年、海内安寧**」と見える。『訓読　元亨釈書　全二巻』（禅文化研究所、二〇一一年）上三六七頁、下六六一頁参照。

【解説】日本史の知識を活用し、歴代、仏教の教義に引かれたのではなく、その華やかさなどに引かれたのであろうと言う。また、その信仰・修行が世の中をよくするどころかかえって世の中に害をもたらしたと言う。

第4条

○性《せい》は天の物にあたふる所、人物に通《つう》じていふ名なり。いき〔6b〕としいけるもの、これを受れば、それぞれの性なり。これを理一分殊《りいちぶんしゅ》*といふ。千品万類各一定《せんぴんばんるいをのをのいってい》してかはらず、天地造化陰陽自然《ぞうくはゐんやうしぜん》の妙用《めいよう》なり。中に就《つい》て、人の性《せい》は至《しゐ》奇至霊《きしゐれい》*なるをあたへ給ふにより、万物《ばんぶつ》之霊《れい》といひて、世にこれより尊《たっと》きものはなし。もし馬《むま》の性を人にあたへば、人にあらず。人の性を馬にあたへば、又馬にあらず。草木もこれに同じ。松の性を竹にあたえず、竹の性を梅にあたえず。むかしもかくの如く、此後とても又かくの如し。仏説にては、人の性は、鳥獣虫魚《とりけものむしうを》の性とひとつにて、生るるごとにかはるなり。且其よって出るところの本、いづくともしられざれば、性を尊《たっと》ばんやうなし。性を尊ばずして、心のみ説くは、本をしらずして松にとり付なり。達磨《だるま》の語《ご》*に〔7a〕「性即是心、心即是性」といへり。これゆへ、『六《ろく》門集《もんしふ》』に、性と説《とく》かとおもへば心といひ、心と説かとおもへば又性といひて、心性の差別《しゃべつ》なし。もし心性の差別《しゃべつ》をしらば、性の本を知べし。性の本をしらば、必天を知るべし。果して天を知らば、仏門《ぶつもん》を出て聖門《せいもん》に入べきことなり。『孟子』*に「其心をつくす者は其性をしればなり。其性をしればすなはち天をしるなり」と見えたり。性と天とは一なり。心は天と一ならず。いかんとなれば、形気《かたち》*に落《をち》たり、達磨の聡明《そうめい》といへども、仏已来の説を守りて、天あることをしらず、天あることをしらぬゆへ、性をしらず。性をしらぬゆへ、三世ありとおもへり。三世ありとおもへるゆへ、仏の窠臼《くはきう》《くるわ》を出ることあたはず。それ天をしらずして〔7b〕説くところの性は、性の真《しん》にあらず。某《それ》の禅師《ぜんじ》の体用《たいよう》一源顕微無間《いちげんけんびむげん》の*語は、そを分疏《いひわけ》していへると見ゆ。体《てい》は性《せい》なり、用《よう》は心《しん》なり。顕《けん》は心をいひ、微《び》は性をいふ。このふたつ、差別《しゃべつ》なしとの心なり。本より性心黒白《こくびゃく》の如くたがへるにはあらねど、性は無声無臭*、沖漠無朕《ちうばくぶちん》*未発《みはつ》之中《ちう》*なり。手をつくべきにあらず。心は性より出て、知覚する所なれば、工夫受用《くふうじゅよう》を用ふべし。しかうして後、よく心を尽《つく》す。心を尽して後、性の性たる所をしるべし。

【校勘】〇しゐれい　底本・中之島本は「しゐほう」に見えるが、東大本、国会本により改めた。

【注】〇理一分殊　朱子学の用語。天地を貫く原理である「理」は一つだが、それがさまざまなあり方で万物に現れるとする考え。伊頤（程伊川）によって使われ始め、朱熹が多用した。仏教の思想を受けた思想であるとするのが一般的見方である（蘭洲は反対の考えだが）。〇達磨の語　『少室六門集』第六門「血脈論」に「本性即是心、心即是性、即此同諸仏心」と見える（『五山版中国禅籍叢刊』第六巻「語録1」（臨川書店、二〇一六年）36b、二一頁）。〇『孟子』尽心上篇に「尽其心者、知其性也。知其性、則知天也。存其心、養其性、所以事天也」と見える。〇形気《かたち》　上16条、上17条にも見える言葉。下43条「客気」の注参照。〇体用一源顕微無間の語　「体用一源」は、本体と作用が源を同じくすること、「顕微無間」は現れたものとその根源にある本体には区別がないことで両者とも同様の意味を表す。体用の二元論は、仏教に由来すると言われるが、宋学（朱子学）でも多用され、程頤の『易伝』序には「至微者理也、至

著者象也。体用一源、顕微無間」と見える。〇無声無臭　上17条注参照。下27条にも見える。〇沖漠無朕　蘭洲『中庸首章解』にも見える表現。そこでは「沖漠」の左に「しづかに」、「無朕」の左に「きざしなし」と記されている。『二程遺書』巻一五「伊川先生語一」に「**沖漠無朕**、万象森然已具、未応不是先、已応不是後。如百尺之木、自根本至枝葉、皆是一貫、不可道上面一段事、無形無兆、却待人旋安排引入来、教入塗轍。既是塗轍、却只是一個塗轍」と見える。伊川は『荘子』に出ると考えているようだが、『荘子』には、応帝王篇に「太沖莫勝」という語、「体尽無窮、而遊**無朕**、尽其所受於天、而無見得、亦虚而已」という表現は見えるがこの四字のまとまりでは見えない。久須本文雄「程伊川の思想に於ける禅的なもの」(『禅文化研究所紀要』六号、一九七四年)、加藤宗孝「宋儒程伊川学論にみる華厳哲学の影響と効用」(『中央学術研究所紀要』六号、一九七七年)参照。〇未発之中　『中庸』第一章に「喜怒哀楽之未発、謂之中」と見える。

【解説】性について述べる。儒教は天に由来する性に基づき、仏教は(不安定な)人の心に基づくと言う。

第5条

〇昔《むかし》桓武《くはんむ》天皇の御時*、としどし新寺《しんてら》おほくなるゆへ、詔《みことのり》を下して、「これをそのようにしては、後々は所として寺ならざるはなかるべし。よろしくこれを禁断《きんだん》せよ」との給へり。今、海内〔8a〕諸宗《しょしう》の寺*、四十六万三千四十一区ありとかや。おろかなる人、猶《なを》この上に新寺《しんてら》を建んとす。されど今も新寺は国禁《こくきん》なれば、古き寺の名のみ残《のこ》りたるを尋《たづね》出し、良田美地《りゃうでんびち》をつぶして、寺をたつるなり。これらを甚しといふ。愚民《ぐみん》のさとすべからぬことかくの如し。僧又其こしを推《お》してこれをすすむ。にくむべし。

【注】○桓武天皇の御時　桓武天皇は延暦二年（七八三）六月、畿内諸国での寺院建立を禁止する禁令を出した（『類聚三代格』巻一九「禁制事」「禁断京職畿内諸国私作伽藍事（延暦二年六月十日太政官符）」（『新訂増補国史大系・類聚三代格・弘仁格抄』五九五頁）、『続日本紀』には未載）。井上満郎『桓武天皇――当年の費えといえども後世の頼り』（ミネルヴァ書房〈ミネルヴァ日本評伝選〉、二〇〇六年）一〇一～一〇三頁参照。村尾次郎『桓武天皇』（吉川弘文館〈人物叢書〉、一九八七年）。『蘭洲先生遺稿』上巻74aでも言及されている（附録参照）。○海内諸宗の寺　江戸時代の仏寺の数のデータについては、和田謙寿「相模における仏教教団成立発展に関する考察　その一」（『駒沢大学仏教学部研究紀要』三一号、一九七三年）にまとめられている。それによれば、蘭洲の言う四六万三〇四一という数字は、『史料叢書』九（国文学研究資料館編『近世の裁判記録（史料叢書9）』名著出版、二〇〇七年）所収の天王寺加羅堂修復時の数字と一致するが確認できていない。その他、『土屋筆記』（『土屋文書』？）には貞享二年（一六八五）には四〇万六一三九寺とあり、松浦静山『甲子夜話（続編）』（一八二一年起筆）続篇巻二六〔七〕には享保一〇年（一七二五）には四七万一九七九寺、勝海舟『吹塵録』「社寺之部」には享保一九年（一七三四）には五四万一九八九寺、寛政年間の全国の寺院数は四六万九九三四寺と記されている。『蘭洲先生遺稿』上巻74bには「今天下諸流寺院無慮五十余万区」と見える。ただし、寛永の諸宗末寺帳によると一三〇八〇か寺だという（山折哲雄・大角修編著『日本仏教史入門――基礎史料で読む』（角川書店〈角川選書453〉、二〇〇九年）三四二～三四三頁）。おそらくこの数字が実態に近いのであろう。ちなみに、江戸時代は寺院の建立は制限されており、寛永八年（一六三一）と元禄五年（一六九二）には、幕府によって「新寺建立禁止令」が出されている。

【解説】仏寺が国政を圧迫していることを批判する。

第6条

〇鏡《かがみ》は物《もの》をうつしてらさん為《ため》のものなり。もしよくときみがき、匣《はこ》の内に入れ、封《ふう》じこめ置《をか》ば、いかほど明らかにても、無用《むよう》の物となり、鏡《かがみ》の用《よう》はなさず。禅家《ぜんけ》の「*明心《めいしん》」かくの如し。およそ人たる者は、人倫《じんりん》の間に居るゆへ、応事《わうじ》接物《せつぶつ》、苦楽逆順《くらくぎゃくじゅん》さまざま同じからず。此間に処置《しょち》し、道をうしなはず〔8b〕性《せい》を全《まったく》せんとする故、明心の工夫受用いたりてなし難し。しかるに、同じやうのことなれど、聖人のかたにては、明心といはず。「*明明徳」といふ。「もと天より受得たるゆへ、明らかなり、それをくらまさず明らかにせよ」となり。禅家には、「天命之謂*性」といふ一段《いちだん》なきゆへ、ただ「明心《めいしん》」といへり。仏者出世間の法は、人倫にはなれ、物にわづらはさるることなく、をのれひとり明心の工夫するなり。これはいとやすきことなり。昔龍《むかしれう》を料理する術《じゅつ》を三年かかり、人に伝受《でんじゅ》を得たる者あり。其術は得《え》たれども、世に料理すべき龍なければ、何の益《えき》なかりしとなり。禅家の明心、この屠龍《とれう》の*術に似《に》たり。もし生死をはなれ、三界六*赴《さんがいろくふ》の苦をまぬがれ、生天の快楽《けらく》を受《うけ》〔9a〕ん為《ため》ならば尚可《なをか》なり。三界六赴は、現前三毒《げんぜんさんどく》のことなり。「至‐人不レ謀二其前一ヲ、不レ慮二其後一ヲ、*無恋二当今一ヲ、念々帰レ*道ニ」などいへれば、この為《ため》にもあらず。日‐中一‐食、樹‐下一‐*宿の境《きょう》なれば、応事接物《わうじせつぶつ》の為《ため》にもあらず。然らば、明心《めいしん》の工夫しおほせても、用るところなし。かの明鏡《めいきゃう》を匣《はこ》の内に封《ふう》じこめ置《をき》たるが如し。おしむべきことならずや。

【校勘】〇恋　名大本、中之島本、国会本すべて「変」に作るが改めた。

【注】○明心　仏教用語。上18条注参照。下6条、下48条、下55条、下60条にも見える。○明明徳　「明徳を明らかにす」。『大学』冒頭に見える三綱目の一つ。○天命之謂性　「天の命ずる、之を性と謂ふ」。『中庸』冒頭に見える語。○屠龍の術　『荘子』列禦寇篇に「朱泙漫学屠龍於支離益、単（＊尽くす）千金之家、三年技成、而無所用其巧」と見える。蘭洲『荘子郭註紀聞』十17aでは「朱泙漫云々　此人大志アリテ龍ノ料理ノ仕方ヲ此人ヨリ学ビ得タリ。然ルニ其術ヲ伝授セントテ、千金ノ身代ヲツブシ、ヤウヤウ三年メニ伝授シ得タレドモ、サレツイニ一生ノ間一度モ其藝無入用、コレ無益ノ大志ヲ譏ル者也」と解説する。○三界六赴　仏教用語。上11条注参照。下63条にも見える。○至人不謀其前……念々帰道　『少室六門集』第五門「悟性論」に「凡夫当生憂死、臨飽愁飢、皆名大惑。所以**至人不謀其前、不慮其後、無恋当今、念念帰道**」と見える（『五山版中国禅籍叢刊』第六巻「語録1」（臨川書店、二〇一六年）30a、一八頁、京都大学人文科学研究所所蔵本『達磨大師悟性論』9a-b）。次の下7条にも見える。○日中一食、樹下一宿　仏教用語。『四十二章経』第三章に見える。上10条、下24条にも見える。

【解説】禅の「明心」は、自身の心に限定されたものであり、世間で生きていくには役に立たない無用のものであると言う。ここに見える禅の知識は蘭洲が禅をかじったことによるのかもしれない（上45条参照）。

第7条

○達磨《だるま》の語《ご》に、「凡‐夫当レ生憂レ死、臨レ飽愁レ飢、皆名ニ大惑一《ト》」、又云、「至‐人不レ謀ニ其前一《ヲ》、不レ慮ニ其後一《ヲ》」。これ一衣《いちえ》一躰《いったい》の境《さかひ》＊にて其道を求《もと》むるにはかくあるべし。今、人倫の間に処する者は、前後《ぜんご》をはかり、事あらかじめせざれば、猫一疋《ねこいちひき》やしなはれず。いはんや、父母従類《じゅうるい》をや。家、国、天下をや。〔9b〕其前後《ぜんご》をかへり見はかり、事豫《ことあらかじめ》する中に、道にそむかぬやうにと修行《しゅぎゃう》す。これによりて甚難《かた》し。仏法は出世間の法、ただ僧となれる人の学ぶところなり。人倫の間に処《を》る人の用べき道にあらぬを、少し才ある人、禅《ぜん》に参《さん》じて、「庭前栢樹子《ていぜんはくじゅし》」*「東山水上行《とうざんすいじゃうかう》」*といふは、ただなぐさみと見えたり。

【注】〇達磨の語　下6条注参照。『少室六門集』第五門「悟性論」に見える。〇庭前栢樹子　「庭の前の柏の木」。『無門関』第三十七則「庭前栢樹」に見える公案。達磨が中国に来た意図を聞かれた答え。〇東山水上行　「東山が水の上を行く」。悟りの境地を聞かれたことの答え。『雲門匡真禅師広録』巻上「対機三百二十則」に「如何是諸仏出身処。師云、東山水上行」と見える。

【解説】仏教は出世間の法であり、人間世界では役に立たないと言う。

第8条

〇仏書《ぶっしょ》に偽経《ぎきゃう》おほく、仏語《ぶつご》に後人の語あるべし。天竺のみしかるにあらず。もろこしにても、孔子没後《もつご》、戦国《せんごく》の時の諸儒《しょじゅ》書を作りて、孔子に託《たく》せる、『戴記《たいき》』*の内に見えたり。『大学』『孝《こう》経』などは、曾子《そうし》門流の人の記《き》する所なれど、其説聖人にそむかぬゆへ、経《けい》と称《せう》してこれを尚《たふと》む。其外、秦火《しんくは》にやけたる偽《ぎ》書も猶《なを》おほかるべし。もろこしの経書《けいしょ》、大海《うみ》をへだてたる〔10a〕日本にだに、はやく渡りたり。いはんや天竺は地つづきなれば、とくわたるべし。回紇《くはいこつ》国は、天竺近き国なれど、仏を好まずして、孔子を貴ぶと『唐書《とうじょ》』*に見えたり。然れば、天竺後世の仏者、儒書《じゅしょ》を見て、ひそかに其説にならひ、又それより広大《くはうだい》に説なしたるもおほかるべし。いかんぞ一々に信ずべけんや。

【注】〇『戴記』『礼記』のことで、おそらく後の『大学』などを言う。〇『唐書』未詳。『旧唐書』巻一九五「回紇」、『新唐書』回鶻伝には発見できなかった。上35条に、『明史』外国伝によれば榜葛剌（東印度）や沼納僕児国で仏教が進行されていないことを言うか。

【解説】仏書に偽経が多く、仏のことばだと言われている語に後世の語が多いと言う。懐徳堂出身の富永仲基の大乗非仏説論への影響があるかもしれない。儒教でも孔子に託した本が多いという発言も、俯瞰的視点から文献の信憑性を問題にしている点、注目に値する。

第9条

〇『枕草子《まくらそうし》』*に、右衛門《えもん》のぜうといふもの、わが父をにくみきらひて、海《うみ》におとし入たるを、七月十五日に、盆《ぼん》を奉るとて、いそぐを、道命法師《どうめいはふし》見て、「わたつ海におやををし入てこのぬしの盆する見るぞあはれなりける」とよみ給ひけるこそいとおしけれといへり。親をころすは五逆罪《ごぎゃくざい》なれば、この哥にては懲悪《てうあく》の意なし。人倫の道ただすといへば、仏をひく〔10b〕人のいふ。さにあらず。此人親をころすほどの悪人なれど、一点《てん》の仏性あり、そらおそろしければ、とぶらひてうかべたる、*ここをあはれとゆるしたるなり。これは其一をしりて、ふたつをしらず。この者の盆供《ぼんく》したるは、親の為にあらず、わが身親《をや》をころしたる罪《つみ》にて地ごくにをちんことをおそれてするなり。それを此法しの見て、仏をたのめる心のあはれなりとよめるなり。つらつらおもふに、此法しの心にて国を治めば、さぞ親をころす者のおほからん。又かかる者の刑罰《けいばつ》に行はれぬは、いかなる国政《こくせい》やらんといぶかし。又、仏、かかる者に親をころさぬやうの教はいわず。ころして後、其罪《つみ》を救《すく》ふことをのみいへるも、亦いといぶかし。

【校勘】〇うかべたる　国会本「うかべたり」。

【注】〇『枕草子』『枕草子』第二八七段に見える。

【解説】仏教は自分のため（利己）の教えであると批判する。仏性があるということで人を許していては国は治められないと言う（上36条にも同様の発言が見える）。

第10条

〔11a〕〇白河院《しらかはゐん》*金泥《こんでい》の『一切経《いっさいきゃう》』供養《くやう》せんとて、日を極《きは》められしに、三度まで雨ふりてやみぬ。其後供養《くやう》の日、又雨ふりたり。みかど大にいからせ給ひ、雨を器《うつはもの》に入れ、牢獄《ろうごく》におしこめ給へりとなり。いわゆる甚しきにあらずや。雨は天の万物《ばんもつ》をうるほし給ふ徳沢《とくたく》なり。天子として天をおそれ給はぬは、殷帝《いんてい》*の天を射《い》るにひとしき狂悖《きゃうはい》のことなり。昔元明《げんめい》天皇の詔《みことのり》*に、「膏雨《こうう》は衆瑞《しゅうずい》にまされり」との給へり。白河のみかど、かくまで*おろかなる君にはおはさねど、仏にまよひ、仏といふは天より尊き事とおぼす故なり。此時、心ある僧あらば、いさめまうすべきことなれど、仏法にいきほゐのつくこと故、かへりてすすめまうせしならん。仏の加護《かご》はありもこそすらめど、天の責《せめ》をうけさせ給へばこそ、〔11b〕清盛の禍《くは》胎《たい》《わざはいのきざし》、此時よりきざしなして、後白河院の御時、天下の政を失ひ給へり。伊弉諾尊《いざなぎのみこと》の陰陽《いんやう》のことわりに従《したが》はせ給ひ、神武天皇の天を敬《うやま》ひし祭《まつ》らせ給ひし御をきてを守らせ給はば、平治《へいぢ》・治承《ぢせう》已来《いらい》の世のさわぎ

もあるべからず。ただ仏のみ尊ばせ給ひ、天地祖宗《そそう》の神霊《しんれい》をおろそかにおぼす故、あさましくなり行けり。なげくべし。

【校勘】〇まで　底本、東大本、中之島本は字体は同じだが解読不能だったため、国会本により「まで」とした。

【注】〇白河院の話　雨禁獄として知られる。『古事談』第一「王道・后宮」第七四話「白河院、法勝寺供養の日に雨を獄舎に繋ぐ事」に「白川院、金泥一切経於法勝寺可被供養、臨期依甚雨延引三ヶ度也。被遂供養日猶降雨、因之有逆鱗。雨ヲ物ニ請入テ、被置獄舎云々」と見える（川端善明・荒木浩校注『古事談・続古事談』（岩波書店〈岩波新日本古典文学大系41〉、二〇〇五年）九三頁）。『源平盛衰記』巻二「郭公禁獄　付雨禁獄」にも引用される（市古貞次他校注『源平盛衰記（一）』（三弥井書店、一九九一年））五七頁に見える。〇殷帝　『史記』殷本紀に「帝武乙無道、為偶人、謂之天神。与之博、令人為行。天神不勝、乃僇辱之。為革嚢盛血、仰射之、命曰「射天」」と見える。〇元明天皇の詔　『続日本紀』巻五「和銅四年（七一一）六月乙未（乙亥朔廿一）」「〇六月乙未。**詔曰**、去年霖雨、麦穂既傷、今夏亢旱、稲田殆損。憐此蒼生、仰彼雲漢。今見**膏雨**、**有勝衆瑞**。宜黎元同悦共賀天心。仍賜文武百寮物有差。」（『新訂増補国史大系・続日本紀・前篇』四五頁）

【解説】白河院が仏教に迷ったことが国を失う原因になったと言う。日本史の知識を活用して、仏教を信じることが国を亡ぼすと批判する。

第11条

○世に伝へいふ、「物部守屋《もののべのもりや》は、仏法《ぶっぽふ》の大敵《たいてき》なる故、聖徳《しゃうとく》太子、軍《いくさ》を起《をこ》して滅し給へり」と。これあやまりなり。『日本紀』を考《かんご》ふるに、欽明《きんめい》天皇*の御時、百済《はくさい》より、仏像梵書《ぶつぞうぼんしょ》を渡《わた》せし時、中臣勝海《なかとみのかつみ》と物部守屋《もののべのもりや》とは、仏法をきらへり。蘇我稲目《そがのいなめ》は、仏法をすけり。稲目《いなめ》身まかりて、其子馬子《むまこ》同じくすきたり〈12a〉けれ*ば、勝海、守屋とは、其おもむきあはず。されど、馬子の妻《め》は守屋の妹《いもうと》なり、したしむべき間がらなり。此時のいきほゐを見るに、欽明帝の御《み》妃《め》、堅塩媛とまうすは、稲目のむすめにて、馬子と兄弟なり。此腹《はら》に用明《ようめい》・推古《すいこ》の二帝《にてい》生れさせ給へり。堅塩媛の妹《いもうと》小姉君《こあねきみ》といふも、欽明帝の御妃《みめ》にて、穴穂部《あなほべ》皇子と崇峻帝《すしゅんてい》と生れさせ給ふ。此いきほゐにより、時の権柄《けんぺい》は、皆馬子にありて、何ごともこのはからひなり。用明帝、崩《ほう》じ給ひしに、太子いまだ定らず、穴穂皇子、用明帝の御あとをつぎ、天子とならんの望《のぞみ》あり。先帝の御弟《おとと》にて、崇峻《すしゅん》の御兄なれば、御望もことはりにあらずともいふべからず。勝海、守屋、これに従《したが》へり。勝海、守屋、空穂部をたつれば、馬子は権《けん》〈12b〉を失ふゆへ、同心せず。終《つゐ》に迹見赤檮《あとめのいちひ》におほせて、勝海《かつみ》をころし、又炊屋姫《かしやひめのみこと》尊のおほせと名のりて、穴穂部とその友宅部《やかべ》皇子とをころし、諸王大臣をかたらひすすめ、守屋をせめてころしたるなり。これただ馬子、をのれが権柄《けんぺい》をほしゐままにせん為に、守やをころしたるなり。仏法ごとによることならず。此時、太子御とし十五歳なり。*『紀《き》』に「束二髪《そくはつして》於額ニ一而随フ二軍後ニ一」としるされたり。ただ馬子がかたうどなれば、軍にたち給へるのみ。いまだ軍《いくさ》をひきゐ戦《たたかゐ》をし給ふ時にあらず。さればこそ、軍の後《うしろ》に随《したが》ふとかかれたり。是又仏法ごとにあづからず。しかるに、仏をひく人、太子をよくいはんとて、『日本紀』のおもむきはしりながら、世俗《ぞく》の説を幸として、太子の守屋を滅《ほろぼ》し給ふ〈13a〉に決定《けつじゃう》していへるは、太子の御心になきことなれば、在天の神、さぞ御心苦《くる》しくおぼすらん。さて、守屋ほろびて後、穴穂部の御弟、泊瀬部《はつせべ》の皇子を立て、天子とす。崇峻《すしゅん》帝これなり。世の仏者、守屋《もりや》を仏敵《ぶってき》と名づけ悪《あく》人といへど、『日本紀』のおもてを見れば、させる悪人とも見えず。この時、世人馬子みだりに妻《つま》の計《はかりごと》を用ひて、守屋をころすといへりとしるされたれば、こころある人は、馬子をよしとせざりしなり。然れば、馬子こそ悪人なるべけれ。又儒者《じゅしゃ》は守屋《もりや》をひけども、穴穂部を立んとおもへるも私なり。況や中ごろに謀《はかりごと》を改《あらた》め穴穂べをすてんとせしこともあれば、小人たることを免れず。ただ其の国津神《くに》をすてて、他国《ひとのくに》の仏《ほとけ》を貴ばんこと有べからず〈13b〉といへるは、おほやけにて、日本の忠臣《ちうしん》なり。稲目《いなめ》、馬子《うまこ》がよその国の仏を祭り尊ぶは不忠《ふちう》なり。日本の風にあはぬ仏法なればなり。此時、もし釈迦《しゃか》より何十何代《なんじふなんだい》の活仏《いきほとけ》なりと称《せう》し、身に金薄《きんぱく》をぬり、光趺《ごこうだいざ》を作り、種《しゅ》々の荘厳《そうごん》を設《まうけ》て、日本を奪《うばは》んとてせむること、元《げん》の太祖《たいそ》の如くならば、勝海《かつみ》と守屋《もりや》とは、必うち死すべし。馬子《むまこ》太子如き人は、感涙《かんるい》を流《なが》し、首《かうべ》を地につけて、天竺《てんぢく》人に降参《こうさん》し、わがみかどをすてて、活仏をみかどと尊びて、国中皆天竺風とならん。如此にて、仏意にかなひ、太子の本意《ほんい》は達《たっ》すべけれど、日本の道は滅亡《めつばう》す。仏者これにてもよしとせば、義理《ぎり》をしらぬ者なれば、論《ろん》ずるに及《をよ》ばず。さて、崇峻《すしゅん》帝《てい》、馬子の驕《きゃう》傲《ごう》〈14a〉にて、ほしゐままに御兄《あに》穴穂部《あなほべ》皇子をころしたるをにくみ給ふゆへ、馬子おそれて、帝《みかど》をもころし奉り、日本に古より例《ためし》なき女帝《にょてい》をたて、をのれとなかよき厩戸《むまやど》皇子を太子にするゐ、いよいよ威権《ゐけん》をふりへり。およそ馬子、をれのが欲《よく》を恣《ほしゐまま》にせんとて、天子一人、皇子二人、大臣二人をころしたり。委《くは》しきことは、『日本紀』を見て知べし。これを見習《なら》ひて、其子ゑみし、其孫入鹿《いるか》、うちつづき逆《ぎゃく》臣となり、刑《けい》りくにあひ、其家ほろびたり。仏法を好《この》める福《ふく》はありやなしや。かかる悪《あく》人に、いかなれば、太子はなかよかりしにや、いといぶかし。

【校勘】〇ければ　中之島本は丁変わりの箇所で衍字（重複）となっている（都立本は修正する）。

【注】〇欽明天皇　『日本書紀』巻一九「欽明天皇」に「六年……六月、百済造丈六仏像、……十三年……冬十月、百済聖明王、遣西部姫氏達率怒唎斯致契等、献釈迦仏金銅像一軀・幡蓋若干・経論若干巻」と見える。〇『紀』『日

本書紀』巻二一「崇峻天皇」に「秋七月……是時、厩戸皇子、束髪於額随軍後」と見える。崇峻天皇のことは、『瑣語』下巻13b–14aにも見える（附録参照）。

【解説】仏教を信奉した蘇我馬子を批判する。蘇我氏と物部氏との対立は仏教を信じるか否かではなく政治的意図（私欲）によるものだと言う。聖徳太子を直接批判はしないが間接的に批判するようだ。

第12条

○正徳《しゃうとく》*のころほひ、難波《なには》の海《うみ》より、亀《かめ》の甲《かう》に仏像《ぶつぞう》のかたのあるを、漁者《ぎょしゃ》《れうし》ども網して引得たり。世人こぞりておがみののし〔14b〕りけり。ある人うたがはしくおもひ、ある儒先《じゅせん》*に問《とひ》ければ、「今の世 仏法 天下にみちたれば、其気《き》に感《かん》じて、あるまじきにもあらず」と答られけりとなん。これは理《り》のおしあやまりなり。もし一心不乱《ふらん》に仏を念《ねん》ずる者ありて、仏に実《じつ》に霊《れい》あるならば、其応《をう》のありもこそすらめ、世に仏法*行《おこな》はるるとて、仏をしらぬ亀《かめ》に応のあるべきやうなし。後に聞《きけ》ば、此亀をとりたる漁者《れうし》のおや、これも漁者なり。年老てわざをやめて、かしらおろしけり。海中の魚《うを》に仏をおがませんの願《ねがひ》をおこし、ある法しにはかりたり。法しいふ、「亀《かめ》の甲《かう》に黒うるしにて、仏そうをかきて海にはなつべし。年を経《へ》てうるし落れば、其あとえり入たらんやうに残るとなり。」さのごとくにしけり。この漁者、幼少《おさなき》の時なれど、此事〔15a〕をよく覚ゐて、此亀《かめ》ならんと人にかたりけり。三十年已前のことなりとぞ*。およそ、法師、巫祝《ふしゅく》、山ぶし、陰陽師《をんやう》など、我存命《ぞんめい》の内ならねど、後の世にかかることありて、人に信ぜしめんことをねんごろにはかるものなり。人々これをしらずして、仏法のきどくとおもふこと、この亀の類いなり。

【校勘】〇儒先　国会本「儒者《じゅしゃ》」。〇仏法　中之島本は「以法」に見える（都立本は「仏法」に修正する）。〇ことなり　中之島本は「ことなる」に見える（都立本は「ことなり」に修正する）。

【注】〇正徳　一七一一〜一七一六年。

【解説】仏教に関する迷信を否定する。仏教の奇特と思われていることが実はそうではなく、仕組まれたものであると言う。具体的なエピソードが見える点、興味深い。

第13条

〇もろこしにて郭璞《くはくはく》*、日本にて晴明《せいめい》などのせしあやしことを、後世いひ伝へたり。半は後人のつくれるなり、半は有しことをなるべし。そのありしことは、此二人、かねてこしらへもうけたることにて、人をあざむけるなり。人皆知あれば、さのみ偽《いつわり》を信《しん》ずべきにあらず。しかるに、書《しょ》を読み、理《り》をしるといふ人にも、かかる事を信ずるあり。其源《もと》は仏法《ぶっぽふ》を信ずるよりなり。世の〔15b〕中にそら言《ごと》もおほけれど、地《ぢ》ごく・天堂《ごくらく》如きより甚きはなし。これを信《しん》ずる心になりたれば、其他《ほか》は何事《なにごと》か信ぜざらん。仏法は、人を愚《をろか》にする術《じゅつ》といふべし。『老子経《ろうしきゃう》』*「古之善為レ道者、非ニ以明レ民、将ニ以愚レ之」といへるに叶へり。梁《りゃう》の武帝如《ぶていごと》き、其始乱《はじめらん》を平《たいら》げられしは、天下の英雄《えいゆう》なり。仏に陥《おちい》りてより、朱异《しゅい》といふ佞《ねい》人を用ひ、種《しゅ》々のひが事おほく、つゐには侯景《こうけい》が乱をひき出し、台城《だいじゃう》にて餓死《うへじに》せられたり。この時にて見れば、天下《てんか》の愚人《ぐにん》なり。

【注】〇郭璞　二七六～三二四年。東晋の文学者。『晋書』郭璞伝や『捜神記』などの志怪小説には、超人的な予言者・妖術師として様々な逸話が残されている。奇書として有名な『山海経』の注釈者としても知られる。〇『老子経』『老子』第六五章に見える。

【解説】仏教は天国地獄を始めありもしないでたらめが多いと批判する。それを信じる人は愚か者であり、梁の武帝のように英雄でありながら国を亡ぼすこともあると言う。梁の武帝は上40条でも批判している。梁の武帝については、森三樹三郎『梁の武帝――仏教王朝の悲劇』（法蔵館文庫、二〇二一年）を参照されたい。

第14条

〇化《け》・報《ほう》・*法《ほふ》の三つ（ツ）は聖人の道にていはば、化《け》は人毎《ごと》に受《うく》るところの性なり。報《ほう》は性《せい》を尽《つく》したるなり。法《ほふ》は即天《すなはちてん》なり。かくいへば、儒《じゅ》と同じきが如し。仏家は、これを奇怪《きくはい》に説なし、〔16a〕先づ仏といふを立て、仏の三身とし、仏身十方に散在するは化身仏《けしんぶつ》なり、雪山《せつざん》に成道《じゃうどう》するは報身仏《ほうしんぶつ》なり、真如本体《しんにょほんたい》は法身仏《ほふしんぶつ》なりといへり。是皆身心の上にてのさわぎにて、天と性とにわたらず。

【注】〇化報法　仏教用語。三身《さんじん》。大乗仏教における、仏の三種類の身のあり方（法身・報身・応身）。法身は宇宙の真理・真如そのもの、報身は、仏性の持つ働き、あるいは修行して成仏する姿、応身は、この世において悟り、人々の前に現れる釈迦の姿。上1条にも見える。『金光明経玄義』巻上に「云何三云何身。**法報応**是為三。三種法聚故名身。所謂理法聚名法身。智法聚名報身。功徳法聚名応身」と見える（長谷川岳史「隋代仏教における三身解釈の諸相」

（『龍谷大學論集』四七一号、二〇〇八年）参照）。

【解説】仏教の「化身」「報身」「法身」は、儒教の「性」「尽性」「天」と似ているが、根本において天に基づかず、仏の身に基づいている点が違うと言う。このことについて、蘭洲自身、関心を抱き熟考したことがあったことが窺える。

第15条

○衆生済度《しゅじゃうさいど》とは、衆生をして天に生ぜしむるなり。是さもあるべけれど、死後のことなればおぼつかなし。先今生《こんじゃう》を済度《さいど》*し、人をよくし、国を治め、万民をやすんぜしむるを先務《せんむ》とすべきことなり。是はすて置《をき》て、有無疑《あるなしうたが》わしき来世《らいせ》のことをいふは、延引《えんいん》なることならずや。此一事《いちじ》たらぬ故《ゆへ》、加持祈禱《かぢきとう》をとなへたり。上たる御かたにてもうさば、身を修《をさめ》め奢《をごり》をやめ、政《まつりごと》を正《ただ》しくし給へば、国やすく万民たのしむ。飲食《いんしょく》を節《せっ》〔16b〕し、色欲《しきよく》を慎《つつ》しみ給へば、身すくやかに長寿《ながいき》をたもち給ふとなり。しかるに、これらおほく人主《きみ》の御気《き》にかなはぬことなり。ゆへに、仏者これをいはず、ただ加持祈禱供仏施僧《かぢきとうぐぶつせそう》だにすれば、人主おぼすやうにし給ひても、此功徳《くどく》により、御身も長寿《ちゃうじゅ》、国も民も治まり安しとす。此言を信《しん》じ給ひ、終《つゐ》に御身もあやうく、国も治まらぬ多し。なげくべし。

【校勘】○度　中之島本「渡」（都立本は「度」に修正する）。

【解説】来世のことを言う仏教と、今世のことを言う儒教との違いを述べる。仏教は、身を修めることが大変なので祈禱さえすればよいと人（人主）に諂う安易な教えであると言う。安易さを批判するのは、蘭洲の伊藤仁斎批判とも共通する（拙稿「五井蘭洲による伊藤仁斎批判――『非伊編』（総論部）翻刻・訳注」（『懐徳堂研究』一五号、二〇二四年）参照）。

第16条

○豊臣太閤《とよとみたいかう》の時、哲長老《てつちやうらう》*とやらん、みづからも母《はは》のために、一仏宇《てら》*を創《はじ》めんと願《ねが》へり。太閤、「いまだ朝敵降伏《てうてきこうぶく》せず。天下いまだ太平を頌《せう》せず。このことを成就《じやうじゆ》して後、ともかくも願《ねがい》をかなふべし、今時はいまだ仏法ごといとなむ時にあらず」とありけり。学問《がくもん》の徳《とく》はなけれど、英雄《えいゆう》の言《ことば》といふ〔17a〕べし。この物がたりは、播磨《はりま》の普光《ふかう》*といへる洞《とう》家《か》の僧《そう》のいへり。此普光《ふかう》、予《われ》と方外《はうぐはい》の友《とも》なり。ある時、旦那《だんな》来りていふ、「盗《ぬす》人、寺内《じない》の樹木をきりとりし故《ゆへ》、伺《うかが》ひてとらへ置《をき》たり。いかがすべき。」光《かう》顔《かほ》うちしかめ、「寺内《じない》の木なれば見のがしにしてよきに、とらふるには及《をよ》ばぬことなり。」「しからず。仏物《ぶつもつ》をぬすむは、ことに其罪《つみ》おもきと承《うけたま》わる。いかで見のがしにすべき。」「いやとよ、おほやけの木《き》ならましかば、見のがしにはならざらまし。おほやけにうたへ給へ。幸《さいわゐ》に仏物《ぶつもつ》なり。如来《によらい》は、みどもわびことせんずるほどに、ゆるしやれ」といふ。「しからば、ぬすめる木はとり返し、寺《てら》に奉らん。」「やれ、わけもなきことをの給ふ物かな。人に見られじと、いたうくるしみてとれる木ならんを、などかは〔17b〕うばひとらん。皆かれにうちくれて、この後《のち》すべてかかるぬすみをさなせそと、しかり給へ。」旦那《だんな》あきれて、「むむ」といひて出けりとなん。この光《かう》に老母《らうぼ》あり。「光は我子《わがこ》なれど、仏《ほとけ》の御弟子《みでし》なり」とて、つねに様《さま》をつけてものいひ、外へ出るときは、沓《くつ》などとりあたへけり。光《かう》日ごろ心にやすんぜず。ひとつのよき事をあんじ出したり。例《れい》のごとく、「普光《ふかう》さま」とよぶ時、仏前《ぶつぜん》にわしりゆき、ふしぬかづき、罪《つみ》をわび、沓《くつ》をあたふる時は、坐具《ざぐ》うちしきて、暫《しばらく》礼拝《らいはい》して沓《くつ》はけり。

かく一日にしばしばすれば、母又心苦《こころくる》しくおもひ、ふたつながらやめ、後《のち》々は奴婢《つかひもの》《ぬひ》とおなじさまにさしつかへり。これは、儒行《じゅかう》にして、仏名《ぶつみゃう》の人といふべし。かかる僧は世にまれなり。

【校勘】〇創　中之島本は「剣」に見える（都立本は「創」に修正する）。

【注】〇哲長老　東福寺の僧。このエピソードは未詳。〇普光　兵庫県加古郡播磨町にある普光寺（浄土真宗）と関係するか。洞家は禅宗の曹洞宗。

【解説】寺を建てることより世の中を治めることを優先した豊臣秀吉、寛容・孝行の心があった友人の僧侶（普光）の言動を称える。禅宗の僧の友人がいたことは注目に値する。

第17条

〔18a〕〇藤堂家執政《とうだうけしっせひ》の人に、藤堂なにがしあり。其家禅《ぜん》を宗《しう》とす。其母は日蓮宗《にちれんしう》の僧、いざなひて、をのれが宗をすすむ。母これになづみ、死後《しご》其日蓮宗の寺《てら》に葬《はうむ》られんとおもふに、其家の頼《たの》める禅寺《ぜんじ》の僧ゆるさず。母これのみなげかれたり。住僧《ぢうそう》他《ほか》の寺に移住《うつりぢう》し、泰岳《たいがく》といふ僧、入院《じゅいん》しける。すこぶる禅機《ぜんき》ある僧なれば、藤堂なにがし、おりおりまねきてものがたりす。母にもうさるるは、「こたび入院の僧、よくおもしろき話《はなし》をせらる。なぐさみに聞給へかし」といふ。やをらすべり出て、障《ふすま》をへだてて、聞居《ききゐ》たり。なにがし、かの母の望《のぞみ》のことをいひ出せり。泰岳ききて、「仏法といふは生《いき》て此世にある時のことなり。くたばりて後《のち》のどうがらは、何の用《よう》に立ことなし。いづかたへなりと

も〔18b〕すけるかたに埋《うづま》れ給へ」といふ。母これを聞、大によろこび、「さておもしろき和尚なり」とて、来ることにはなしを聞、つゐに日蓮宗をすて、本の禅宗に帰られたりとぞ。まことにどうがらには無用の物、はやくなくなるこそ、仏意にはかなふべけれ。又ちかきころ、ある禅僧、みづからをのが像《ぞう》を絵師《ゑし》にかかせ、上に賛語《さんご》をしるし、弟子の僧に伝《つた》へたるあり。笑《わら》ふべし。弟子たる者、師《し》を尊びてかくせば、ことはりともいふべし。みづから己が身を、いかほど尊きものとおもへるにや。是名をこのむよりなり。此ひきき見識《けんしき》にて、いかなる禅《ぜん》をか解《げ》さん。

【解説】宗派や遺体にこだわる僧や自らの像を造らせる僧など、仏者の実際の言動を批判する。宗派の話は、蘭洲が宗派や学派の争いに否定的だったことと関わる（解説4、蘭洲の各家批判について）点重要である。ここの批判は、仏教自体に対する批判ではなく、仏者のあり方に対する批判である点も注目に値する。蘭洲は「仏意」にかなうかどうかは他の箇所でもしばしば問題にする（上24条、上46条、下3条など）。

第18条

○『仏祖統記*』ニ云、「宋ノ真宗大中祥符四年三月、上幸シ二白馬寺一ニ、瞻二摩騰三蔵ノ真身一ヲ。上謂二近臣一ニ曰、『摩騰至レ今千年而〔19a〕全不レ壊、良ニ可二尊敬一ス。宜シ下厳ニ諭二寺僧一用レ心保護上ス。』因テ御製以褒レ之」とあり。それ仏法にていへば、此身は、四大仮合《しだいかごふ》のものなり。ゆへに、*仏も「我今涅槃得レ滅、如レ除二悪病一ヲ。此ハ是応レ捨罪悪ノ之物、仮ニ名テ為レ身ト」とあり。然れば、此身は死すれば速《すみやか》に朽《くつ》るこそよからめ。これを実《じつ》とせば、摩騰《まとう》いかなるしれ者にて、死後千年、其からに執《しふ》着心《ちゃくしんのこ》残りて、朽《くち》ぬにや。たとひくちずしてあればとて、かの泰岳《たいがく》がいへるどうがらにて、何の用にたつことなし。何の尊ぶことのあらん。すでに、仏説にたがへり。是、無眼《むがん》の僧徒《そうと》、何なりとも奇怪《きくはい》なることをいひはやらせて、愚《ぐ》人《にん》をまよはすなり。理に達せる者の、ききて笑ふことをしらず。真宗《しんそう》に学識《がくしき》あらば、必是臭穢《しうえ》不祥《ふしやう》のものなりと〈19b〉てくだきて地にうづむべし。且洛陽《らくやう》の地《ち》は世々《よよ》の喪乱《さうらん》にあひ兵燹焚蕩《へいせんはんとう》いくたびといふをしらず。あるべうもなきことなり。無智《ふち》の禿子《とくし》のかく造言《ぞうげん》して真宗をいつはりあざむけるか。又はこの事全《ことまった》くそら言なるか。弘法入定《こうばふにふじやう》し、いまに其身不壊といふ、此類なり。ある人のいふ、「人死して九竅《ここのつあな》に水銀《みづがね》を入るれば、形体《からだ》やぶれず」となん。摩騰《まとう》、弘法《こうばふ》も従者《じうしや》に話《いひつけ》して、此術《じゆつ》をせるにや。およそ僧はおほくは其名《な》の後世《こうせい》に盛《さかんにいはれん》**称せられんことをねんごろにはかるものなり。いかなる術をおもひつきて後人をまよはさんもしらず。これらは、仏法中にていふ外道《げどう》なるべし。

【校勘】〇称　底本、東大本は「弥」のように見えるが、中之島本、国会本により「称」とした。〇底本は「いわれん」に見えるが、東大本、国会本により「いはれん」とした。

【注】〇『仏祖統記』『仏祖統記』巻四四に「四年三月。**上幸洛陽龍門山広化寺瞻無畏三蔵塔、製讃刻石置之塔所。復幸白馬寺、瞻摩騰三蔵真身。上謂近臣曰、摩騰至今千年、而全身不壊、良可尊敬。宜厳諭寺僧用心守護。**因御製以褒之」と見える（『大正蔵』四九巻「史伝部」四〇四頁）。〇仏　この語は、『遺教経』「六、分別未入上上証為断疑分」に「我今得滅、如除悪病。此是応捨罪悪之物、仮名為身。没在老病生死大海。何有智者得除滅之、如殺怨賊而不歓喜」と見える。下51条にも見える。〇弘法入定し、いまに其身不壊　弘法大師の亡骸が腐敗しなかったという伝説は有名であった。例えば、『政事要略』巻二二に寛弘四年（一〇〇七）に河内守として赴任していた惟宗允亮が幡慶という僧侶から聞いた話として「大師入滅之後、其身不乱壊、猶在高野、希代之事也」と見える（『新訂増補国史大系・政事要略・前篇』六頁）。入定説話の形成については、武内孝善『「弘法大師」の誕生――大師号下賜と入定留身信仰』（春秋

社、二〇二一年）参照。

【解説】仏教では身体を仮の物とする一方それを大事にするような発言がある（人目を引くため腐らなかったということを喧伝する）のはおかしいと批判する。奇怪な論で人心を引きつけようとしたためであろうと言う。「仏説に違う」としている点も他でよくみられる。仏教本来の思想と中国仏教の違いについては、加地伸行『儒教とは何か』（中公新書、初版一九九〇年）「はじめに」を参照されたい。

第19条

○仏法は、人倫《じんりん》の道に害《がい》あり。儒者《じゅしゃ》この道《みち》の為《ため》にこれを〔20a〕辨《べん》ずるなり。人倫の道は、仏法に害《がい》することなし。人倫の道なければ、仏法も世にたたず。ゆへに仏者これを非議《ひぎ》せず、ただ儒道は、せばし、ちゐさしとそしる。*是仏者の常言《いひぐさ》なり。なを蚍蜉《ひふ》の大木《たいぼく》を撼《うごか》さんとするが如し。これとあらそふに及ばず。いで、其仏法の広大はいかなることといふに、かの三千界の説など、誠に広大なれど、これたとへていふのみ。是を実《じつ》とおもへるならば、僧の陋見《ろうけん》なり。つらつら仏意を察《さっ》するに、一の見解《けんげ》あり。億万年前も億万年後《のち》も今の眼前《がんぜん》と一時なり。億万年前《さき》の人も億万年後《のち》の人も今わが身なり、国王《こくわう》もわれなり、乞児《こつじき》も我なり、聖人《せいじん》もわれなり、愚人《ぐにん》もわれなり。慧眼《ゑがん》をひらき見れば、〔20b〕遠近《えんきん》なし、近古《きんこ》なし、彼此《ひし》なし、聖愚《せいぐ》なし、貴賤《きせん》なし、男女《なんにょ》なし、人畜《にんちく》なし、ただ心のみなりといふ意なり。およそ其広大奇怪いみはばかることなき説、皆これより生ず。然るに、ただ、かくおもひ、かくいへるまでにて、*実《じつ》用《よう》はなし。たとへば、貧《まづ》しき者、国中の金銀《きんぎん》皆我物なりと念《ねん》じ居るが如し。さおもへばとて、一銭《いちせん》の用はなし。聖人の道、天地万物*一体《いったい》と見て、これを仁とす。これ本心の徳《とく》、自然《しぜん》の功用《こうよう》なり。古今に達《たっ》し、華夷《くはい》に通《つう》じ、ことなることなし。然るにほどこす所に差別《しやべつ》あり。是即天地の化育《くはいく》をたすくるところなり。何もかもひとつと見るのみにては、高見識《こうけんしき》なれど、畢竟虚談《ひつきやうきよだん》なり。程子のいへる*、「神を*窮《きわ》め化《くは》を知る〔21a〕といへども、いで物を開《ひら》き務《つとめ》をなすにたらず」といへる、是なり。物を開き務をなすことなきは、天地の間、無用《むやう》の長物《あだもの》なり。

【校勘】○る　中之島本「り」（都立本は「る」に直す）。○にて　中之島本なし（都立本は「にて」を補う）。○を　底本・東大本は「と」に似る。中之島本・国会本「を」。

【注】○程子のいへる　『困知記』続巻上二四に「程子之闢仏氏、有言『自謂之窮神知化、而不足以開物成務。……』」と見える（理学叢書本『困知記』（中華書局、一九九〇年）六三頁）。「窮神知化」「開物成務」ともに『易経』繫辞伝に見える語（『易経』繫辞下伝「窮神知化、徳之盛也」、『易経』繫辞上伝「子曰、夫易、何為者也。夫易、開物成務、冒（*おおう）天下之道。如斯而已者也。是故聖人以通天下之志、以定天下之業、以断天下之疑」。）程子が触れていることについては、『二程遺書』ではぴったりの文句は見つからない。『二程遺書』巻二四（標点本『二程集』一、三一四頁）「釈道所見偏、非不窮深極微也、至窮神知化、則不得与矣」あたりを言うか。○天地万物一体　万物一体の仁は、程顥が唱え、後、その心性を継承する陽明学で重んじられた（『伝習録』巻中「答顧東橋書」中の「抜本塞源論」において「夫聖人之心、以**天地万物**為**一体**、其視天下之人、無外内遠近、凡有血気、皆其昆弟赤子之親、莫不欲安全而教養之、以遂其万物一体之念。天下之人心、其始亦非有異於聖人也。特其間於有我之私、隔於物欲之蔽、大者以小、通者以塞、人各有心、至有視其父子兄弟如仇讎者。聖人有憂之、是以推其**天地万物一体之仁**以教天下、使之皆有以克其私、去其蔽、以復其心体之同然」と言う（岩波文庫本一五〇頁、四〇五頁））。ただ、『礼記』礼運篇にも「聖人耐（*よく）以天下為一家、以中国為一人」という文句が見える。岡田

武彦『王陽明抜本塞源論―警世の明文』（明徳出版社、一九九八年）参照。

【解説】差別をなくそうとする仏教の考えは世の中に役立たない妄想であると批判する。それに対して、儒教はなくては世の中が成り立たないとしてその普遍性を強調するのが蘭洲の立場である。「やむを得ず批判するのだ」という言い方は上45条でも見える。万物一体を「仁」という点も注目に値する（次条の「天地生々の徳」と重なるか）。

第20条

○つらつら天地の間を見るに、鳥獣虫魚《とりけものむしうを》まで、誰しゐることもなく、又其子にやしなはれんといふたのみもなきに、雌雄《めお》相まじはり、子をうみ、をのれをくるしめ、はぐくみそだて、種類《しゅるい》たゆることなく、又皮肉毛角《かはにくけつの》ありて、大地の間の用《よう》をなす。草木無情の物も、花さき実《み》のり、五こく・菜蔬《さいそ》・材木《ざひもく》・薪炭《しんたん》有て、又天地の間の用をなす。これら皆天よりあたふる性《せい》をうしなはざるなり。いはんや、人は万物にすぐれ、霊妙《れいめう》なれば、尤《もっとも》天より受《うく》る性を全《まった》くし、天《てん》意《ゐ》にかなふべきことならずや。〔21b〕然るに、仏法を修する人は、朦朧恍惚《おぼろげなる》たることを信じて、ひとり其身に私《わたくし》し、天地の用《よう》をなさず。用をなさぬのみならず、天のあたふる性《せい》にもとり、天地生々の徳《とく》をほろぼす。これまことに鳥獣草木にしかざるなり。自利利他《じりりた》といへど、其他《た》を利《り》するといふもまた朦朧恍惚たることにて、今日人を利することなし。今日天地の用《よう》をなしながら*修行すべき仏法はなきことにや。

【校勘】○ながら　中之島本「なら」（都立本は「が」を補う）。

【解説】万物が天から授かった性とそれを全うする陰陽（女男）の道（人間がすべきこと）についてまとまった考えが見える。儒教は自然の摂理に従う教えであるのに対して、仏教は自分のことしか考えない利己的な教えだとする。蘭洲の基本的考えが見えるので重要。

第21条

○『六門集』*を見るに、ある人問、「経‐中所レ説、仏令衆‐生修二造伽藍一《ヲ》、鋳二写《シ》形像一《ヲ》、焼レ香散レ花、燃二長明灯一、昼‐夜六‐時、遶《リ》レ塔行‐道、持《シ》レ斎礼レ拝、種‐々功‐徳、皆成二仏道一《ヲ》、若唯観心《シ》、総二摂所行一《ヲ》、説二如レ是事一《ヲ》、*応二虚《キヤ》妄一《ナル》也。」達磨《だるま》の答《こたへ》を見るに、皆譬喩《ひゆ》〔22a〕と見なしたり。修造伽藍は、六根《ろくこん》を清浄《しゃうじゃう》にするなり。鋳写形像は、修《おさむる》二諸覚《の》行一するなり。実《じつ》に寺《てら》をたて仏像《ぶつぞう》をつくるにはあらずとなり。其外皆此たぐひなり。さもあるべきことなり。寺をたて像《ぞう》を作りたりとて、其心《こころ》其行《おこなひ》凡《ぼん》ぞくならば、いかんぞ成仏《じゃうぶつ》せんや。然るに、達磨《だるま》如き人は、よくこれをさとし知べし。其外《た》は皆これらを実《じつ》と心得べし。仏を信じ貴ぶ人なれば、仏語をかりにも疑《うたが》ふまじければ、実《じつ》とおもへるもことはりなり。しからば、仏の語《ことば》は、すべてあからさまにいはずして、皆謎《なぞ》の如きか。達磨は、よく此謎《なぞ》をとき、達磨已前の僧は、いづれも得解《ゑとか》ざるか。*又、「今‐時浅‐識、唯知二事相一、為レ功《ト》、広費二財宝一、多傷二水陸一、妄営二像塔一、虚役二人夫一、積レ木塁レ泥、図レ青画レ〔22b〕緑、傾レ心尽レ力、損レ己迷レ他、未レ解二慚愧一《ヲ》、何曽《ゾ》覚悟《セン》」とあり。祖師かく説をけるに、禅家《ぜんけ》又各梵刹《てら》仏像《ぶつぞう》を、われもわれもと華美《くわび》に造《つく》りいとなむ、いかなるゆへといふをしらず。

【注】○『六門集』『少室六門集』第二門「破相論」12a‐13aに以下のように見える。「問、**経中所説、仏令衆生修造伽藍、鋳写形像、焼香散花、燃長明灯、昼夜六時、繞塔行道、持斎礼拝、種種功徳、皆成仏道。若唯観心、総摂諸行、**

説如是事、応虚妄也。答、仏所説経、有無量方便。以一切衆生鈍根狭劣、不悟甚深之義。所以借有為**喩**無為。……言伽藍者、西国語、此土、翻為清浄地也。若永除三毒、常浄六根、**身心湛然**、**内外清浄**、**是名修造伽藍**。鋳写形像者、即是一切衆生求仏道也。所謂……」(『五山版中国禅籍叢刊』第六巻「語録1」(臨川書店、二〇一六年)11b-12a、九頁)。下29条にも見える。〇又『少室六門集』第二門「破相論」に「窃見今時浅識、唯事見相為功。広費財宝、多傷水陸。妄営像塔、虚役人夫。積木畳泥、図青画緑。傾心尽力、損己迷他。未解慚愧、何曾覚悟」と見える(『五山版中国禅籍叢刊』第六巻「語録1」(臨川書店、二〇一六年)17a、一一頁)。前半部分は下3条にも見える。〇応「応」を「べき」と読む点は漢文訓読史上注目に値する(佐野大介「江戸期漢文訓読における懐徳堂点」(『懐徳堂センター報』二〇〇九、二〇〇九年)参照)。上16条も。

【解説】仏教が心こそが大事と言いながら実は仏寺の建立に汲々としていることを批判する。

第22条

〇ある人とふ、「もし聖人の道にも、三世因果、天堂地ごく如き説あらば、仏法中国に入りても、めづらしからねば、人これによるまじきか。」こたへていふ、「それともに、仏法を用ふべし。いかんとなれば、誠レ意正レ心、修レ身斉レ家*、経礼曲礼*、敬以直レ内、義以方レ外*の類は、仏のとかぬところなり。これらのこと、中人以下は、おほかたはばかりて、すきこのまぬことなれば、これをいはぬ仏法のかたに、おもむくべしとおもはれ侍り。」

【注】〇誠レ意正レ心、修レ身斉レ家　『大学』第一条の「格物→致知→誠意→正心→修身→斉家→治国→平天下」の八

条目（儒教の基本的修養）を言う。〇経礼曲礼　「経礼」は主要な礼儀、「曲礼」は細々とした礼儀。『礼記』礼器篇に「経礼三百、曲礼三千」という言葉が見える。〇敬以直㆑内、義以方㆑外　『易経』文言伝に見える。儒教（特に朱子学）で基本的な修養法を表す。

【解説】三世説などが儒教にあっても、儒教の修養論は中人以下は好まないので人々はやり仏教に流れるであろうと言う。その意図は、仏教は、安易な考えに流れる中人以下を引き付ける教えであると言いたいのだろう。だが、このように言うことは、儒教に魅力がないと認めていることになるのではないかという疑問は残る。

第23条

〇胎《たい》・卵《らん》・湿《しつ》・化《け》の四生《ししやう》は、『円覚経《えんがくきやう》』*に出たり。胎生《たいせい》は、人及《およ》び〔23a〕獣《けだもの》なり。卵生《らんせい》は、鳥及《とりおよ》び魚類《うをのたぐひ》なり。湿生《しつせい》は、湿地《しつち》よりわき出るむしけらなり。化生《けせい》は、蚕《かいこ》の蛾《てう》となり、菜虫《なむし》の蝶《てう》となるたぐひなり。『倶舎《くしや》』*に、これを注して、「孔雀《くじやく》の如きは、卵生《らんせい》なり。牛馬《うしむま》は胎生《たいせい》なり。飛蛾《ひが》は湿生《しつせい》なり、諸天《しよてん》の如きは諸根頓具《しよこんにはかにそなふ》、無而欻有《なくしてたちまちあり》、是為㆓化生㆒」*といへり。胎《たい》・卵《らん》の二生は、字義《じぎ》にかなへり。湿《しつ》・化《け》のふたつの注はあやまれり。飛蛾《ひが》とは蚕蛾《かいこが》となりたるをいふ。是何ぞ湿《しつ》より生ぜんや。蚕《かいこ》の繭《まゆ》となりて後、蛾《が》と変《へん》じて飛《とび》出るなれば、是化生《これくはせい》なり。諸天《しよてん》とは、天堂に生るる者をいふ。諸根とは、眼《め》・耳《みみ》・鼻《はな》・口《くち》・前陰《まへのかくれ》・後陰《うしろかくれ》などをいふ。なにもなきに、たちまちに形の出来るを、なんぞ化生といはん。化とは、ある物の形変《かたちへん》じて別物《べつもの》にかはるなり。たち〔23b〕まち形の出来るには、名づくべきやうなくて、しゐて化生とするなり。ある人いふ、「吾子《ごし》の説《せつ》は、もろこしの字説《じせつ》なり。天竺にていふ四生《しせい》は、『倶舎《くしや》』にいへる如し。」しからず。元来《ぐはんらい》、四生《しせい》といふ名目《みやうもく》は、もろこしにはなし。仏者、『円覚《えんがく》』の四生に、もろこしの文字のよくかなへるをもて、翻訳《ほんやく》したるなり。『倶舎《くしゃ》』にいふ如くならば、『円覚《えんがく》』の訳者《やくしゃ》、湿《しっ》・化《け》の二字にあてたるを誤《あやま》りとするか。誤まりたるにはあらず。即我《すなはちわが》さきにとける如くの心にて、湿・化の二字に訳《やく》したるなり。『倶舎』にときかへたる心は、其通りにては奇怪《きくはい》のことなく、且天堂地ごくにゆくものは、たましゐのみにて、形《かたち》なきゆへ、わけたたねば、たちまち自然《しぜん》と形の出来ると、あやしくいひてわけをたて、しゐて化生とするなり。さればこそ、胎生《たいせい》に人〔24a〕をいはず、牛馬とのみいふは、人には此四生をそなへたりと、奇怪の説をいはんためなり。又天に生ずるは、成仏《じゃうぶつ》の人なるべし。人間界とことなれば、何の為《ため》に諸根をそなふるにや。

【校勘】〇㆑（返り点）　底本は「といへり」の後に置くが、東大本、中之島本によって改めた。……底本に問題がある箇所。

【注】〇『円覚経』『円覚経』弥勒菩薩章に以下のようにある。「善男子、一切衆生従無始際、由有種種恩愛貪欲、故有輪廻。若諸世界一切種性、**卵**生・**胎**生・**湿**生・**化**生、皆因淫欲而正性命。当知輪廻、愛為根本、由有諸欲、助発愛性。是故能令生死相続、欲因愛生、命因欲有、衆生愛命、還依欲本、愛欲為因、愛命為果、由於欲境、起諸違順、境背愛心而生憎嫉、造種種業、是故復生地獄餓鬼」（『大正蔵』一七巻「経集部」第四、九一六頁中）。『昭和新纂国訳大蔵経』第六巻。〇『倶舎』『阿毘達磨倶舎論』巻八に以下のように見える。「論曰、謂有情類卵生・胎生・湿生・化生、是名為四。生謂生類。諸有情中雖餘類雑而生類等。云何卵生。謂有情類生従卵鷇是名卵生。如鵝孔雀鸚鵡鴈等。云何胎生。謂有情類生従胎蔵是名胎生。如象馬牛猪羊驢等。云何湿生。謂有情類生従湿気是名湿生。如虫飛蛾蚊蚰蜒等。云何化生。謂有情類生無所託是名化生。如那落迦天中有等、具根無缺支分頓生、無而欻有故名為化。」

【解説】仏教が輪廻転生の理屈に合わせるために四生（胎生、卵生などの生物発生論）においてあえて奇怪の説をなしていると批判する。柳田聖山『中国撰述経典 一（仏教経典選13）円覚経』（筑摩書房、一九八七年）参照。

第24条

○仏道と聖人の道と、其優劣《ゆうれつ》《まさりおとり》は暫《しばらく》さし置き、ただ生死の二字にてわかれたり。聖人の道は、生《むま》るる道、生《いけ》る道、生《いか》す道也。仏道は、死ぬる道、死なんとする道、死なしむる道なり。生《むま》るる道とは、夫婦陰陽《ふうふいんやう》の道《みち》、曠夫怨女《むなしきおっとうらめるをんな》なからしむる也。生《いけ》る道とは、王侯《わうこう》より士庶《したじた》までの、日用平生の道をたつる也。生《いか》す道とは、尊卑《そんび》相たもち、強弱《きゃうじゃく》相たすけ、衣食居所《ゐしょくきしょ》の礼制《れいせい》をたてて、みだれしめざるなり。死ぬる道とは、人死して後のことをいふなり。死んとする道とは、父母妻子をはなれ、日中一《ひのうちにひとたび》〔24b〕食樹下一宿《ものくひきのしたにひとよする》*を法とするなり。死なしむる道とは、人にすすめて人事《よのわざ》を幻妄《げんまう》といとひ、はやく往生極楽《ごくらくにむまるる》をとくなり。生は陽道《やうどう》、死は陰道なり。然らば、陰陽対待《いんやうたいだい》するものなれば、儒仏並び行はるべきことならずや。しからず。陰陽はふたつといへど、もとは一気《き》なり、聖人の道にていへば、死も生の道なり。もし人死なくんば、宇宙《うちう》の間に、人充満《じうまん》して、衣食住《いしょくぢう》のそなえつくべし。死するによりて、生る人、其生をとぐるなり。*又悪をする者を刑殺《けいさつ》するによりて、よき人生をとぐるなり。世の中に陽なき陰はなきものなり。ただ此仏の陰には陽なし。陽なければ生なく、生の道もなし。ただ生の道なきのみならず、生を変《へん》じて死の道とするなり。世の人いかなれば、死をよしとして、生をにくむ〔25a〕や。しかるに、又其身病重《やまひおも》く死ぬべくなれば、なき悲しみ、法師《はふし》をこのみ、祈禱《きとう》して、生を求《もと》む、顚倒尤《てんどうもっとも》甚し。

【校勘】○又　底本、東大本は「人」だが、中之島本、国会本により改めた。……中之島本がすぐれる箇所。

【注】○日中一食、樹下一宿　『四十二章経』第三章に見える。上10条、下6条にも見える。

【解説】儒教が生の道であるのに対し、仏教は死の道であると批判する。儒教は、生の道であるだけでなく死の道も含み、陰陽が備わった完全なものであるのに対して、仏教は、陰のみの死の道であり、さらに逆に生（陽）もこちらに取り込もうすとする忌むべき教えであると言う。儒教と仏教を対照しており、蘭洲の両者に対する理解がよくわかる。

第25条

○『涅槃経《ねはんきゃう》』*に、「一切衆生《いっさいしゅじゃう》悉《ことごとく》有㆓仏性《ぶっしゃう》㆒」とあり。衆生《しゅじゃう》とは、人のみに限《かぎ》らず、およそ生《しゃう》あるもの、鳥獣虫魚《とりけものむしうを》までをいふ。もろこしにては、仏より先《さき》に「降㆓衷下民㆒《ちうをひとにくだす。》、若㆑有㆓恒性㆒《つねあるせいにしたがふ》」と『書経』*に見えたり。これにつゐで、孔子*は、「継善成性《つぐはぜん、なすはせひ》」といひ、『孟子《もうじ》』*には、「性善《せいはぜん》」と説り。仏説此に同じきが如し。然らば、儒仏《じゅぶつ》同じきや、われ仏に向ん。其仏性は、衆生《しゅじゃう》の作《つく》り出せるか。仏必《かならず》こたへていはん、「無始已来有情《むしいらいうじゃう》の性《せい》なり。自《みづか》ら作《つく》り出せるにあらず、生死流転《しゃうじるてん》して持来《もちきた》れる性なり」と。此に至《いた》りて、儒仏のことなるを見るべし。無始已来、有情の性とのみ見れば、鳥獣虫魚〔25b〕も同じ性にて、仏と同じきなり。聖人の道にては、善《ぜん》も性《せい》も、皆今あらたに天の人にあたふる所、至貴《しゐき》たぐひなきものにて、鳥獣虫魚とは、性をことにす。これゆへ「衷《ちう》を下民《ひと》に降《くだ》す」とはいへり。是即《すなはち》人の性は天なり。仏説の如くなれば、鳥獣虫魚の性も、仏の性もおなじ性といへるのみにて、其性は元来いかなるものといふことをしらず。又いかがすれば其性に復《ふく》すといふことをいわず。しかれば、「悉有仏性《しつうぶっしょう》」といへるかひなし。

【注】○『涅槃経』『大般涅槃経』第六に「智者了知一切衆生悉有仏性」とあるなど頻出する。○『書経』『書経』湯誥篇に「惟皇上帝、降衷于下民。若有恒性、克綏厥猷惟后」（惟《こ》れ皇《おほ》いなる上帝、衷を下民に降す。恒有るの性に若《したが》ひ、克《よ》く厥《そ》の猷《みち》を綏《やす》んずるは惟れ后《きみ》なり）と見える。下55条にも見える。○孔子『易経』繋辞上伝に「一陰一陽之謂道。継之者善也、成之者性也」と見える。この語は蘭洲『雑纂』47aにも見える。また、「継善成性図」が『易四伝講義』16aに見える（「継善」という字から下に八本の縦棒を引き、各線の下に○と△が交互に見え、○の下には「人」、△の下には「獣」と見え、全体の下に「成性」とある。この図は、人と禽獣の性が異なり、それぞれ遂げるべき性＝善を有することを表すのであろう）。○『孟子』『孟子』告子上篇に見える有名な性善説のこと。

【解説】すべての衆生が仏性を有するという仏教の考えは、人間と鳥獣を区別しない点において儒教とは異なると言う。儒教では各生物の性はそれぞれが天から別に受けたものであり、人間の性は鳥獣の性とは違うとしていると蘭洲は言う。

第26条

○ある人、和尚にとふ、「和尚つねづね坐禅し給ふは、何のためぞ。」「一大事因縁《いちだいじゐんえん》のためなり。」「其一大事因縁は、なにごとぞ。」「生死を出離《しゅつり》《いではなる》するなり。」「生死は何のために出離する。」「輪廻《りんえ》を〔26a〕まぬがれて、天に生ずるなり。」「しからば、疑問《ぎもん》あり。天に生ずるは、ただ一人の楽《たのしみ》なり。古人、**「良相《りゃうしゃう》とならずんば、良医《い》とならん」といへり。

これは現在《げんざい》にて、人を救《すく》ふことのおほからんことを欲するなり。天下を大平にし、万民を安楽ならしむるは、仏の悲《ひ》願《ぐはん》にもかなふべし。なんぞ後生は良相に生れんとおもふ心なく、ただ一身の置《をき》どころをむさぼり給ふや。和尚、生死を出離し、天堂の仏となり給へばとて、此世の為《ため》とならず。むかしより知識大徳《ちしきだいとく》の、天に生じたるおほからんずれど、その陰《かげ》にて、この世の治るといふことをきかず。これ天下の治まらぬも憂《うれへ》とせず。万民の苦しめるをもかなしまぬ心なれば、不仁《ふじん》といふべし。仏も国王《こくわう》の恩《をん》をとけり。王は其国《くに》を治め、頭陀《づだ》法*しまで安穏《あんをん》な〔26b〕るゆへ、此恩をわするまじとの教《をしへ》なるべし。然れば来世は、国王とならんとも願《ねが》ふべきに、さはなくて、ただ天堂の仏にならんとはいかん。」和尚いふ、「仏法は出世間《しゅっせけん》の法なり。聖主賢相《せいしゅけんしゃう》となりて、天下を大平にし、万民を安楽ならしむるよりは、生死をはなれ天堂に生るる功徳広大不可思儀《くどくくはうだいふかしぎ》*なり。これにて、仏法のありがたきをしるべし」とあれば、ある人も、あきれかへり、「さおぼさんには是非《ぜひ》に及《をよ》ばず」とて帰りけんとなん。其広大不可思議なる功徳はいかなるには、おぼつかなし。

【校勘】○、（読点）　この読点は追加した。○法し　国会本「法師」。○儀　国会本「議」。

【注】○古人　「先憂後楽」で有名な「岳陽楼記」の作者である北宋の政治家・文人の范仲淹が言ったとされる言葉「不為良相、即為良医」を言う（南宋・呉曽『能改斎漫録』所収「文正公願為良医」に見える）。

【解説】対話形式を用いて、仏教が世の中のことではなく自分のことだけを考えていると批判する。

第27条

○「曲礼《きょくれい》」*云、「幼子《おさなきこ》常視《ニあざむくなかれとしめす》レ毋レ誑」、程子おもへらく、これ聖人となるを教るなりといへり。これに限《かぎ》らず、日用瑣細《ささい》のことにても、各其道あり、これを誠《まこと》の道といふ。高妙深遠《こうめうしんえん》に至りて始《はじめ》て〔27a〕道といふにあらず。禅家《ぜんけ》の沙《しゃ》弥《み》に、ただ口がしこき機辨《きべん》をいひならはしむ、これ過《あやまち》をかざり偽《いつわり》をいふを教《をし》ふるにて、心法のたすけとはなるべからず。これも「曲礼《きょくれい》」の此語《このご》を教《をし》ゆべし。是即《すなはち》成仏作祖《せいぶつさそ》*の基《もとい》なるべし。およそ、荒唐奇怪《くはうとうきくはい》の説をいふは、皆正しき道にはあらざるべし。ゆへに正法無奇特《しゃうばふなしきどく》とはいへり。道は本體《ほんたい》をいへば無声無臭《むせいむしう》*なり、高卑《こうひ》の別《べつ》なし。用《よう》をいへば、人倫平生の上にあり、『四十二章経』『遺教経』などは、平実《へいじつ》なることにて、耳目《みみめ》を驚《おどろか》すことなし。よりて、僧徒《そうと》、これを小乗《せうじゃう》とすとかや。われをもて見れば、其小乗なるこそ貴《たうと》けれ。その書《しょ》も質朴にてよし。奇妙《きめう》なる名《な》を命《めい》ずるは、かの市店《いちまち》にて売《う》る麁薬《そやく》に、種々《しゅしゅ》の美名《びめい》をつくるが如し。〔27b〕孔子平生《つねづね》の語《ご》は文行忠信《ぶんこうちうしん》*なり。子思《しし》に至《いた》りて、頗《すこぶる》高妙《こうめう》なる所をいへり。孟子出て、一切《いっせつ》にこれをいはず。ただ子思のいはぬ心を説り。其後董仲舒《とうちうじょ》の徒、五行災異《ごぎゃうさいい》を説て、奇怪にわたる。相続《あいつづ》きて、仏法入り来る、其奇怪変幻《きくはいへんげん》なること、三世因果天堂地ごくに至りて、極る。世にさかしきはすくなく、おろかなるは多くて、是にあざむかれ、あるは、おそれをなし、あるはよろこびて、つゐに世に行わる。これを論難《ろんなん》する人あれど、其人古人に及ばざれば、きく人是を信《しん》ぜず。宋《そう》に至り、濂洛《れんらく》*の数君子《すくんし》、聖人の道を振起《ふるいおこ》すれど、仏法千百年習熟《しうじゅく》し、其徒《と》に聡敏《そうびん》なるも多くて、門戸《もんと》をはりて、屈服《くっぷく》せず。蒙古《もうこ》の人、中国に入りては、もとより其国の臭味《しうみ》なれば、愈《いよいよ》盛《さかん》なり。〔28a〕明《みん》に至りては、儒《じゅ》者に禅《ぜん》を説く人ありて、やがて一途《いっと》に混《こん》ず。清朝《せいてう》に至りては、又蒙古《もうこ》の如し。かくなり来りては、もろこしいつしか堯舜《げうしゅん》三代の風俗《ふうぞく》に帰《き》する期《ご》あらん。時なるかな、勢《いきほひ》なるかな。

【注】〇「曲礼」（幼子常視毋誑）『礼記』曲礼上篇に見える。『小学』内篇「立教」にもある。〇成仏作祖「じょうぶつさそ」。仏教用語。仏になり祖になる。大慧が頻繁に使っている（『大慧普覚禅師書』上巻「答曹太尉書」（高木竜淵編『増冠・傍註・大慧普覚禅師書』60b、34b、荒木見悟『大慧書』一一六頁、二〇四頁）など）。「作祖」は、『時習新知』巻四14b（四庫全書子90-784）にも見える。〇無声無臭　上17条注参照。下4条にも見える。〇文行忠信『論語』述而篇に「子以四教、文、行、忠、信」と見える。〇濂洛　宋学を言う。「濂」は濂渓、「洛」は洛陽で、それぞれ宋学の代表的学者である周敦頤、程顥・程頤兄弟の出身地。

【解説】日常の当たり前の道徳を説く儒教に対して、仏教は人を引きつけるために奇怪な説を説くと批判する。その奇怪な説の極めつけが三世因果天国地獄説である。儒教についても後世ほど奇怪の説を好むようになったという**儒教史観**が述べられている。仏教については、初期に平実な教えを説いた『四十二章経』『遺教経』を評価している（下36条参照）。

第28条

〇仏律《ぶつりつ》*に、「父母国王、ゆるさざれば、出家となるべからず」とあり。古は、日本ももろこしも、出家せんとする者は、おほやけにもうし上げ、度牒《どてう》*を受《うけ》て僧となる。人々心まかせにはならず。さあるべきことなり。然るに、仏法*に、「百由旬《ゆじゅん》の塔《とう》を作《つく》り金銀珠玉《きんぎんしゅぎょく》をのべたらんより、僧となる功徳《くどく》は広大《くはうだい》なり。塔《とう》は尽《つく》る時あり、僧となる功徳は、永劫《えいごう》尽《つく》ることなし。」然れば、世中に僧となるにまされることなし。人ごとにこれを信ぜば、上も下も男も女も、皆僧となるべし。如此にして、仏の悲願《ひぐはん》は成就《じょうじゅ》す。〔28b〕しかれば、仏説と仏律と、掣肘《くひちがへり》せり。むかしものがたりに、ある人一人の女《むすめ》をかしづき寵愛《てうあい》す。嫁《よめいり》すべき時、むこをゑらむに、ある士人《さむらい》よりむかへんといふ。親《おや》おもふ*、「士人のならひ、戦場《いくさのば》におもむき、打死することあらば、はやくやもめとなるべし」とてやらず。「農《のう》人にそはば、草《くさ》ふかき中に居《ゐ》てあしかるべし」とてやらず。「商人《あきひと》にとつがば、あき人は利《り》をむさぼる者なればあしかるべし」とてうけがはず。とかくむすめのためをおもふて、やすらふ内に、嫁時《かじ》も過《すぎ》ごろなり。親《おや》又おもふ、「所せんむすめのためになることをえらぶなり。仏の教《をしへ》させ給ふ、人は僧尼《そうに》となるにまされるはなし」となればとて、やがて僧を請《しゃう》じ受戒《じゅかい》させ、髪《かみ》をそりて尼《あま》になしけり。「寵愛《てうあい》こうじて尼《あま》となる」*とは、これを〔29a〕まうすとかや。これを仏の聞《きか》ば、定《さだ》めて手を拍《うち》て、「善哉善哉《ぜんさいぜんさい》」と称《せう》せられん。然らば、一大事因縁をれうしたらん人は、皆かくの如くなるべし。仏は「善哉《ぜんさい》」と称《せう》せられんずれど、いはゆる甚しきにて、人倫の道はほろぶ。これは「慈悲《じひ》こうじて残忍《ざんにん》《むごき》となる」とやまうすべき。

ある人いふ、「あらゆる男女《なんにょ》皆僧尼《そうに》とならば、治めずして万民安楽なるべし。」しからず。その時は僧尼子を生ねば、安楽にすべき万民なし。「その時は、仏世界《ぶっせかい》といふものなり。」しからず。仏在世《ざいせ》の時、五百の弟子《でし》といへり。仏も鉢《はち》をささげて、城中《まちなか》を乞食《こつじき》せり。其食をあたふるは、皆在家《ざいけ》なり。仏世界といへば*とて、仏のみあるにあらず。衆生《しゅじゃう》の恩も四民《しみん》なり。四民なければ、仏法も世にたたず。これ仏法は人をなくせんとも欲し、又なくせんことを欲するにも〔29b〕あらず。半上落下《はんじゃうらくげ》《どちらもつかぬ》*の説といふべし。

【校勘】〇親おもふ　中之島本なし（都立本は挿入を指示する）。〇いへば　中之島本は「いへと」に見える（都立本は「いへば」に修正する）。

【注】〇仏律　『釈氏要覧』巻上「出家」の「**圀王父母不聴許、不得出家**」の割注に『**僧祇律**』云、浄飯王請仏、

今後**父母不聴、不得与出家**。……『楞伽経』云、父母不聴、不得出家」と見える（蔵中進・蔵中しのぶ『寛永十年版釈氏要覧・本文と索引』（和泉書院〈和泉叢書23〉、一九九〇年）27a、五七頁）。○仏法　未詳。○度牒　上23条、『茗話』下巻60条（刊本下22）にも見える（附録参照）。○寵愛こうじて尼となる「寵愛昂じて尼になす」。親の愛情をかけ過ぎたあまり、娘を嫁に出す機会を失い、遂には尼にしてしまうことを言う。かわいがることも度が過ぎると、かえって本人のためにならないことに喩える。○半上落下　中途半端なこと。『朱子語類』などに多く見える。『朱子語類』巻八「総論為学之方」「学者做工夫、当忘寝食做一上、使得些入処、自後方滋味接続。浮浮沈沈、半上落下、不済得事」（標点本一三四頁）など。

【解説】出家人は世の寄生虫のようなものだと言う。自ら生産せず人に養ってもらうことや子孫を育てないことを批判する。また、仏説のようにすれば世の中の人類は滅亡するだろうと言う。

第29条

○北魏《ほくぎ》の時、永寧寺《えいねいじ》*といふ寺をたつ。ことごとく金銀《きんぎん》をのべ珠玉《たま》をほり入たり。およそ仏宇《てら》ありてより此かた、かかる美麗《びれい》の寺はなしとなり、甚しきにあらずや。其時の君《きみ》これをほこり、何がしの臣《しん》に見せられけるに、「此は皆百《みなひゃく》姓農民《しゃうのうみん》の身《み》のあぶらにて作り出たれば、見るもいたましくいまはし」といへり。此堂中《どうちう》におはする仏、もし霊《れい》あらばいかがおもへりけんしらず。此北魏《ほくぎ》の前五胡《さきごこ》十六夷狄《ゐてき》のころより、羅什《らじう》、浮図澄《ふとてう》、支離密《しりみつ》ごとき、天竺の妖僧《ようそう》、北方に入り来り、仏法をひろむ。此国々の君《きみ》は、もと西北方の夷《えびす》にて、中国の土地をぬすみとりたるなり。ゆへに中国をあなどる心あり、聖人の道は〔30a〕ききても*尊《たふと》ぶ心なし。天竺僧《てんぢくそう》をよび来して、仏書を翻訳《ほんやく》させて、我かたの法を夸耀《くはやう》《ひけらかす》せしなり。然るに、ただ禍福《くはふく》をとき、幻術《げんじゅつ》など、外道《げどう》の法を修して、人を迷《まよ》はすのみにて、仏意は明らかならず、かへりて国民の苦しみとなるゆへ、達磨西来《だるませいらい》して、直指人心《ぢきしじんしん》*の宗《しう》をひろめたれど、南北《なんぼく》の人主《きみ》、皆無眼愚蒙《むがんぐもう》にて、其説を会得《えとく》せず。そのうへ、僧徒《そうと》 達磨《だるま》の説の如くにては、をれのが説の仏意にもとり、且愚人の信ずることなきゆへ、いみにくみて、毒殺《どくさつ》したりといひ伝へたり。達磨の語《ご》*に「伽藍を修造《しゅぞう》するは、六根を清浄にするなり、仏像を鋳写するは、諸の覚行を修するなり」といふ高見《こうけん》しきにては、この永寧寺《えいねいじ》などは大に其心にあはぬことなるべし。吾〔30b〕朝にて、孝謙天皇《こうけん》*、八角七重《はっかくしちぢう》の塔《とう》を造《つく》らんとありしに、右大臣永手公《うだいじんながてこう》、国家の費《つゐへ》をおもひ、人民の苦《くるしみ》をなげき、諫《いさめ》て、四角五重《しかくごぢう》に減《げん》じ、労費《ろうひ》を省《はぶ》けり。まことに忠諫《ちうかん》の道にかなへりと見ゆるを、無眼貪冒《むがんとんぼう》の僧徒《そうと》のいへるは、「長手公、この塔《とう》を減《げん》ぜし罪《つみ》により、冥途《めいど》にて、焼鋼《やけあかがね》の柱《はしら》をいだく苦《くる》しみを得たり」とそら言《ごと》をつくれること、『江談《こうだん》抄《せう》』にしるしたり。孝謙帝《こうけんてい》すでに天下を失《うしな》はんとし給ひしは、この仏に淫《ゐん》し給ふよりのことなるを、仏者をのれが法《はふ》の盛《さかん》ならんことを欲《ほっ》し、かかる無実《むじつ》をいひて、長手公を誣《し》ゆ。にくむべし。つらつら見るに、僧は、国土の費《つゐへ》、人民の苦《くる》しむことを、すこしもおもはぬものなり。不仁とやいはん、不知*とやいはん。白河院《しらかわのいん》*法成寺《はふじゃうじ》をたて給へりし時、永観律師《えうくはんりっし》に、〔31a〕「いかほどの功徳《くどく》ぞ」とたづね給ふ。「よも罪《つみ》にはさむらはじ」と答《こたへ》けり。達磨無功徳《だるまむくどく》の答*に似て、詞がらいとよろし。かかる理《り》に達《たっ》したる僧もままこれあり。貴ぶべし。又唐《とう》の則天《そくてん》*、大仏を造《つく》らんとありし時、李《り》嶠《きゃう》といふ人、諫《いさ》めて「此大仏《たいぶつ》を造《つく》らんに、銭十七万緡を用ゆべし。若此を貧民《ひんみん》に分《わか》ちあたへば、家ごとに千銭を賜《たま》ひて、十七万戸飢寒《きかん》の者をすくふ、其功徳《くどく》の大なる、大仏を造るよりまさりなん」といへり。仏者これを聞ば、「李嶠がいへるは、わづか十七万戸の人をすくふ。大仏を造らば、大千界の衆生の利益《りやく》なり」といふべし。かくいはんには、ともに是非《ぜひ》は論《ろん》ぜられず。大仏を造りたりとて、貧民の益《えき》はならず、定《さだ》めて後生のことにてぞあるらん。見えぬ後生〔31b〕をいはんより、先眼前《がんぜん》今日の苦患《くげん》をすくふべきことにこそ。又造作《ぞうさく》のことに、上より僦直《あたい》を給《たま》はりて人夫《にんぷ》をつかふは、別《べち》のことにて、貧民《ひんみん》の益《えき》となることもあり。ここにいへるは、皆役《やく》にとりてさしつかふなり。

【校勘】○尊　底本では「学」に見えるが、東大本、中之島本、国会本により「尊」とした。○不知　中之島本は「知」に誤る（都立本は「不知」に直す）。

【注】○永寧寺　服部克彦「北魏の仏教と永寧寺」（『印度學佛教學研究』三三号、一九八四年）参照。『資治通鑑』巻一四八「梁紀四」に李崇（四五四～五二八）が反対した話が見える。○直指人心　「じきしにんしん」。仏教用語。経文などによらないで、坐禅により心の本性を見きわめ、人の心と仏とは本来同一物であることを悟って成道すること。主に禅宗でいう。例えば、『無門関』跋に「達磨西来、不執文字、**直指人心、見性成仏**」、『臨済慧照玄公大宗師語録』序に「薄伽梵正法眼蔵涅槃妙心付摩訶迦葉、是為第一祖。逮二十八祖菩提達磨、提十方三世諸仏密印而来震旦。是時中国始知仏法有教外別傳、不立文字、**直指人心、見性成仏**」と見える。達磨が伝えた禅宗の核心（蘭洲はこれが仏教の核心だと考えていた）を言う。○達磨の語　『少室六門集』第二門「破相論」に見える（『五山版中国禅籍叢刊』第六巻「語録1」（臨川書店、二〇一六年）11b、九頁）。下21条にも見える。○孝謙天皇　在位七四九～七五八年。この話は、『江談抄』ではなく、『古事談』巻五「神社仏寺」第二八「西大寺八角七重塔発願の事、藤原長手造罪の事」（川端善明・荒木浩校注『古事談・続古事談』（岩波書店〈岩波新日本古典文学大系41〉、二〇〇五年）四七三頁）や『日本霊異記』下巻第三六「減塔階仆寺幢得悪報縁（塔の階を減じ、寺の幢を仆して、悪報を得し縁）」（小学館〈日本古典文学全集10〉、一九九五年）三四五頁に見える。○白河院　『続古事談』第一「王宮后宮」第一四話「白河院の法勝寺創建を、永観警句にて評する事」に「白河院、法**勝**寺つくらせ給て、禅林寺の永観律師に、「いかほどの功徳なるらん」と御尋ありければ、と

ばかり物も申さで、「罪にはよも候はじ」とぞ申されたりける」と見える（岩波書店〈岩波新日本古典文学大系41〉、二〇〇五年、六一六頁）。○唐の則天『新唐書』巻一二三「列伝四八」「李嶠」に「（＊七〇〇年）武后将建大像於白司馬坂、嶠諫、「造像雖俾浮屠輸銭、然非州県承辦不能済、是名雖不税而実税之。臣計天下編戸、貧弱者衆、有売舍、帖田供王役者。今造像銭積十七万緡、若頒之窮人、家給千銭、則紓十七万戸飢寒之苦、徳無窮矣。」不納」と見える。他、『仏祖統紀』巻三九、『資治通鑑』巻二〇七　長安四年夏四月条、『旧唐書』張廷珪伝もこのことに触れる。また、李嶠「諫白司馬坂営大像第二表」が『全唐文』巻二六九に見える。松本文三郎「則天武后の白司馬坂大像に就いて」（『東方学報（京都）』五号、一九三四年）参照。○達磨無功徳の答　上40条注参照。下59条にも見える。

【解説】仏教が中国へ入ったのは北方の異民族からで仏意を明らかにするものではなく幻術で人々を惑わすものであったと言う。その後、達磨が「直指人心」の宗を伝えたが広まらなかった（蘭洲の**中国仏教史**理解）。そして、華麗な仏寺を立てることにより現世の人民を救うどころかかえって人民を苦しめることになったと批判する。ここでも中国史、日本史の知識を活用している。蘭洲が表した四批判書の中、『非費篇』は現存せず、何を批判したものなのか不明であるが、以上のような「浪費批判」の可能性もあるかもしれない。

第30条

○仏法は、ただ着《ぢゃく》するをいむ。着《ぢゃく》せねば、妻子珍宝《さいしちんはう》みな夢幻泡影《むげんはうえう》＊のごとし。これ仏菩薩《ぶつぼさつ》の地《ち》なり。この無着《むじゃく》の一路微《ひとすぢび》妙《めう》のことなり。放下《はうげ》せざるにもあらず、又放下するにもあらず。西をさせば東といひ、甘《あまき》とおもへば苦《にがき》と示《しめ》し、恍惚《こうこつ》髣髴《はうほつ》として、水上《みづの》に瓢《ふくべ》を＊すが如し。無着《むじゃく》又頓悟《とんご》となり、「一超直入《いちてうぢきにふ》＊㆓如来地《にょらいち》＊㆒」といふ。これより仏《ほとけ》を呵《しかり》し、祖《そ》を罵《ののし》り、「大乗《たいじょう》はかかはることなし」などいひ、到頭《とうとう》まことのぢきにふ風顛漢《ふうてんかん》《きちがい》となりたり。〔32a〕聖人の道は、古は中《ちゅう》と名づく。仏氏とたがひ、「執《とる》レ*中《を》」といへり。たとへば、等子《はかり》のひもを手にとる如し。三つのひもは、いづれにも物の軽重《けいぢう》に随《したが》って執《と》る。其*権《おもり》は、又よろしきに随《したが》て推移《おしうつ》す。*事に着《ちゃく》する着《ちゃく》をせざるは、いふにたらず。要枢《ようすう》を得ればなり。此要枢は、即中《ちう》の存《そん》するところなり。中は天の道、性《せい》の理《り》なり。物ごと事ごとにありて、偏《へん》ならず、これを中正の*道といふ。もし此を識得《しきとく》すれば、仏家に限《かぎ》らず、いかなる玄明不可思議《げんめうふかしぎ》をとくとても、駢拇枝指《へんもしし》《むつゆび》*の如くにて、見るにたらず。昔は聖賢これをよくしろしめしたり。後世の儒者、俗学《ぞくがく》となり、膚浅《ふせん》にのみなり行*て、たまたま此を論《ろん》ずれば、仏意《ぶつい》なりとそしるなり。笑《わら》ふべし。

【校勘】〇事　中之島本は「子」に見える（都立本は「事」に修正する）。〇行て　中之島本、国会本「行く」。

【注】〇夢幻泡影　仏教用語。次の下31条参照。〇水上に瓢をおす　ここではああ言えばこう言うというように都合よく逃れてつかみどころがないことを言うのであろう。もともと、水中で瓢箪をおさえつけても意のままにならないように、とらわれず転々自在なことをいい、また「心のありよう」になぞらえることも多い。『碧巌録』巻四　第三十八則には「如水上葫蘆子相似、捺著便転、按著便動」と見える（『五山版中国禅籍叢刊』第一二巻「公案・注解」（臨川書店、二〇一八年）24a、七一頁）。〇一超直入如来地　仏教用語。『証道歌』に見える。『証道歌』は唐・玄覚撰。禅家の悟道した奥義を七言の韻文で詠ったもの。『大慧普覚禅師書』「答汪状元」にも見える。『蘭洲先生遺稿』上巻77b-78aでも取り上げて批判している（附録参照）。〇執中　『書経』大禹謨篇に「人心惟危、道心惟微、惟精惟一、允**執**厥**中**」（人心惟れ危うく、道心これ微なり、惟れ精惟れ一、允《まこと》に厥の中を執れ）と見える。同箇所は、下40条、下62条でも取り上

げる。〇権　下47条にも見える。〇中正の道　序文参照。〇駢拇枝指　「駢拇」は足の親指と第二指とがくっついていること。「枝指」は親指の横に余分な指があること。いずれも役に立たないものの喩え。『荘子』駢拇篇に見える（蘭洲『荘子郭註紀聞』四では郭象注に従い、それも認める解釈をしている）。

【解説】仏教は「執着しないこと」を重視するのに対し、儒教は「執中」（いちばん適当なところを取る）を重視し、それができれば執着するしないなど問題ではなくなると言う。蘭洲の儒教観がよくわかる一節である。

第31条

〔32b〕〇「一ー切有為法《のうゐはふ》、如二夢幻泡影《ゆめまぼろしあわかげ》一、如レ露《つゆのごとく》亦如レ電《いなづまのごとし》、応レ作《なすべし》二如レ是観《かくのごときくはんを》一。*」しからば、其夢幻泡影は、いかなるものぞ。これも亦天地間の有為なり。諸法実相《しよはふじつさう》*とは説《とけ》ど、又寂滅為楽《じやくめつゐらく》*とあれば、終に空相《くうさう》に帰《き》す。意必固我《ゐひつこが》*なく、可《か》もなく不可《ふか》もなく、おもふことなくすることなければ、有為法《うゐはう》も夢幻《ゆめまぼろし》とするにたらず。何《なに》を苦《くる》しみて、空《くう》せんとはする。黄面老子《くはうめんらうし》《ほとけ》の工夫《くふう》は、ほとんど聖人《せいじん》におとりたり。

【注】〇一切有為法……応作二如レ是観　『金剛般若経』末尾に見える（『大正蔵』二五巻七八〇頁下）。『源語提要』凡例第3条、蘭洲『茗話』中巻64条にも見える（附録参照）。〇諸法実相　仏教用語。あらゆる事物・現象がそのまま真実の姿であるということ。例えば『法華経』「方便品第二」に「唯仏与仏乃能究尽諸法実相」（唯だ仏と仏と乃ち能く諸法の実相を究尽す）と見える（『大正蔵』九巻五頁下）。〇寂滅為楽　仏教用語。『涅槃経』四句偈に「諸行無常、是生滅法、生滅滅已、寂滅為楽」とある。〇意必固我　『論語』子罕篇に「子絶四。毋意、毋必、毋固、毋我」とある。「意」は

主観的な恣意、「必」は無理おし、「固」は固執、「我」は自己中心の考えを言う。

【解説】仏教が言う夢・幻・泡・影とても天地に存在する実物であり、儒教に言う「意、必、固、我」のこだわりがなければ、有為に苦しんで空を説く必要もなくなると言う。蘭洲の『論語解』二150a-bを見ても、彼が「意、必、固、我」の四つを絶つことが天理を実現する上で非常に大事なものだと考えていたことがわかる。彼の言葉を借りれば、人間が本来の善性を発揮することを妨げるものは「形気（肉体とその作用）」であり、それを克服するには「意、必、固、我」の四つが出ないように気をつけることが肝要である。

第32条

○ある檀越《だんをつ》和尚にとふ、「我等《われら》、今人の物《もの》をぬすみ、又人をころさんとおもふ心はなし。されど、人の利《り》を奪《うば》ひ、おもれが為《ため》にし、人の為《ため》に害あることをも、かまはぬ心はあり。これをそのままに行ひて、父母妻子珍宝《ふぼさいしちんぼう》、おもふごとくになり、さて、死ぬる〔33a〕時に、わづかに十念《じうねん》をとなへ、仏の悲願《ひぐはん》にて、極楽《ごくらく》に往生《わうじやう》せば、両方《れうはう》とりはづさぬなれば、誠《まこと》にありがたきことなれど、これにては、一生利心《いっしゃうりしん》のやむまじければ、疑《うたが》はしく覚《おぼ》へ侍る」と、いふ。和尚、「それは小智《せうち》のさまたげなり。其りくつを今さらいひても、仏はおはしまさねば、とふべきやうなし。ただ、何事もいはず、疑《うたがい》ながら、ひたすらに念仏《ねんぶつ》し給へ」と答へられけり。檀越、これにても心にやすからねば、禅僧《ぜんそう》にかくとひけり。僧いふ、「それは、本来《ほんらい》の面目《めんぼく》を得見付ぬによりて、利心《りしん》やまぬなり。」「其本来の面目は、いかがして見付べきや。」「万事《ばんじ》を放下《はうげ》して、坐禅《ざぜん》すべし。」檀越おもふ、「万事を放下し、坐禅のみしては、父母妻子《ふぼさいし》をやしなふべくもなし。」又ある禅僧《ぜんそう》にさんず。その僧いふ、〔33b〕「われらは、出家沙門《しゃもん》なれば、世のわづらひなし。唯心法《ただしんほふ》のみを修《しゅ》練《れん》するゆへ、真如《しんにょ》の本体《ほんたい》に常々《つねづね》対《たい》すれば、利心《りしん》消《きえ》し尽《つき》たり。そこは、あき人なれば、この修行《すぎゃう》はなるまじきなり。かかるところは儒者《じゅしゃ》にとい給へ。ある儒者にとひければ、「その功夫《くふう》きはめてやすし。義《ぎ》をもてはかりくらべて、用捨《ようしゃ》すべし。捷径《せうけい》《はやみち》あらん」といへり。「其義《ぎ》とはいかなるをいふや。」儒者いふ、「そこの今いへる一生《いっしゃう》利心《りしん》やむまじきうれへとおもへるところ、性中一点霊明《せいちういってんれいめい》*のてらす所、これを名づけて義といふなり。この義にだにかなはば、利《り》すなはち義《ぎ》なり。必《かならず》も、利をきらふべきにはあらず」といへりとぞ。

【注】〇性中一点霊明　似た語として、王陽明の『伝習録』巻下74条の「人心一点霊明」がある。人に生まれながらの良知として義を知る心が備わっているという蘭洲の基本的に楽観的な考えは王陽明に近いかもしれない。「朱本思問、「人有虚霊、方有良知。若草・木・瓦・石之類、亦有良知否。」先生曰、「人的良知、就是草・木・瓦・石的良知。若草・木・瓦・石無人的良知、不可以為草・木・瓦・石矣。豈惟草・木・瓦・石為然。天地無人的良知、亦不可為天地矣。蓋天地万物与人原是一体、其発竅之最精処、是**人心一点霊明**。風・雨・露・雷、日・月・星・辰、禽・獣・草・木、山・川・土・石、与人原只一体。故五穀・禽獣之類皆可以養人、薬石之類皆可以療疾。只為同此一気、故能相通耳。」」

【解説】ここでも対話形式が採用されている。利心を消すことができない在家者は仏者の言う念仏でも坐禅でも満足できないと言う。死に際して念仏すれば極楽往生に行けるという考えでは現世の利心が収められないし、坐禅ばかりしていては生活ができないからである。それに対して、儒教では自分の本性に従えば自然と明らかになる「義」を行うことを勧める。そのような「義」にかなう行いであれば「利」を否定する必要もないと言う。ここでは、「**利**」

も認めている点、重要である（蘭洲は同様に「情」にも肯定的である）。仏者の言うことは出家者しかできないが、儒者の言うことは誰でもできるというのが蘭洲の考えの基本である。

第33条

○ある人、僧にとふ、「世の人出家なりても、仏の遺誡《ゆいかい》の如くには〔34a〕行はれず。おほやけより僧官《そうくはん》をまうしうけ、皆大寺巨刹《たいじきょせつ》に住《ぢう》し、おほくの田地《でんち》を領《れう》し金銀《きんぎん》をたくわへ、奴僕《むぼく》をあまためしつかひ、煖衣飽食《だんえほうしょく》し、仏道を修行《す》し、持鉢頭陀《ぢはつづだ》の行《ぎゃう》は、恥《はぢ》とおもへるさまなり。此仏法を修《しゅ》するは、治世《ちせい》にて乱世《らんせい》にても同じきや。」僧いふ、「乱世《らんせい》なれば、檀越施主《だんをつせしゅ》もすくなく、寺院も兵卒《つはもの》に乱妨《らんぼう》せられ、又は兵火《ひゃうくは》のために焼失《せうしつ》すれば、治世こそ修行はなしやすけれ。」「然らば、和尚に疑問《ぎもん》あり。其治世といふは、上に居ます人君宰相《きみさいしゃう》たる御かたがた、仁義《じんぎ》の道をもて、堯舜《げうしゅん》にのっとり給ひて治め給ふなり。もし争乱《そうらん》*の世なれば、又人君宰相、文武《ぶんぶ》の道をもて、克定《かちさだめ》めたひらげ*給ふなり。坐禅読経《ざぜんどきゃう》にて、此功《こう》はなさず。然れば、乱世《らんせい》には仏者〔34b〕もをのれが法の行はれやすき為《ため》なれば、ひとまづ儒者《じゅしゃ》となり、乱《らん》をはらひ、治世《ちせい》ならば、尚以《なをもって》大平の功《こう》をたすくべきことなるに、これは皆仁義文武《みなじんぎぶんぶ》の道にまかせ、をのれは、安穏《あんをん》に、大寺巨刹に坐《ざ》し、如是我聞《にょぜがもん》をとくは、勝手《かって》づくといふものならずや。唐宋《たうそう》に名だたる禅僧《ぜんそう》おほし。一人として出て世《よ》の乱《らん》をはらひ、民を安んずる補《たすけ》となるを聞かず。なまじゐに朝庭《てうてい》より信じ給へば、かへりて国家の費《つゐへ》をなすのみなり。僧法師 治世《ちせい》に生れ、何の苦《くる》しみもなく、心のままに修行するは、皆文武仁義の恩沢《をんたく》なるを、かへりて堯舜をせばしとし、仁義を小とし、皆有為《うゐ》の法、幻妄《げんまう》のこととするはいかんぞや。宋朝《そうてふ》の大慧《だいゑ》*の書《しょ》を見るに、おほくの士人《しじん》に書をあたへ、生死事大《しゃうじじだい》*を〔35a〕説きて、これを聳動《せうどう》す。このおほくの士人、皆官人《くはんにん》なり。此とき宋南渡《そうなんと》し、君仇《きみのあだ》いまだむくひず、境土《きゃうど》いまだ復《ふく》せず。此人々いかばかり朝《てう》に坐して政事《まつりごと》に欠《かけ》たる事あり、家に居て倫理《りんり》にそむけることあるべし。一言《いちごん》もこれには及ばず、ただいくばくの書をよみ、孔孟《こうもう》を称《せう》し功名《こうめい》をたつれど、臘月三十日《らふげつさんじうにち》の工夫なしなどいひ、人は皆永劫罪業《えうごうざいがふ》をつむといへり。大慧の寺に住《ぢう》して、口《くち》をきくも、皆この罪業のかげなり。此時にありては、大慧の悟道見性《ごどうけんしゃう》*せりとも、まことの乾屎楔*なりとおかし。」

【校勘】〇争乱の世　中之島本「争世」（都立本は「乱の」の挿入を指示する）。〇たひらげ　国会本「たいらげ」。

【注】〇大慧の書　上22条などにも見える。『大慧普覚禅師書』には多くの文人とやりとりした書簡が見える。荒木見悟『大慧書』（筑摩書房〈禅の語録17〉、一九六九年）参照。朱熹からの禅宗批判・大慧批判については、土田健次郎「朱子学と禅」（『思想』九六〇号「禅研究の現在」、岩波書店、二〇〇四年四月）参照。〇生死事大　仏教用語。人間にとって生と死は人生の重大な課題であるということ。六道輪廻の迷いを捨てて悟りを開くためには、今、人として生まれているこの時をおいてほかにないので、最も大事であるとすること。禅寺の玄関にかかっている「板」には、「生死事大、無常迅速、時不待人、謹勿放逸（しょうじじだい、むじょうじんそく、とき、ひとをまたず、つつしんで、ほういつなるなかれ）」と書いてある。「生死事大」という語は、『六祖壇経』巻上、二「悟法伝衣門」に、五祖弘忍大師の語として「吾向汝説、世人生死事大」と出ている（『五山版中国禅籍叢刊』第六巻「語録1」（臨川書店、二〇一六年）4b、五三頁下）。『大慧書』では、巻下「答孫知県」の中に見える（『五山版中国禅籍叢刊』第一〇巻「詩文・尺牘」（臨川書店、二〇一三年）82b、六四八頁下、荒木見悟『大慧書』（筑摩書房〈禅の語録17〉、一九六九年）二二二頁）。『二程全書講義』下26bに関連記述が見える（附録参照）。〇見性　仏教用語。上9条、上18条、下48条、下55条、下60条にも見える。〇乾屎楔　仏教用語。乾屎橛《かんしけつ》。乾いた棒状の糞、または糞を払うへら（くそかきべら）。蘭洲『雑纂』（041/422）上21a-21bに「乾屎楔

ハ乾タル屎ノクワビノヤウナルト意。楔ハクワビトヨム也」と説明がある。禅宗で、仏とは何かという問いに対する答え。禅僧の慧開が著した『無門関』の第二十一則「雲門屎橛」に見える公案。大慧も度々言及している（荒木見悟『大慧書』一〇八頁、索引一頁参照）。ここではそれを皮肉って「（自分たちが言っている通り）糞そのものだ」と言っているのであろう。

【解説】仏教が治政に役立たないくせに国家の費えになることを批判する。

第34条

○仏法もろこしに行はるといへど、仏意にかはなぬとおもひて、〔35b〕にや*、達磨《だるま》又西来し、不立文字《ふりふもんじ》の宗《しう》をひろむ。福田利益《ふくでんりやく》*をいはずして、心法《しんぼう》をとき、明らめたり。これよりほとんど天堂地ごくは、むなしく談資《だんし》となり、念仏読経祈禱、皆愚人のしわざとし、諸《もろもろ》の仏説、皆譬喩《たとへ》と見て、心の一字にとりおさめたり。これよりもろこしの仏法一変《いっぺん》し、やや聖人の道にちかく、賢知《けんち》の人もおもしろしとして、これにおもむくものおほし。達磨《だるま》の*偈《げ》に、「吾本来二茲土一、伝レ法救二迷情一ヲ、一-華開二五葉一ヲ、結-果自-然ニ成ル」といへり。余おもふ、もろこしは、堯舜《げうしゅん》よりこのかた、其修行工夫あくまでそなはり、人々聖賢となるに欠《かけ》たることなし。達磨西来を待ことなく、此聖人の教《をしへ》にだに随《したが》〔36a〕へば迷《まよ》ふものなし。なまじゐに、仏法ありてより、かへりて*迷《まよ》ひを生じたり。しかれば、達磨は、いはゆる労擾《ろうじゃう》《いらぬせわやき》なるべし。ある人のいふ、「達磨の「救二迷情一《すくふめいじゃう》」といへるは、もろこしの出家、一大事の心法はさし置、禍福《くはふく》をとき、奇幻《きげん》をなすを聞《きき》て、これを救《すく》はんとて西来せるなり」と。さもあるべし。しかるに、仏の本意《ほんい》は、禍福をとき奇幻をなすにあるべし。達磨の如くいふは、仏法の新義《しんぎ》なるべし。

【校勘】〇おもひて、にや　中之島本同じ。国会本「おもひしにや」。……たぶんこちらが正しい。〇より、かへりて　中之島本は衍字（重複）（都立本は削除を指示する）。

【注】〇福田利益　仏教用語。上24条参照。下3条にも見える。〇達磨の偈　『少室六門集』第六門「血脈論」に見える（『五山版中国禅籍叢刊』第六巻「語録1」（臨川書店、二〇一六年）二三頁以下欠）。「一華開五葉」は「一つの花には五枚の花弁が開く」という意味で、五葉は五宗の意とも五つの智慧とも言われる。

【解説】ここでは**中国仏教史**（**禅教史**）を説いている。達磨が中国に来て、中国に合った禅を広めてから、知識人も引き付けるようになったと言う。それは仏教が儒教に合わせて変わったからである。だがそれは余計なことであったとして批判する。禅宗は評価しつつ、それは本来の仏意ではないという点は重要である。禅宗と朱子学には類似性があるが、禅宗が儒教を取り入れてそうなったのか、儒教が禅宗などの仏教思想を取り入れて思弁性の高い朱子学が生まれたのかは、立場により変わるからである（下40条参照）。

第35条

〇禅家《ぜんけ》 宋《そう》に至りて、益《ますます》高妙《こうめう》に馳《はせ》たり。大慧《だいえ》答《こたふる》二王教授一*書のおもむきは、性《せい》も理《り》も心《しん》も意《い》も仏説《ぶっせつ》も祖語《そご》も、ことごとくはらひすてて、ただ把捉《はそく》する所《とらゆる》なきを、見つけんとす也。かくとけばとくに随ひ、皆虚無《きょむ》の旧窠《きうくは》、槁木死灰《こうぼくしくはい》*〔36b〕の談《だん》となる。畢竟大慧《ひっきゃうだいえ》などの禅は、老荘《らうそう》の心法《しんほふ》を説き、これにくわふるに、三世をもってするなり。

【注】○大慧答王教授書　『大慧普覚禅師書』下巻「答王教授書」では、すべてを捨て去ることが強調されている。「……若是曽於理性上得滋味、経教中得滋味、祖師言句上得滋味、眼見耳聞処得滋味、挙足動歩処得滋味、心思意想処得滋味、都不済事。若要直下休歇、応是従前得得滋味処、都莫管他、却去没撈摸処・没滋味処、試着意看。若着意不得、撈摸不得、転覚得没欛柄可**把捉**、理路義路心意識都不行如土木瓦石相似時、莫怕落空。此是当人放身命処、不可忽、不可忽。……」(『五山版中国禅籍叢刊』第一〇巻「詩文・尺牘」(臨川書店、二〇一三年) 60a-60b、六三七頁上-下、荒木見悟『大慧書』(筑摩書房〈禅の語録17〉、一九六九年) 一六三頁～、宗杲著、高木竜淵編『増冠・傍註・大慧普覚禅師書』下巻 (貝葉書院、一九〇三年) 17b)。○槁木死灰　『荘子』斉物論に「形固可使如**槁木**、而心固可使如**死灰**乎」と見える。

【解説】ここでも**中国仏教史**を説く。宋になって、大慧などの禅者が老荘のようにすべてを否定する修行法を説いたことを批判する。

第36条

○茶《ちゃ》の会《え》は足利家《あしかがけ》の中ごろより、世に始《はじ》まれりとなん。其初閑静《はじめかんせい》なる処に、親友《しんゆう》あつまり、自ら点じ、楽み飲めるなり。酒《さけ》は下戸《げこ》もあり、酔乱《すいらん》の過《あやまり》もあり、ただ茶は、たれもにくむ者なく、其上世に禅僧《ぜんそう》をもてはやしければ、尤《もっとも》これを主客《しゅかく》ともに賞《しょう》したのしめるなり。これより次第《しだい》に向上《こうじょう》になり、其法をはじめ、礼儀《れいぎ》をそえ、又理《り》をつけて、ひとつの道となりたり。今日本国中、山のおく海《うみ》のはてまで、貴賤僧俗《きせんそうぞく》までに及び、又外《ほか》の国へもつたへ、琉球人《りうきうじん》其国にてもてはやし、もろこし人も、長さきにてならひ、唐僧《たうそう》も専《もっぱ》らこれをたしむこととなり、〔37a〕又これを家に名《な》づくる人あり、種《しゅ》々の伝授《でんじゅ》を始《はじ》め、茶の理《り》を知れば、心法禅《しんぼうぜん》にかなひ、又国天下も治まるとぞいふなる。もしもろこしにて此事はじまらば、文人詞客汗牛充棟《ぶんじんきかくかんぎうじうとう》の書を作り、其術《じゅつ》を主張《しゅてう》すべし。其本《もと》をいへば、ただ茶をのむことなり。いかでかかるふかき理を付《つく》るに及《をよ》ぶ事ならん。又そのはじめたる人、かく後世に盛《さかん》にならんとはおもひもよるまじき也。仏法、其始《はじめ》よその国にていはぬ三世報応、天堂地ごくを始め、勧善懲悪《くはんぜんてうあく》の教《をしへ》も、其国人《くにのひと》を教ふるまでのことなり。仏の滅後《めつご》、其徒《と》仏に託《たく》し、道理《どうり》を付そへ、経論《きゃうろん》を作り、もろこしに入ては、文人僧侶《そうりょ》又これに附会《ふくはい》し、偽経《ぎきゃう》を作れり。さればこそ、隋《ずい》の「経籍志《けいせきし》」*に、「疑経《ぎきゃう》一百七十二部、三百三十〈37b〉六巻」と記したり。唐《とう》の代《よ》の疑経《ぎきゃう》又いくばくといふをしらず。疑経とは偽《ぎ》経をいふ。此《これ》らは無眼《むがん》の僧の作りたれば、其偽《いつわり》なること明らかなり。具眼《ぐがん》の僧の作りたるは、仏の大小乗《だいせうじゃう》の経にまじりたるおほかるべし。如此盛《かくのごとくさかん》になりて、四方の国々にもひろまりたり。中にも、『四十二章経』『遺教経』などは、誠《まこと》に仏説なりとまうす。此を見て仏の大意《たいい》をしるべし。

【注】〇隋の「経籍志」『隋書』経籍志四「集」の「仏経」の項に「一曰大乗、二曰小乗、三曰雑経。其餘、似後人仮託為之者、別為一部、謂之疑経」と見える（標点本修訂本一二四六頁）。

【解説】「ただ茶をのむこと」を道に高めた茶道を喩えに、仏教もそのようなものだろうと批判する（**仏教発生論**）。三世応報説や天国地獄の説は、当時のインドの人を説得するための「方便」であったと言う。一方、『四十二章経』『遺教経』を仏の真意を伝えるものとして高く評価する（下27条参照）。

第37条

○仏書に、「世尊《せそん》重《かさ》ねて此義を宣《のべ》んとして、偈《げ》を作る」とて、おなじことを二たびいへり。一事《いちじ》をいへば、必これにいくばく種《しゅ》ありといへり。『礼記《らいき》』に「今之教《をしゆる》者、呻《シ》二其沾畢《ヲ》一、多《クシ》二其訊-言《ヲ》一、及《ブ》二于数《ニ》一」とてそしれるが如し。ことに『倶舎《くしゃ》』を見るに、長語《ちゃうご》間言《かんげん》*百千の名目をたて、糸《いと》を見だしたる如し。古人いふ、「要-言不レ煩《ラ》*」と。〔38a〕仏書の煩多《はんた》いはんもさらなり。ある僧の説に、「『般若経《はんにゃきゃう》』はすべて十七万一千七巻あり。日本に渡《わた》れるは、わづか六百巻」といへり。かくいへるこころは、仏書《ぶっしょ》は、儒書《じゅしょ》よりおほきといひて、世にほこるなり。これ「多岐《たぎ》は羊《ひつじ》を失《うしな》ふ」とこころなるをしらざるなり。『永楽大典《えいらくたいてん》』は数百万巻にて、楽の一字につきて、五十帙《ちつ》ありといへり。これは、事類《じるい》の書なれば、多きもことわりとおもふだに、天下の痴物《ちぶつ》ともいひつべし。ただこの心をときて十七万巻あるは、妖物《ようぶつ》といひつべし。達磨は、卓識《たくしき》ありて「以心伝心不立文字」といへり。又いふ、「中国にある所の仏書、只《ただ》『楞伽《れうが》』*四巻のみ、仏の心命《しんめい》の書なり」とや。然るに、其『楞伽《れうか》』名目おほし。直指人心《ぢきしじんしん》*の旨《むね》とも見えず。学者《がくしゃ》一生、名目《めうもく》の中に〔38b〕錮《こ》せられて、心法をとりとむることあらじとおもはれ侍り。

【校勘】○見　国会本「ミ」。

【注】○仏書　仏典に叙述の後に、その内容をまとめる偈（詩）が述べられることを言う。例えば、『大薩遮尼乾子所説経』「問疑品第二」に「爾時世尊重宣此義、而説偈言……」とある。○『礼記』『礼記』学記篇に見える。「佔畢」は書物（教科書）のこと。「今の教育する者は、ただ教科書を読み上げて、多くの質問をする」という意味。○要言不煩　『三国志』巻二九「魏書・方技伝・輅別伝」注に「輅……答之曰「夫善易者不論易也。」晏含笑而讃之「可謂**要言不煩也**」」と見える。○『楞伽』『楞伽経』のこと。○直指人心　仏教用語。下29条に既出。下48条にも見える。

【解説】仏典が多いことについて述べ、多ければよいというものではなく、かえって達磨の説いた心法を損なうものであると批判する。

第38条

○ある人、余にいふ、「子 仏を非議《ひぎ》すといえども、もし大徳《たいとく》の和尚あり、仏法の深意《しんゐ》を説《とか》ば、必心服《しんぷく》して、一言《ひとこと》いひ出すことあたはざるべし。たれとがむることなきとて、さのみないひそ」といへり。余答《こた》ふ。それは本よりはかりがたし。其理《り》の是《ぜ》ならば、実《じつ》に心服《しんぷく》すべし。されど、いかなる深意《しんゐ》をとくとも、三界唯《さんがいただ》一心なれば、心の外なることなし。心のことならば、われ其和尚の心と同じ心なり。心を修《おさむ》る功夫《くふう》は、吾聖賢《わがせいけん》の教《をしへ》にてたれり。仏法をたのむことなし。もし仏菩薩《ぶつぼさつ》来りて、天と性とを説《とか》ば、心服《しんぷく》することあるべし。性と天とは、わが輩《ともがら》の至《いた》ることあたはねばなり。然るに、仏家には、天といふことなく〔39a〕性をいふことなし。性といへど性にはあらで心なり。天といふは、三十三天など、荒唐《くはうとう》のことなれば、わがいふ天にあらず。天とは、道の源《みなもと》なり。性とは、人の本《もと》なり。至霊至妙《しれいしめう》皆ここにあり。是を説ぬ仏法なれば、おくゆかしきことなし。をそるるにたらず。もし夸大孟浪《くはだいまうらう》の言をなして、人の耳《みみ》をおどろかさば、吾大言《われたいげん》の賦《ふ》をよむ心ちすべし。又幻術《げんじゅつ》とやらんをもて、人の目をおどろかさば、吾傀儡《われくはいらい》のあやつりを見る心ちすべし。又三世因果を説ば、われ一場《いちじゃう》の春夢《はるのゆめ》を見る心ちすべし。又天堂地ごくの苦楽《くらく》を説ば、われ貴賤賢《きせんけん》愚《ぐ》の順逆《じゅんぎゃく》のさまを見る心ちすべし。この外何ごとをもて、吾を心服《しんぷく》せしむることのあらん。聖学《せいがく》のとうときは、理《り》を窮《きは》むるなり。一分《いちふん》の窮理《きうり》をすれば、一分の益《えき》あり。世の〔39b〕あざむきを受《うけ》ず、人の為《ため》に愚弄《ぐろう》せられず。ただ、学ぶ所は吾天子に受るところの霊明《れいめい》の性、これをくらまさずして万事に酬酢《しうさく》するなり。仏者にもこれあれど、しらずして、ただ知覚するところの心のみとくゆへに、理にくらし。唐《とう》の時《とき》、胡僧有《こそうあり》《てんぢく》、もろこしに入り来り、人をいのり殺《ころ》すことをよくすとて、世こぞりておそれあへり。*傅奕《ふえき》といへる人、胡僧にあひて、「こころみに我をいのりころせ、われいかんぞ死ん」といふ。胡僧怒《いか》りて汗水《あせみづ》になりいのれど、何ごともなし。かへりて、胡僧術《じゅつ》つきて即死《そくし》せりと見えたり。これ傅奕《ふえき》が方には、何の術《じゅつ》もなし。ただ人にいのりころさるるといふ理はなきことをしるゆへ、心少しも動《うご》かねばなり。胡僧はおろかにて、術をもていのりころさるべし〔40a〕とおもへり。いのりころさねばをのれが恥《はぢ》とおもへれば、*「心身苦《くる》しみみだれ心系《しんけい》をたつ*」などいふたぐひにて、死せるなり。これ人をいのりころすといふ理はなきことをしらざればなり。若《もし》いのりころさるる者あるは、これ又おろかにて、いのりころす理ありと思ふより、をのれと心臆《こころを》して死するなり。且いかにいのりころせど、ゆるしたればとて、ころさんとおもふは、先賊心《まづぞくしん》なり。邪念《じゃねん》なり。「邪《じゃ》は正《せい》にかたず*」、とはこれらをやいふべき。又此時西域《せいいき》より来りし仏舎利《ぶっしゃり》あり。「鉄槌《てっつい》にてうてどもくだけず」といひて、人皆おそれ尊へり。傅奕《ふえき》さらに心得ず、わが子にいふ。「金剛石《こんがうせき》といふ石あり、何ものをもてうてども砕《くだけ》ず、ただ犀角《さいかく》よくこれをくだく。なんぢ犀角をもちゆきて、打くだけ」といふ。其子その〔40b〕教《をしへ》のままに、これを打《うつ》に手《て》に応じてくだけたりとしるしたり。舎利は、骨《ほね》なり。骨はもろきもの、打《うて》ば砕《くだく》ることはりなり。砕《くだ》けぬ骨は骨《ほね》にあらざること明らかなり。もし「仏《ほとけ》の骨《ほね》なるゆへ、不可思議《ふかしぎ》にて砕《くだ》けぬ」といはば、例《れい》の仏者の口《くち》ぐせなり。愚昧《ぐまい》の者は信《しん》ずべし。理をしるものは笑《わら》ふべし。仏を尊ぶは、其言行《げんこう》を尊ぶなり。其骨を尊ぶにあらず。然れども、仏を尊ぶ上は、其骨実《じつ》に仏の骨ならば、清浄《しゃうじゃう》の土地《ところ》にうづみかくすべし。これよきほどのあしらひなるべし。臭穢《しうえ》不祥《ふせう》の物を霊《れい》ありとて尊ぶは、愚人《ぐじん》のしわざなり。およそあやしき事をいふは、理をわきまへぬ凡夫《ぼんぷ》のならひ、人に害《がい》あり、世に益《えき》なし。ゆへに*孔子は怪《くはい》をいはず。およそ窮理尽性《きうりじんせい》の人は、〔41a〕皆かくの如し。余が輩《ともがら》理を窮《きわ》め性を尽《つく》すことあたはざるは、いふにや及ぶ。されど聖経《せいけい》のかたはしをのぞきたるしるしには、これらのあさはかなることには、迷ふことなく、あざむかるることなし。

【校勘】〇おもへれば　国会本「おもひつれば」。

【注】〇傅奕　五五五〜六三九。隋・唐初の人。激烈な排仏論者であった。『資治通鑑』巻一九五「唐紀十一」太宗貞観十三年に以下のようにある。「太史令傅奕精究術数之書、而終不之信。遇病、不呼医餌薬。**有僧自西域来、善咒術、能令人立死、復咒之使蘇。上択飛騎中壮者試之、皆如其言。以告奕、奕曰、「此邪術也。臣聞邪不干正、請使咒臣、必不能行。」**上命僧咒奕、奕初無所覚、須臾、僧忽僵仆、若為物所撃、遂不復蘇。又有婆羅門僧、言得仏歯、所撃前無堅物。長安士女輻湊如市。奕時臥疾、謂其子曰、「吾聞有金剛石者、性至堅、物莫能傷、唯羚羊角能破之、汝往試焉。」其子往見仏歯、出角叩之、応手而砕、観者乃止。奕臨終、戒其子無得学仏書、時年八十五。又集魏晋以来駁仏教者為『高識傳』十巻、行於世。」彼の排仏論は、『旧唐書』巻七九の本伝、『広弘明集』（巻一一）、『全唐文』中に収録されている。岸田知子「中国における仏骨信仰─国家との関係を中心に」中に南宋の程大昌の『演蕃露』の「仏骨」の項に傅奕の話があるというのを参照されたい。「諫仏骨表有所本」『陔余叢考』巻三四。**趙翼は韓愈「論仏骨表」は傅奕の上疏と姚崇の「戒子令」に基づくと述べている**（『陔餘叢考』巻三四）。礪波護『隋唐の仏教と国家』（中央公論社〈中公文庫〉、一九九九年）参照。〇心身苦しみみだれ心系をたつ　未詳。〇邪は正にかたず「邪不干正」という言い方は、上記注『資治通鑑』傅奕の話に見える。「邪不勝正」という言い方も存在する。〇孔子『論語』述而篇に「子不語怪力乱神」と見える。

【解説】かなりの長編であり、蘭洲の仏教理解・仏教認識がまとまって見える。もともと独立した一篇だった可能性もある。仏教は心に（「性」と言っていても実は「心」のこと）、儒教は天、性に基づくという基本的違いを強調する。また、蘭洲が否定する三世因果、天国地獄などの仏説を列挙し、呪術や仏骨のまやかしを批判する。「怪」は人間の心に由来するという論は、後の懐徳堂の学者も繰り返し述べている（並河寒泉『辨怪』など）。蘭洲は「狐妖論」という文章も書いていたようだ（『茗話』下巻103条（刊本下36b））。

第39条

○ある人いふ、「仏《ほとけ》の教《をしへ》も「諸悪莫作《しょあくまくさ》、衆善奉行《しうぜんぶぎょう》*」に過《すぎ》ず。儒者も「勧善懲悪《くはんぜんていあく》*」に過《すぎ》ず。儒仏一致《じゅぶついっち》ならずや」。答ていふ、「仏は天命之性《てんめいのせい》をとかず。根本《こんぽん》に違《ちがい》あり。況や世間《せけん》の法と出世間《しゅっせけん》の法と、あに一致ならんや。且《かつ》一致ならぬこそおもしろけれ。一致ならば、仏法は屋上《をくじゃう》に屋《をく》《やねのうえにやね》をふくが如し。およそ一致といふ、皆聖人の責《せめ》をまぬがれんとての遁辞《とんじ》なり。「諸悪莫作衆善奉行」といふも、儒者の「勧善懲悪」とたがひあり。仏法にていふ〔41b〕善は、仏に供《くう》じ、僧に施《ほどこ》し、堂塔《どうたう》をたて、僧を度《ど》し、戒《かい》を持ち、念仏読経などをさしていへり。悪《あく》はこれらの事をなさぬなり。儒者のいふ善悪《ぜんあく》にあらず。何をもってこれをあかさん。親《おや》に孝することを説て、親をみちびき、仏者《ぶっしゃ》にするを孝《こう》とせり。『孝経《こうきゃう》』にいへる孝は、孝とせず。これにておして知るべし。」

【注】○諸悪莫作、衆善奉行　仏教用語。最古の仏典とされる『法句経』に詠われた語句。禅宗で好まれる語句。『釈氏要覧』巻上「中食」の「説法」の項に『増一経』を引いて「迦葉問曰、何者一偈。阿難云、諸悪莫作、衆善奉行、自浄其意、是諸仏教。所以然者、諸悪莫作、戒具之禁、清白之行。衆善奉行、心意清浄、自浄其意。除邪顛倒、

是諸仏教。」と言う（蔵中進・蔵中しのぶ『寛永十年版釈氏要覧・本文と索引』（和泉書院〈和泉叢書23〉、一九九〇年）69b、一四二頁）。〇勧善懲悪　『春秋左氏伝』成公一四年経文に「故君子曰、春秋之称、微而顕、志而晦、婉而成章、尽而不汙、懲悪而勧善。非聖人、誰能脩之」と見える。

【解説】儒仏一致論に対して、天命の性に基づくか否かの根本的違いがあり、同じく善行を勧めるとはいえ、その内容が違うと言う。

第40条

〇龐居士《ほうこじ》*いはく、「瞥起ル是疾、不レ継是薬、不レ嫌二念起ル一、唯怕ル二覚ノ遅ヲ一。」よく功夫を用ひたり。然れども、これ『書経《しょきょう》』*の人心《じんしん》・道心《どうしん》の説を見て、いひ出たるなり。念は人心なり、覚は道心なり。学者《がくしゃ》、『書経』を用ひずして、龐居士の説を尊ぶは、遼豕*のそしりをまぬがれず。

【校勘】〇遼豕　国会本送り仮名「りゃうし」あり。

【注】〇龐居士　唐代の禅者・龐蘊《ほううん》（?～八一五）。在家の俗人としての生活を貫きながら独自の悟境に達した禅者として有名である。明代末期には李卓吾、袁宏道らに敬愛された（入矢義高『龐居士語録』（筑摩書房〈禅の語録7〉、一九八三年））。「瞥起是疾、不継是薬、不嫌念起、唯怕覚遅」は、『大慧普覚禅師書』巻上「答汪内翰書」に、「先聖云、瞥起是病、不続是薬、不怕念起、唯恐覚遅」と見える（『五山版中国禅籍叢刊』第一〇巻「詩文・尺牘」、臨川書店、二〇一

三年、42a、六二六頁上、荒木見悟『大慧書』、筑摩書房〈禅の語録17〉、一九六九年、一一五頁、宗杲著、高木竜淵編『増冠・傍註・大慧普覚禅師書』上巻、貝葉書院、一九〇三年、60b)。荒木見悟氏は「ちらり起こるは病のしるし、すぐに消えるは薬のききめ、念の起こるをおそれちゃならぬ、恐れたいのはさとりののろさ」と訳す。〇『書経』『書経』大禹謨篇に「人心惟危、道心惟微、惟精惟一、允執厥中（人心惟れ危うく、道心これ微なり、惟れ精 惟れ一、允《まこと》に厥の中を執れ）」と見える。下62条でも取り上げる。〇遼豕　遼東之豕。遼東の人が白豚を見て、珍しいものとして献上しようとしたが、河東の豚は皆、白いことを知り、恥じ入ったという故事（『後漢書』巻三三「朱浮伝」）。見識が狭いことを言う。

【解説】禅者の言は儒教の『書経』から盗んでいるとする。この内容は大阪大学懐徳堂文庫所蔵『鶏肋篇』巻七「冽庵漫録第四」11aに見える。ただし、仏者の立場からは全く逆のことを言うことは注意を要する（下34条参照）。

第41条

〇唐《とう》の憲宗《けんそう》*は英烈《えいれつ》の帝《みかど》なり。其はじめ、仏法を尊奉《そんぼう》し、其終《をは》りは、仙術《せんじゅつ》にまよひ、道士《どうし》の丹薬《たんやく》を服《ふく》し、薬毒《やくどく》にあた〔42a〕り、常々忿怒《つねづねふんど》の気《き》甚し。宦者《くはんじゃ》どもおそれて、つゐにころしたり。此より唐の代、大に乱《みだ》れて、むかしにかへらず。其始《はじめ》韓退之《かんたいし》の「仏骨表《ぶっこつのへう》」*をささげたるに、帝いふ、「仏法をそしるはしばらくさし置、仏を信《しん》ずる人は夭死《わかじに》すといふは、臣下《しんか》たる者のいふべきことにあらず」と、大にいかり、すでに退之《たいし》をころさんとす。群臣《ぐんしん》のいさめにより て、潮州《てうじう》へながしつかはす。帝のおろかにまよへるは、甚しきかな。退之《たいし》は、帝の身を慎《つつ》しみ情《じゃう》を節して、天命《てんめい》を持《たも》ち給はんことを願《ねが》へる忠厚《ちうこう》の心なり。『大学』*に、「有レ所ニ忿‐懥一スル、則不レ得ニ其正一」とあるは、帝の如きをいふなるべし。大てい好《このむ》レ仏と淫《いんする》レ仏と同じからず。好仏は、見心観性なれば、道に近し。淫仏は、先おほはる所ありて、愚痴《ぐち》こ〔42b〕れより始まる。ゆへに、終《をは》りに又仙術《せんじゅつ》を信《しん》じたるなり。世の妄誕不経《まうたんふけい》、仙術《せんじゅつ》より甚しきはなし。全《まった》く老子の本意《ほんい》にあらず。憲宗《けんそう》の英烈《えいれつ》にて、何とてこれを信ぜられけるとおもふに、其始に三世因果天堂地ごく《さんぜゐんぐはてんどうぢごく》を信ずる故、信じぐせのつきたるなり。憲宗、もし中正の道*を修行尊信し給はば、大宗貞観《でうぐはん》の大平の如くにもなるべきに、かくあさましくはて給ふ、おしむべきことなり。

【注】○憲宗　憲宗は韓愈が「論仏骨表」を奉った相手である。『旧唐書』憲宗本紀、韓愈伝に見える。○「仏骨表」「論仏骨表」のこと。○『大学』『大学』伝七章に「所謂脩身在正其心者、身有所忿懥、則不得其正」と見える。○中正の道　序文参照。

【解説】唐の憲宗が仏教に耽溺し韓愈の言を聞き入れなかったことを批判する。仏教を好む「好仏」と仏教に耽る「淫仏」を区別し、前者は否定しない点は注目に値する。道教についても、蘭洲は老子と後の仙術は区別する（蘭洲著『蘭洲先生老子経講義』参照）。

第42条

○『三国史《さんごくし》』に『魏略《ぎりゃく》』*を引ていふ、「浮-屠所ノレ載、与二中国ノ『老子経』一相出-入ス。蓋以-為ク老-子西出レ関ヲ、過二西域一之二天竺ニ一、教ヘ二胡-浮屠ヲ一属ス二弟子ヲ一」。この心は、老子、函谷関《かんこくくはん》を出て、西のかた天竺にゆき、天竺の人に教《をしへ》をひろめたりといふなり。これは『史記《しき》』*に〔43a〕「至レ関ニ又莫レ知レ所ヲレ終」などあるによりて、老子流の学者、附会《ふくはい》して、をのれの道を尊くいふなり。仏経の『老子経』と相出入してよく似るは、おそらくは、翻訳者《ほんやくしゃ》、『老子』をとりて、仏語につけそへていへるならん。道家にて、老子を奇妙に説なし、*老子は、もろこしの往古《わうご》より、代々に出現すること、二十七度なり。大星《おほほし》母の胎《たい》に下りて、老子をはらむ。はらむこと八十一年にて生る。生るる時、母の左の腋《わき》より出つ。其時、紫気《むらさきのき》室《しつ》内に満《み》ち、天女降《てんにょくだ》りて蓋《きぬがさ》をささげ、麟鳳《りんほう》の瑞《ずい》あり。身黄色《きいろ》にて、髪《かみ》雪《ゆき》の如し。たけ一丈二尺など、さまざまの*虚妄《そらごと》をいふ。『事林広記《じりんくはうき》』などにも見えたり。これらは、無知の道士《どうし》、*仏書に、「阿‐羅‐漢ハ、能飛‐行変‐化シ、曠‐劫寿‐命、住〔43b〕動二天地一」などあるを見て、おとらじといへるなり。いづれにも、老仏の道とするところ、大やう相似たることなれば、世にいへるごとく、天竺にゆかれしこと、実《じつ》ならんもはかられず。

【校勘】○わうご　東大本「わうこ」、中之島本なし、国会本「をうこ」。○虚　国会本「霊」。

【注】○『魏略』『三国志』魏志・東夷伝の注が引く魚豢『魏略』西戎伝。○『史記』『史記』老子韓非列伝に「**至関**、関令尹喜曰、「子将隠矣、彊為我著書。」於是老子乃著書上下篇、言道徳之意五千餘言而去、**莫知其所終**」と見える。○老子　以下の老子伝説については、蘭洲の言う『事林広記』続集「道教類・道法源流」に「【史記列伝】老子者……。或云、其母感**大流星**而娠、懐之**八十一年**乃生」と見える以外に、『酉陽雑俎』巻二「玉格」六一や『太平広記』巻一「神仙一」「老子」にも類似内容が見える。蘭洲が挙げる瑞などは以上の書にも見えないので他の書物に見える情報かもしれない。『事林広記』は宋・陳元靚編の日用類書（民間の百科事典）。『酉陽雑俎』は、唐・段成式編の筆記小説。『太平広記』は宋代に編纂された小説集（叢書）。いずれも雑駁な内容が網羅されている。

『酉陽雑俎』巻二「玉格」六一（標点本『酉陽雑俎』（中華書局、一九八一年）一六頁）「老君母曰玄妙玉女。天降玄黄、気如弾丸、入口而孕。凝神瓊胎宮三千七百年、赤明開運、歳在甲子、誕於扶刀。蓋天西那王国鬱寥山丹玄之阿。又曰、老君**有胎八十一年**、**剖左掖而生**、生而白首。又曰、……老君又曰、九大上皇洞真第一君、大千法王、九霊老子、太上真人、天老玄中法師、上清太極真人、上景君等号。**形長九尺**、**或曰二丈九尺**。耳三門、又耳附連環、又耳無輪郭。眉如北斗、色緑、中有紫毛、長五寸。目方瞳、緑筋貫之、有**紫光**。鼻双柱、口方、歯数六八。頤若方丘、頬如横壟、龍顔金容。額三理、腹三志、頂三約把、十蹈五身、緑毛白血、頂有**紫気**。」

『太平広記』巻一「神仙一」「老子」（全書の一番冒頭部）

「老子者、名重耳、字伯陽、楚国苦県曲仁里人也。其母感**大流星**而有娠。雖受気天然、見於李家、猶以李為姓。……或云、母懐之**七十二年**乃生、生時、剖母**左腋**而出。生而白首、故謂之老子。……老子在周、……皆云、老子黄白色、美眉……」

楠山春樹『老子傳説の研究』（創文社〈東洋學叢書〉、一九七九年）参照。

○仏書『仏説四十二章経』一「出家証果」に見える。

【解説】老子の説がインドに伝わり仏教になったという老子化胡説は道教の附会だが、道教と仏教の説が似ていることは確かであると言う。

第43条

○余むかし丘正敦《をかまさあつ》といふ者に書《ふみ》をあたへていふ。居州足下、不佞、以二謭劣一ヲ、窃二儒者ノ之号一ヲ、乃意学クハ非二六経一、不レ足二以為一レ道ト、道非二性-命一ニ、不レ足二以為一レ学ト、異端小道豈足レ置二歯牙ノ間一ニ。然ルニ仏亦叔-世ノ一-法、有二可レ観者一、不必シモ痛ク絶一可ナリ。惟惜ムハ古-今人-材、多クハ為二浮-屠氏ノ一所レ奪矣。*足-下向ニ学二聖人之道一ヲ、*余ガ先-人ニ之従ヘリ。雄-辨劇-談、不レ可二一-世一、可レ謂フ偉-

丈-夫矣。尋《テ》先-人下-世《シ》、僕亦索-居已久《ニ》矣。豈図《ランヤ》足下向来英《ノ》-気、銷-沮*澌-尽《シ》、乃為《ントハ》二一《ノ》枯-槁寂-寞念-仏文《ノ》之徒一。嗟乎、又奪二一人材《ヲ》一。古人*云、*蓺之至者、載《コトトス》二之末《ヲ》-年《ニ》一、不二見レ異-物《ヲ》〔44a〕而遷一也。道亦《モ》然。於レ是正《ニ》知《ル》足-下昔-日所レ学徒馳二騁文-字言-論之《ノ》間《ニ》一、亦非二其摯《イタレル》者《ニ》一、蓋客*気已《ノミ》。不レ然《バ》、何其《ゾ》一聞《ビ》二浮-屠一-心不-乱之《ノ》説《ヲ》一、乃如二醒之《ノ》覚一、如二夢之醒一、遷《ノ》レ之之易易然。辟《ヘバ》如二都城市*井一、百-貨並布《ク》、唯人《ノ》所レ覓《ル》、即不レ択二於此一、遑遑乎、求《メ》二平常《ノ》貨-器《ヲ》于辺裔之地《ニ》一、以為二至珍至宝一、豈理《ナランヤ》也耶。礼-楽刑-政・典-章文-物、以治レ人、存-心養-性・寡-欲克-己、以修レ己、孝-弟忠-信・義従慈聴、以処レ倫。苟有《シ》レ造《イタルコト》二於此一、雖《ニ》四則釈-迦達-磨再-出、謦三咳《シ》告三諭《スト》*吾側《ニ》一、亦猶二烏雀之過レ前、浮雲《ノ》之度《ルガ》一レ空《ヲ》、曷《ゾ》曽《テ》至二為《メニ》レ之幡-然改《メ》節《ヲ》稽首崩*角《スルニ》一哉。故懐レ玉者、不レ可三欺《ニ》レ之以二魚目《ヲ》一、観レ海者、不レ可三夸《ルニ》レ之以二川瀆《ヲ》一。知二六-経之弗《ヲ》一レ可レ加、而後始《メテ》知三浮-屠氏《ノ》為《ヲ》二贅疣一*也。夫贅疣之《ノ》為レ物、有レ害二於有《ニ》一、無レ損二於無《ニ》一者也。〔44b〕雖レ然《ト》、決《レバ》レ之則必泣《ク》矣。*蓋艱《シム》二乎其長《ジテ》而去《ル》一レ之也。浮屠之《ノ》東也、流-波漫-衍、猶下贅-疣《ノ》与二年歯一倶《ニ》長《ガ》上、即一-朝去《バ》レ之、恐《クハ》与二命倶《ニ》斃《レン》一。苟有《シ》二秦-人華-佗《ノ》之術一、先補レ之以二奇剤《ヲ》一、傅《ニ》レ之以二良薬《ヲ》一、而後乃得レ去レ之。亦但顧《ルノミ》二善後之方何如《ト》一耳。若其不レ爾、則不レ如二姑存《ニ》一。当今仏法、亦復如レ斯。教-化*未レ興二于上《ニ》一、風-俗頽三弊于下《ニ》一。販-夫豎-徒、所三以知二善之《ノ》可レ為、不-善之不《ル》一レ可レ為者、僅在《ニ》下講僧以二天堂地獄《ヲ》一誘《クニ》上レ之《ヲ》耳。故曰、叔世《ノ》一-法也。*若其読レ書志レ道者、名-教《ノ》之中、自有楽地一。豈如《ク》二販-夫豎-徒一然《シャ》哉。雖レ然、人各有レ所レ好。足下好レ仏、乃有レ得焉則斯可。唯憾《ム》以二足下《ノ》材《リ》一、為二浮屠氏《ノト》所一レ奪、不《ルナリ》レ能レ終二聖人大-業《ヲ》一*也。

【校勘】〇矣　『鶏肋篇』なし。〇向　『鶏肋篇』は「曰者」に作る（意味不明）。〇一（返り点の一点）　底本なし。東大本により補う。中之島本は「都城」の後に、国会本は「百貨並布」の後にある。〇澌　底本、東大本、国会本は「漸」に作るが、中之島本により改めた。『鶏肋篇』も「澌」であり、こちらの方が意味が合う。……底本に問題がある箇所。○云『鶏肋篇』「曰」。○蓺『鶏肋篇』「藝」。○側『鶏肋篇』「旁」。○也（「贅疣」の後）『鶏肋篇』はなし。○蓋『鶏肋篇』はなし。○未『鶏肋篇』「不」。○其『鶏肋篇』「夫」。○也（「大業」の後）『鶏肋篇』「是已」。

【注】○丘正敦　蘭洲の父の持軒に学んだ人であったが、持軒没後、仏教に転じた。この書簡は、大阪大学懐徳堂文庫所蔵蘭洲著『鶏肋篇』巻二、63b-にそのまま見える。○客気　肉体とその働きのことを言い、本来善である人間に悪が生じる原因となるもの（ことばとしては『春秋左氏伝』定公八年に「尽客気也」と見える）。王陽明『伝習録』に「私欲客気」という表現で何度も見える（巻中「答陸原静第二書」（岩波文庫本一八六頁））のであるいはその影響もあるかもしれない。『茗話』下巻18条（刊本下9）など蘭洲の著作に多く見える（よみがなは「かたぎ」）（附録参照）。朱子の言う「形気」（朱熹『中庸章句』序「心之虚霊知覚、一也已矣、而以為有人心、道心之異者、則以其或生於形気之私、」）に相当する。「形気」は上16条、上17条、下4条に見える。○崩角　稽首すること（『孟子』『書経』に「若崩厥角」という表現がある）。○載之末年　「之を末年に載す（これを後世の書に記録する）」（『荘子』斉物論篇に見える表現）。「載～」を「～のこととす」という蘭洲の訓みはおもしろい。○不見異物而遷　『管子』小匡篇、『国語』斉語に見える表現。

【解説】仏教に転じた知り合いに恨み言を言う。譬えを駆使して恨み言を述べるだけで中身には乏しい。儒教を学んだ者でありながら仏教に転じた（仏教に奪われた）という点がいちばん残念だったのであろう。仏教に傾いた儒者に対する批判は下45条にも見える。

第44条

○『周書遺記《しゅうしょいき》』*に、「周昭王二十四年四月八日、洪水地震。此即〔45a〕仏生之時也。穆王五十二年二月十五日、暴風地震。此即仏涅槃之時也。」『歴代三宝記』*曰、「魯荘公七年四月辛卯、夜恒星不見、夜中星隕如雨。案如来誕生王宮時也。」この二説、年代大に相違せり。『遺記』の説、あまりに荒唐にて、しるすべからねば、『三宝**記**』の作者、『春秋《しゅんじう》』を見て、幸とおもひより所とせるなり。かくいへばとて、心あるものたれかこれを信ぜん。みづからその愚《ぐ》痴誣妄《ちふもう》を世にあらはすなり。もしはたして、実《じつ》とせば、仏の生死ともに、宇宙の間の、人民の苦患《くげん》となるなり。もしくは、天心に、其人類《るい》をたつをにくみて、不祥《ふしゃう》をもて人にしめし給へるか。仏者無知《ぶち》にて、かへりて人にほこることとするはわらふべし。およそ左道《さどう》をとり人をまよはしむるものは、其身先痴境《まづちきゃう》に〔45b〕おつ。其いふところの理にあたらぬは、もとよりさあるべし。朱晦庵文文山《しゅくはいあんぶんぶんざん》の没《ぼっ》する時、風雨の変《へん》ありしは、偶然《たまたま》のことなり、士君子あるひは、これをあやしくいひなして、浮屠《ふと》氏のとがめにならふは、不見識《ふけんしき》といふべし。

【注】○『周書遺記』『周書**異**記』のこと。周の時代の歴史を記した書であるが、釈迦の誕生についても述べられており、中国仏教が儒教に対する優位性を確保するために制作された偽書だとされる。隋・費長房撰『歴代三宝**紀**』、唐・釈道宣撰『広弘明集』巻一三割注、親鸞『教行信証』「顕浄土方便化身土文類六末」（化身土巻）、『仏祖統記』『法苑珠林』『弁正論』第六割注などに引かれる。『瑣語』上巻27b-28aにも同様の内容がある（附録参照）。○『歴代三宝記』隋・費長房撰『歴代三宝**紀**』のこと。同書巻一「帝年上・周秦」に「至第十九主荘王他十年、即魯春秋荘公七年夏四月辛卯、夜恒星不見、夜中星隕如雨。案此即是如来誕生王宮時也」（『大正蔵』四九巻「史伝部」一二三頁）と見える。○文文山　文天祥（一二三六～一二八三）。南宋の軍人・政治家。号は文山。元に徹底抗戦し、愛国の士として知られる。朱熹と彼の死の際、風雨の変が現れたことについては未詳。

【解説】釈迦誕生説の荒唐無稽さを批判する。

第45条

○仏書の首《はじめ》にある「如是我聞《にょぜがもん》」*は発語《はつご》の詞《ことば》といふものなり。すこしも義《ぎ》あることにあらず。然るに、註者種々《ちゅうしゃしゅ》に、これをとく。袁宏道《えんこうどう》*が解《かい》に、「心境合一、曰レ如ト。超二于是非一ニ、曰レ是ト。不レ落二六根一ニ、曰レ我。不レ借二言辞一ヲ、曰レ聞ト」。かくの如く、しゐて説をつけば、「一時仏在」の四字にも義をつくべし。たとへば、手ぬぐひにぬいものし、餅《もち》にほりものをする如し。無用の解《かい》をつひやすなり。其上此一句は、翻訳者《ほんやくしゃ》の〈46a〉をく所の語にて、仏語にあらず。『書経』に「曰若稽古」*と、発端にをけるにならひていへるのみ。およそ仏書の注解、おほくかくのごとし。この袁宏道、仏にへつらひて、孔子も仏に及《をよ》ばずといへり。かかる不見識《ふけんしき》にて、いかでか釈迦孔子のおとりまさりを評定《へうじゃう》することを得ん。これも亦みづから其愚をあらはすなり。

【校勘】関西大学本書眉には、『瑣語』上巻11aの本文が見える（附録参照）。

【注】○如是我聞　『茗話』中巻15条、『瑣語』上11aでも如是我聞について述べている（内容は同様、後者は漢文、附録参照）。富永仲基『出定後語』巻上第三「如是我聞」でも取り上げている。○袁宏道が解　袁宏道（一五六八〜一六一〇）。明代後期の詩人。ここの「如是我聞」解釈は、三七歳（一六〇四年）作「徳山麈譚」（『瀟碧堂集』巻二〇）に見える（『袁宏道集箋校』巻四四（上海古籍出版社、一九八一年）一二八四頁「問、何謂如是我聞。答、心境合一曰如、超於是非両端

曰是、不落眼耳鼻舌身意曰我、不従語言文字入曰聞」)。袁宏道は、大阪大学懐徳堂文庫所蔵『鶏肋篇』巻五「冽庵漫録第二」18aにも見える。〇曰若稽古　『書経』冒頭などに見える。発語の辞ではあろうが、個々の字の解釈は諸説ある。

【解説】「如是我聞」に深い意味づけをしようとする注釈を批判する。ただ、経書の一字一句に深遠な意味を求めることは儒教の注釈でもよくある。下43条の丘正敦に対してもそうだが、蘭洲にとっては儒者の袁宏道が仏教に傾いたことが受け入れられないことだったのであろう。

第46条

〇僧玄光《げんこう》、夏枯草《かこそう》、よく人の麻痺《まひ》の疾《やまひ》をいやして、『本草《ほんぞう》』*に其功能《こうのう》をいはざるによりていふ、「理は尽ることなし。聖人もことごとく知ることあたはず。性命の大源《たいげん》其理尽ることなし。儒者《じゅしゃ》かぎるに六経《りくけい》をもってし、此外はとることなしといふは、井蛙《せいあ》の大海のおもむきをしらずしてうたがひあやしむが如し」といへり。余おもへらく、理本より尽ることなし。玄光*は仏書にて尽《つく》したるとおもへるなり。これも〔46b〕又井蛙の見なり。輪廻《りんえ》の一路は、聖人のいわざるところなり。かれこれをもて、至宝《しほう》とし、聖人のしらぬところとするなり。「性命大源其理無尽」*といへるは、ひそかに六経により本づき、仏意にもとる也。この人の性は、前世の人より受くるなれば、性命に大源をいふに及ばず、これを天に受るといふによりてこそ、性命の大源はあれ。聖人の教は、先務《せんむ》を急《きう》にする*に在り。六経は、人の先務なり。ここに明らかなれば、天壌《てんち》の間のことは、皆この内に籠絡《らうらく》《こもりたり》す。朦朧恍惚《もうろうこうこつ》のをしへをもて、性命の大源とはすべからず。

【校勘】関西大学本書眉には、『瑣語』上巻2a-2bの本文が見える（附録参照）。

【注】〇玄光　江戸初期の曹洞宗の学僧・玄光（一六三〇～一六九八）著の『独庵独語』（『大正蔵』八二巻「続諸宗部一三」）に「予曽与一僧間行。其人指路傍之草示予曰、是夏枯草也。甘草為佐而治瘰有神験。予試与人、則無不取効者。而考於『本草』、則所不言也。『本草』所言者、破癥治目珠疼等、而試其言、則未甚効。而今神験出於其所不言、則雖一草一木、其理無尽、雖聖人不能尽知也。予於是有感。夫性命之大源、其理難尽、非止一草一木、而限之以六経、而謂外此則我不取者、何異乎井魚軽游溟之趣、籠鳥易冲天之楽哉」と見える。『瑣語』上巻2a-2bの同話が取り上げられており、このままの漢文が見える（附録参照）。〇『本草』『本草綱目』。明・李時珍の編集した中国の代表的本草書。〇性命大源其理無尽　出拠未詳。〇先務を急にする　『孟子』尽心上篇に「堯舜之知、而不徧物、急先務也」と見える。

【解説】玄光という僧が儒教の聖人もすべてがわかっていたわけではないと言ったことに対し、仏者こそわかっていないと言う。また、この僧の言う「性命の大源」は天に基づくものであり、儒者のようにそれに基づいて着実に行動することこそが望ましいと言う。また、この僧がこのような言葉を使うこと自体、儒教の考えを認めたものだとする。

第47条

〇人は唯死《し》を怖《おそ》る、このゆへに、「生滅滅已、寂滅為楽*」といふ。人は唯執着《しふじゃく》す、このゆへに、「応《をう》無《む》所住《しょぢう》而生其《にしゃうご》心《しん》*」

といふ。命をしれば死をおそれず。*権《けん》をしれば執着せず。

【校勘】〇権　『瑣語』下巻26bでは対応する箇所は「義」になっている（附録参照）。

【注】〇生滅滅已、寂滅為楽　仏教用語。**『涅槃経』**四句偈「諸行無常、是生滅法、生滅滅已、寂滅為楽（諸行は無常なり。これは生滅の法なり。生滅は滅し已《おわ》りて、寂滅を楽となす）」。『瑣語』下巻26bでも同様の内容が漢文で見える（附録参照）。『蘭洲先生遺稿』上巻69条でも「生滅滅已、寂滅為楽」に触れる（附録参照）。〇応無所住而生其心　仏教用語。『金剛経』第十に見える。執着することないことを説く禅語。「応に住する所無くして其の心を生ず」と読むのが普通だが、蘭洲は「住する所無く其の心を生ずべし」と読んでいる（上16条参照）。『承聖篇』上16条、『茗話』下巻1条、『瑣語』下巻26bにも見える（附録参照）。〇権　儒教で臨機応変に対応することを言う（『孟子』離婁上篇の兄嫁が溺れた時、男女の礼に逆らってでも助ける話が有名）。下30条で具体的に説明している。秤で釣り合うところを取るように適当なところ（中庸）を求めることだと言う。

【解説】仏教は死を恐れるが、自らの命を知れば死を恐れずにすむと言う。儒教は心の問題も解決できるというのが蘭洲の考えである。蘭洲の父、持軒も死に臨んで泰然たる態度を取っており、蘭洲もそのような心の持ち方を有する人であったであろう。それが儒教的なものであったかどうかわからないが（蘭洲著「持軒先生行状」、解説3、五井蘭洲について、参照）。

第48条

〔47a〕○郝京山《かくけいざん》*いふ、「仏書、妙明・清浄・知恵・真妄・迷悟等の語の如きは、名理《めいり》に迫近《はくきん》せり。然らば、天堂地ごく如き、無稽鄙俚《ひり》の説あるべからず。この鄙俚《ひり》によれば、又直指人心《ぢきしじんしん》*・見性明心《けんしゃうめいしん》*等の雅言《がげん》あるべからず。ゆへに仏書は真贋《しんがん》相半《なかば》す。」

【注】○郝京山　郝敬《かくけい》（一五五八～一六三九）。明人。若い時、仏老に親しみ、中年以降、朱子学に傾倒した（『四庫提要』の『時習新知』の説明）。『山草堂集』（明和五年（一七六八）和刻本が『和刻本漢籍随筆集』第一四集（古典研究会、一九七七年）に収録されている）、『中庸総論』などの著書があり、日本でも広く読まれた。『時習新知』という書名は、『論語』冒頭の「学而**時習**之」（学而篇）や「温故而**知新**」（為政篇）に由来する。巻六末尾の説明によれば、「時習」とは「温故」のことであり、世界に存在する道理を、日常生活の中で実践的に体得していくことだと言う（「新」は、現代で言う「新しい知識を得ること」ではなく、『大学』の三綱目にある「自らを新たにする」という意味であることは注意されたい）*。つまり、『時習新知』が目指すものは、蘭洲が目指すものと一致していたと言える。この条の内容は『時習新知』（『山草堂集』所収）巻四16a-16b（四庫全書存目叢書（斉魯書社）：子90-795）に「仏本胡神。言語文字与中国不相通。今所伝之書、皆中国人、取経伝語意、縁飾之。**如妙明・清静・智慧・真妄・迷悟等語、皆迫近名理。即不宜復有天堂地獄無稽之鄙説。跡其鄙俚、又不宜復有直指人心・見性明心之雅言。故凡仏書真贋半也。**其可信者、吾聖人所本有。其不可信者、人被其因果恐嚇、茫昧而不察耳」と見える。○直指人心　仏教用語。下29条に既出。下37条にも見える。○見性明心　仏教用語。上6条、上9条、上18条、下6条、下55条、下60条などに頻出する。

＊関連する原文は以下のようである。「問、時習新知、何也。曰、所謂温故而知新也。問何謂温故而知新。曰、道在天地間、無

斬然更新者。……道理只在尋常日用間。時時習、時時知、即時時新。所以謂之時習新知也。……則先行而後知乎。余所謂時習新知者此也。」

【解説】仏書は真偽相半ばすという。蘭洲も仏教の俗説と禅の見識を区別し、後者については評価する姿勢を有していたことがわかる。

第49条

○又曰*、「人有レ心即有レ念、浮屠教二人不一レ起レ念《ヲ》。何為《ゾ》其然《ラン》也。思者《ハ》心之官、念念在レ義一理《ニ》、心之《ノ》官当然*、*所レ止《ム》者邪《じゃ》思《し》而已。」余おして思ふに、念《ねん》の起《をこ》らざらんことを欲するは、三世をたつるゆへなり。善念は起《をこ》るもよしとすれば、悪念もおこりやすし。善念はをこし、悪念はおこさじとするは、わづらはし。真妄ともに、放下《ほうげ》して後、真《しん》の真《しん》あはるとす。ゆへに、一切にをこさぬをよしと〔47b〕するなり。これ本出世間の法をなればなり。世間人倫の道をもて、これを律《りつ》せんとせば、底《そこ》を方《けた》にして、蓋《ふた》を円《まどか》にする如し。聖人の道にては、致《ち》知《ち》格物《かくぶつ》*の工夫する故、念《ねん》常《つね》に善《ぜん》のかたに出て、悪のかたにをこらず。これ誠《せい》意《い》自《し》然《ぜん》の功《こう》なり。たとへば格物致知は、舟は舵《かぢ》ある如し。これをとれば、舟はこころざす方へゆき、旁径《わきみち》にゆかず。仏氏は舵《かぢ》を用ひず。ゆへに舟いづかたに行んもはかられぬゆへ、舟を動《うご》かさぬ工夫をす。舟を動さねば、舟の用なし。仏氏、念をおこさぬゆへ、見る所ありといへども、人の用はなさず。ゆへに出世間の法といふ。

【校勘】○当然　国会本は「当、然」と切る。○所　国会本「可」。

【注】〇又曰　『時習新知』（『山草堂集』所収）巻一、4a（四庫全書存目叢書（斉魯書社）：子90-730）に見える。〇致知格物　儒教の概念。下22条注参照。

【解説】仏教はすべての念を起こさないことを目標にする出世間の教えであり、それに対して、儒教は念を良い方向に起こすことを考える世間の教えであると言う。仏教の考えでは世の中は動かない。問題があればすべてを否定しやめるという考えは間違っていると批判する。ここでは、致知格物という修養法に絶対的な信頼を寄せている（佐藤由隆「五井蘭洲と中井履軒の格物致知論」（『東アジア文化交渉研究』一〇号、二〇一七年）参照）。

第50条

〇又曰*、「天地聖人、不㆑能㆑離㆑気。浮屠消㆓滅世界ヲ㆒、以求㆓法身ヲ㆒*、亦不㆑能㆑離ルルコト㆑気。無㆑気即無㆓大虚㆒、焉得有㆓法身㆒。大-虚含㆓万有ヲ㆒、（48a）生㆑天生㆑人生㆑物、唯気耳。二氏言㆑無ヲ以空ス㆓諸有ヲ㆒、聖人言㆑誠ヲ以実ニス㆓諸無ヲ㆒。畢-竟聖人言可㆑据ル。」

余おもふに、『中庸』*に「誠ならざれば物なし」、ついでいふ、「これを誠にするを貴とす」と。誠は真なり、有なり。仏氏は物なきをもて道の秘鍵《ひけん》とす。子思はこれをもて道のやむところとす。ここをもて見れば、儒仏相反《はん》すること、昼夜氷炭《ちうやひやうたん》のごとし。仏者《ぶっしゃ》の無眼《むがん》か、これを一致《いっち》といふや、郝敬《かくけい》は、すこしく風のかはりたる儒者《じゅしゃ》にて、理《り》といふをきらひて、気《き》といふ。ゆへにここに皆気をもて説り。仏家には、理気をいふことをしらず。もし理気をいはば、郝《かく》が此論《ろん》は、その為《ため》にしりぞけられん。

【注】○又曰　『時習新知』(『山草堂集』所収) 巻一29b (四庫全書存目叢書 (斉魯書社)：子90-742) に見える。○法身　仏教用語。下14条注参照。○『中庸』　『中庸』第二五章に「誠者物之終始、不誠無物。是故君子誠之為貴」と見える。

【解説】世界を全否定する仏教と世界を肯定する儒教の根本的違いを説く。蘭洲が「理」と考えているものを郝敬が「気」という語で表現しているとする点は注目に値する (最後の言葉はそのことを述べるのであろう)。ともに、そこに実体を求めているからである。郝敬が気を重視する発言は、『時習新知』巻一25b-26a「気在天地間、常自奮発、人物含気以生、……」、巻二26b「任天下之事者、気也。害天下之事者、亦気也。……」などに見える。

第51条

○又曰*、「浮屠言苦悩、明違聖人悦楽之訓、誑誘世人、脱空〈48b〉忘世。聖賢終*世、以悦楽為精神。夫子*一生勤苦而楽在中。孟子*一生勤苦曰「我善養吾浩然之気*」。人世煩悩、祇為気使、胸中無間*気、楽亦在其中。」余おもふに、仏も悦楽なきにあらず。死するをもて悦楽とす。四諦《したい》をとき、苦集《くしゅう》*は人間のありさまとし、滅道《めつどう》*をもて仏地とす。必しも、身の死するをいふにあらず、苦集《くしゅう》の滅《めつ》するを楽とすといはば、仏*何ぞ「我今日滅如除悪病」と臨終《りんじゅう》にいへる。これは大君《たいしゅ》に生死を出離するをしめすなり。然らば、「死生《しせい》有命*」の一句、仏語にまされり。およそ生死は、天地の間、昼夜《ちうや》ある如し。意《こころ》をつけて、とやかくいふことにあらず。仏氏は、「生死事大*」を口くせとす。これ皆三世といふことありとおもへるよりなり。

【校勘】○終　『時習新知』の原文は「経」に作る。○間　『時習新知』の原文は「閒」に作る。

【注】〇又曰　『時習新知』（『山草堂集』所収）巻二10b（四庫全書存目叢書（斉魯書社）：子90-748）に見える。〇夫子　孔子のこと。『論語』述而篇に「飯疏食飲水、曲肱而枕之。楽亦在其中矣。不義而富且貴、於我如浮雲（疏食を飯《くら》い水を飲み、肱を曲げて之を枕とす。楽しみ亦た其の中に在り。不義にして富み且つ貴きは、我に於いて浮雲の如し）」とある。〇孟子『孟子』公孫丑上篇に見える。〇苦集　「くじゅう」。仏教用語。苦は人生における苦しみを指し、集は苦の原因である煩悩の集積のこと。〇滅道　仏教用語。滅は煩悩を滅し尽くした涅槃を意味し、道は涅槃に達するための方法で八正道のこと。この苦集滅道がすなわち四諦。『般若波羅蜜多経』に多く登場する。〇仏　この語は、『遺教経』「六、分別未入上上証為断疑分」に「我今得滅、如除悪病。此是応捨罪悪之物、仮名為身。没在老病生死大海。何有智者得除滅之、如殺怨賊而不歓喜」と見える。下18条にも見える。〇死生有命　『論語』顔淵篇に「死生有命、富貴在天」と見える。〇生死事大　仏教用語。下33条の注を参照。

【解説】死に対する姿勢について、それを恐れて問題とする仏教より、当たり前のこととして死を恐れない（蘭洲の考える）儒教の姿勢の方が優れていると言う。生を憂えるものではなく基本的に楽しむものだという考えは、蘭洲と郝敬に共通する根本的思想である。同様の内容は、郝敬、蘭洲ともに繰り返し述べる（附録『茗話』下巻22条（刊本下9a）参照）。

第52条

〔49a〕〇又曰*、「天下道惟天*、道原二于天一。故曰、惟天為レ大。『易』曰、「大哉乾元。」天-道即乾-元、是為二太極一ト。浮屠

以レ天為レ小ト、以二地水火風ヲ一為二四大ト一、杜-撰無-稽。世-儒*亟称レ之ス、可レ笑。」余おもふに、「以天為小」といへるは、深く考えざるなり。仏法には、儒にていふ天をしらず。天といふは、ただ空中何もなきところをいへるなり。故に大小の論に及ばず。其四大をいへるは、誠に杜撰なり。且其須弥芥子《しゅみけし》の*説に矛盾《むじゅん》《くひちがひ》せり。

【校勘】〇道惟天　『時習新知』の原文「惟道大」。〇亟　『時習新知』の原文「顧亟」。

【注】〇又曰　『時習新知』（『山草堂集』所収）巻二37b-38a（四庫全書存目叢書（斉魯書社）：子90-758には見えない（31葉以下は「欠」））に見える。〇須弥芥子の説　「芥子須弥《けししゅみ》を容《い》る」。芥子粒のような小さなもの中で大千世界のような途方もない世界を内に秘めているという意味。『維摩経』「不可思議品」に「毛呑巨海、芥納須弥」（毛、巨海を呑み、芥、須弥を納れる）という句がある。『碧巌録』巻五第五十則「雲門塵塵三昧」に、「塵塵三昧（目に見えないような微細な塵一粒一粒の中に宇宙がある）」について尋ねた話がある（『五山版中国禅籍叢刊』第一二巻「公案・注解」（臨川書店、二〇一八年）14b-、八八頁）。他、李渤という学者が唐代の禅僧帰宗禅師に『毛、巨海を呑み、芥、須弥を納れる』（『維摩経』）の意味を聞いた故事があるという。「毛呑巨海、芥納須弥」は『臨済録』「勘弁」四（岩波文庫本一五四頁）にも見える。

【解説】仏教は天を知らないと批判する。ただ、郝敬が天を大なるものと言うことについては、天は大小を言えるものではないとして異議を唱える。

第53条

○*又曰、「仏既出《ニ》-世《ス》、何-以諸-仏尽《ク》在二衆生国土《ニ》一。仏教三衆-生離《レ》二生死《ヲ》一、何-以三-世《ノ》-諸仏、又降-生不《ル》レ*施。欲下尽度二衆-生-離《ト》中生-死-海《ヲ》*一、何以自レ有《テ》二仏法一*、到レ今生死如《ナル》レ故。必欲レ離二生死《ヲ》一、将《もっテ》二世界《ヲ》一安二置何処一、比二及詞窮《ルニ》一。又云「不生不滅而色即空*」、如レ此則是世界終末《ニ》〔49b〕レ能レ滅生-死*未レ能レ離也。従-前誕《ノ》-罔、又何為《ルヤ》乎。」

【校勘】○施　『時習新知』の原文「絶」。○一（返り点の「一」点）　底本、東大本、中之島本はいずれも「一」。国会本だけ「上」（正しくはこれ）。○、（読点）　本来はその二字後の「到今」の後に置くのが適当だ（内閣文庫蔵明刊本もそうだ）が、蘭洲の読みがわかるのでママにした。○未　『時習新知』の原文「終末」。

【注】○又曰　『時習新知』（『山草堂集』所収）巻五16a-16b（四庫全書存目叢書（斉魯書社）：子90-809）に見える。○不生不滅而色即空　仏教用語。『般若心経』の「色即是空……不生不滅」を言う。

【解説】輪廻説が成り立たないことを列挙して批判する。仏が輪廻を抜け出していれば諸仏がこの世にいるはずがない。仏が衆生を輪廻から脱出させたいのならどうして救いに来ないのか。本当に救いたいなら仏法が存在してから今までどうしてこのような生死が繰り返されているのか。そもそも一切が空ならそれを抜け出すこともできないではないか。（輪廻説に従えば現実の世界を説明できないという批判は上19条にも見える。）

第54条

○「*浮屠侈《おごり》談ズ三*天地ノ之外有ル二無-量ノ世界ノ一、以二此天地一為二芥子一ト。夫既小ニ二天-地一ヲ矣。凡ソ天-地ノ之内、君-臣父-子民-彝物-則、一-切皆為二*鼠肝*虫臂一ト、糜-滅*虀-粉シテ、*以二其所一レ不レ知、荒《すて》二其所一レ知、以二其所一レ不レ見、滅二其所一レ見、雖レ曰ト非二誕-妄一、吾豈信ンヤレ之。」余おもふ、昔*鄒衍《すうえん》の説《せつ》、中国は天下におゐて、八十一分にして其ひとつなりといひ、『*淮南子』は、八紘《こう》八極《きょく》の説あり。これもろこしの人、わが国より外に国はなきやうにおもふゆへ、かくいひて人の胸懐《けうくはい》をひろめしなり。仏者これを見て、これなを天地の間にていへば、なをせばしとして、かくの如き天地をいくらもたてて、三千大千世界といへるなり。おそらくは、もろこしの説の上に〔50a〕出んことを欲し、訳者《えきしゃ》のつくりそへたるならん。かくいへるまでにて、仏の道にあづかることにあらざれば、仏語《ぶつご》にはあらざるべし。

【校勘】○天下　『時習新知』の原文「天地」。○鼠　『時習新知』の原文「馬」。○虀　『時習新知』の原文「虀」。○以　『時習新知』の原文「而以」。

【注】○浮屠　以下の漢文は、『時習新知』（『山草堂集』所収）巻五17a（四庫全書存目叢書（斉魯書社）：子90-809）に見える。○鼠肝虫臂　虫の腕と鼠の肝。取るに足らないことを言う。『荘子』大宗師篇に「以汝為鼠肝乎、以汝為虫臂乎」とあるのに基づく。○鄒衍　『史記』孟子荀卿列伝に「以為儒者所謂中国者、於天下乃八十一分居其一分耳」とある。○『淮南子』　『淮南子』墜形訓《ちけいくん》に「……八紘之外、乃有八極……」と見える。

【解説】仏教は儒教よりも大きな世界観を語ろうとして三千大千世界の説（いわゆる須弥山を中心とする大宇宙説）を立てたと言う。他学派を凌駕しようとして学説を立てたという考えは、富永仲基（一七一五～一七四六）と通じるものがある。その影響の有無については研究が俟たれる（蘭洲は一六九七～一七六二なので時代は重なる）。

第55条

○『困知記《こんちき》』*曰、「釈氏之《ノ》「明心見性」*、与二吾儒之《ノ》「尽-心知-性」*一、相-似而実不レ同。蓋虚-霊知-覚《ハ》、心之《ノ》妙也。精-微純-一《ハ》、性之《ノ》真也。釈-氏之学、大抵有レ見二於心一、無レ見二於性一。故其為レ教、始《ハ》則欲下人尽離《ク》二諸-相《ヲ》一、而求《ト》中其所-謂空上《ヲ》。空《ハ》即虚也。既《ニシテ》則欲三其即レ相即レ空《ニ》、而契《ニ》二　其所謂覚《ンコトヲ》一*也、即知覚也。覚-性既得《ニレバ》、則空-相洞-徹、神-用無レ方、神《ハ》即霊也。凡釈氏之《ノ》言レ性、窮二其本-末《ヲ》一、要不レ出二此三者《ニ》一。皆心之*妙《シテ》、而豈性之《ノ》謂《ナランヤ》　哉。使下其拠レ所《ニ》二見之《ノ》及《ブ》一、復能《ク》向レ上《ニ》尋《ネ》上之、「帝-降之*衷」亦庶二乎其可レ識矣。顧《テ》自以為二「無-上妙道《ト》」一、曾不レ知三其終-身尚有《ヲ》二不レ到《ル》処一、乃敢遂《テニ》篤二其説《ヲ》一、以誤《ル》二天下後-世之《ノ》〔50b〕人《ヲ》、至下於廃二棄人倫《ヲ》一、滅中絶天-理《ヲ》一、其貽《ス》レ禍之酷、可二勝道《フ》一哉。夫攻二異端《ヲ》一闢二邪説《ヲ》一、孔氏之家法也。或乃陽《ハ》離《ニレ》陰《ニ》合《ヒ》、貌詆《リ》心従《ヒ》、以*熒二惑多士《ヲ》一、号《シテ》為二孔氏之《ノ》徒《ト》一、誰則《カ》信レ之。」この『困知記』は、明《みん》の羅整《らせい》庵《あん》の作るところなり。この末にとがめていへるは、王陽明《わうやうめい》・龍渓《りやうけい》*ごときをさしていへるなり。

【校勘】○也　『困知記』原文なし。○皆心之妙　『困知記』原文ではこの前に「然此三者」あり。○熒　底本、東大本は「栄」に作るが、『困知記』原文により改めた。（中之島本、国会本は「熒」）……底本に問題がある箇所。

【注】○『困知記』　明・羅欽順（整庵）著。羅欽順（一四六五～一五四七）は明代朱子学派の代表的人物。朱子学を篤く奉じ、仏教・陽明学を激しく非難した。主著は『困知記』。この箇所は、『困知記』巻上五（理学叢書本『困知記』（中華書局、一九九〇年）二頁）に見える。

五、釋氏之「明心見性」、與吾儒之「盡心知性」、相似而實不同。蓋虚靈知覺、心之妙也。精微純一、性之真也。釋氏之學、大抵有見於心、無見於性。故其為教、始則欲人盡離諸相、而求其所謂空、空即虚也。既則欲其即相、即空、而契其所謂覺、即知覺也。覺性既得、則空相洞徹、神用無方、神即靈也。凡釋氏之言性、窮其本末、要不出此三者。然此三者皆心之妙、而豈性之謂哉。使其據所見之及、復能向上尋之、「帝降之衷」亦庶乎其可識矣。顧自以為「無上妙道」、曾不知其終身尚有尋不到處、乃敢遂駕其説、以誤天下後世之人、至於廢棄人倫、滅絶天理、其貽禍之酷可勝道哉。夫攻異端、闢邪説、孔氏之家法也。或乃陽離陰合、貌詆心從、以熒惑多士、號為孔氏之徒、誰則信之。

明心については、上18条、下6条を参照。〇明心見性　上6条、上18条、下6条、下48条、下60条にも見える。〇尽心知性　『孟子』尽心上篇に「尽其心者知其性也、知其性則知天矣」と見える。〇帝降之衷　『書経』湯誥篇に「惟皇上帝、降衷于下民。若有恒性、克綏厥猷惟后」（惟《こ》れ皇《おほ》いなる上帝、衷を下民に降す。恒有るの性に若《したが》ひ、克《よ》く厥《そ》の猷《みち》を綏《やす》んずるは惟れ后《きみ》なり）と見える。下25条にも見える。〇龍渓　王畿（一四九八～一五八三）、号龍渓。王陽明の弟子。

【解説】仏教の「明心見性」は一見、儒教の「尽心知性」と似ているが、性をわかっていない点が根本的に違うと言う。儒教は天に由来する性に基づき、仏教は自分のみの心に基づく。そこで空虚に陥り、人倫を無みすることになる、というのである。見かけは儒者でありながら仏教に傾いた王陽明らも批判する。

第56条

○又曰*、「吾儒只是《ハ》順二天理之自然一《ニ》、仏-老二氏、皆逆レ天背レ理《ニ》者也。然彼亦《モ》未下嘗不中以二自然一《ンバ》藉上口《ヲ》。邵*子有レ言、「仏氏棄二君臣父子夫婦之道一《ヲ》、豈自然之理哉。」片言可三以折二斯獄一《ヲ》矣。顧《テ》彼猶《ク》善為二遁辞一《ヲ》、*謂《フ》仏氏門中不レ舎二一法一《ヲ》。夫《レ》既《ニ》挙二五倫一《ヲ》而尽《ク》棄《ツ》レ之矣、尚何《ノ》法《ノ》之不レ舎《ランヤ》邪。」

【校勘】○謂　『困知記』巻上七六では「以謂」。

【注】○又曰　『困知記』巻上七六（理学叢書本『困知記』（中華書局、一九九〇年）二三頁）に見える。七六、吾儒只是順天理之自然。佛老二氏、皆逆天背理者也、然彼亦未嘗不以自然藉口。邵子有言、「佛氏棄君臣父子夫婦之道、豈自然之理哉。」片言可以折斯獄矣。顧彼猶善為遁辭、以謂佛氏門中不舍一法。夫既舉五倫而盡棄之矣、尚何法之不舍邪。

○邵子　邵雍（しょうよう）（上29条参照）。この言葉は邵雍著『皇極経世書』巻六「観物外篇下」に見える。（『性理大全』巻一二にも引用される。）

【解説】儒教が天理の自然（＝道徳）に沿うものであるの対し、仏教はそれを捨てるものであると批判する。

第57条

○又曰*、「『法華経』「寿量品*」所云、「成-仏以来、甚大久-遠、寿-命無-〔51a〕量、常-住不滅。雖レ不二実滅一《ニ》而言二《ビ》滅

度《ヲ》一、以二是方便《ヲ》一教二-化衆生《ヲ》一。」此経中切-要処《ノ》、諸仏如来秘密之蔵、不レ過レ如レ此。*間-言-語居二其大半一、可レ厭。分-別功-徳品《ノ》*偈-中所レ説「若《クハ》布-施、若《クハ》持戒、若《クハ》忍辱、若《クハ》精進、若《クハ》禅-定、五-波-羅-密、皆謂二之功徳《ト》一。」及《ビ》云《フ》「有二善男女等一、聞三我説《ヲ》二寿-命《ヲ》一、乃至一-念-信《ハ》、其福過二於彼《ニ》一。」（*引用ではない）蓋於二雖レ*滅不レ滅《ノ》之語《ニ》一、若信-得及《バ》即是実-見、是為二第一般若多羅密一、其功徳不レ可二思-議《ス》一、以二前《ノ》五者-徳《ヲ》一比《レバ》レ此《ニ》、千-万-億-分不レ及二其一《ニ》一。其実《じつ》争二悟《ト》与《ヲ》二未レ悟而已。」余おもふに、整庵この論、よく仏氏の頭脳《づのう》を見付たり。これ即法報化《はうはうげ》の三身の*説のよりて出る所にて、余がさきにいへる、仏の一の*見解《けんげ》これなり。仏を学ぶ人、ただ、仏の*事相《じそう》*経相《きゃうそう》になづみて、ここをしらず。しる者ありといへど、此こと〔51b〕わりを、火のあつく、水のさむき如くには得さとりえず。これをさとり得れば、彼《かの》一見解《けんげ》を了《れう》ず。ここを了《れう》ずれば、余に求《もとめ》なし。もし求むれば、驢《ろ》にのりて驢を求むるなりとなり。此寿命《じゅめう》の説は、即『老《らう》*子《し》』にいへる、「死《シテ》而不《ル》レ亡《ビ》者寿《シ》」、又「谷神不レ死、是謂二玄牝《ト》一、玄牝之《ノ》門、是謂二天-地之《ノ》根《ト》一。綿-々若レ存、用《ルガ》レ之不レ勤」といへる心なり。此軀殼《くこく》《からだ》の不死にはあらず。心の妙処《めうじょ》をいへるなり。後世の老家《らうか》は、これを軀殼《くこく》の不死とするゆへ、仙術修養《せんじゅつしゅやう》にながれたり。仏子《ぶっし》は、心の不死とするゆへ、三世の説おこりたり。老子の時、仏法もろこしに入らねば、此語《ご》は老子に始《はじ》まりて、其一見識《けんしき》なり。仏は老子より先といへど、天竺《てんぢく》に編年《へんねん》の書《しょ》なければ、証拠《しゃうこ》とすべきやうなし。〔52a〕さればこそ、仏は周《しう》の昭《せう》王年中に生るともいひ、又其後三百年ばかり経《へ》て、周の荘王《さうわう》の時生るともいひて、たしかならず。然れば、老子より後の人ならんもはかられず。いづれにも、『法華』にとくところ、よく老子に吻合《ふんごう》《かなへ》せり。

【校勘】〇寿量品　『困知記』原文では「如来寿量品」。〇間　『困知記』原文では「閒」。〇ノ（訓点）　底本、東大本ともに「滅」の下についているが「不」についていると考え改めた。

【注】〇又曰　『困知記』巻下七二（理学叢書本『困知記』（中華書局、一九九〇年）四四頁、四五頁）に見える。

七二、『法華經』如來壽量品所云、「成佛以來、甚大久遠、壽命無量、常住不滅。雖不實滅而言滅度、以是方便教化衆生。」此經中切要處、諸佛如來秘密之藏、不過如此。閒言語居其大半、可厭。分別功德品偈中所說、「若布施、若持戒、若忍辱、若精進、若禪定、五波羅蜜、皆謂之功德。」及云、「有善男女等、聞我說壽命、乃至一念信、其福過於彼。」蓋於雖滅不滅之語、若信得及即是實見、是為第一般若多羅蜜、其功德不可思議、以前五者功德比此、千萬億分不及其一。其實、只爭悟與未悟而已。

〇『法華経』「寿量品」『妙法蓮華経』巻五「如来寿量品第十六」に「如是我**成仏已来甚大久遠**、**寿命無量**阿僧祇劫、**常住不滅**。諸善男子、我本行菩薩道所成寿命、今猶未尽、復倍上数。然今**非実滅度**、**而**便唱言「当取**滅度**」。如来**以是方便教化衆生**」とある（『大正蔵』九巻四二頁下）。〇分別功徳品偈　『妙法蓮華経』巻五「分別功徳品第十七」偈に「……況復持此経、兼**布施持戒**、**忍辱**楽**禅定**、不瞋不悪口……若能行是行、**功徳**不可量」と見える（『大正蔵』巻九、四六頁上中）のを言うか（同巻に「精進」「五波羅蜜」という語も見える）。その他、『妙法蓮華経』巻五「分別功徳品第十七」に「況復有人能持是経、兼行**布施**・**持戒**・**忍辱**・**精進**・一心・智慧。其**徳**最勝、無量無辺」と見える（『大正蔵』九巻四五頁下）。「波羅蜜」は完全性を意味する仏教用語。転じて大乗仏教においては、仏になるために菩薩が行う修行のこと。「又云」以下は、『妙法蓮華経』「如来寿量品第十六」に「有善男女等、聞我説寿命、乃至一念信、其福過於彼」と見える。〇法報化の三身の説　下14条の注を参照。上1条にも見える。〇事相　仏教用語。密教で、修法など実践面を指す。〇経相　教相か。教相は、教義の組織的解釈など（寿命も）。〇余がさきにいへる、仏の一の見解　下19条の世界は心のみという説を言うか（下線部分）。〇『老子』「死而不亡……」は『老子』第三三章、「谷神不死……」

は『老子』第六章に見える。

【解説】仏教が老子の影響を受けているという説は道理にかなっていると言う。蘭洲は『老子』に注釈を残している（『蘭洲先生老子経講義』）。その注釈の特徴は、現在一般に考えられているように『老子』を出世間の思想とするのではなく、権謀術数の書であるとする点である（梠島雅弘「五井蘭洲『蘭洲先生老子経講義』翻刻（一）〜（三）」（『懐徳堂研究』九〜一一号、二〇一八〜二〇二〇年）参照）。

第58条

○又曰*、「『中庸』挙二「鳶飛魚躍*」二語ヲ一而申レ之云、「言二其上下察一也」。仏家亦嘗有レ言*「青々翠竹、尽是真如、鬱々黄花、無レ非二般若一」、語意絶々相似、只是不レ同。若能識バ三其所二以不ヲ一レ同、自不二為レ其所メニ一レ惑矣。」又曰、「所二以不レ同者、果シテ何在耶。誠以テ二鳶魚雖レ微、其性同一天命一也。飛躍雖レ殊、其道ハ同一率性ヲ一也。彼所謂般若法身、在二花竹之身之外一。吾所謂天命率性、在二鳶魚之身之内一。在レ内則是一物、在レ外便成*二物。二則二本、一則一本。詎ソ可二同ケンヤレ年而語ル一哉。且天命ノ之性、不二独鳶魚有ノミ一レ之、〔52b〕花竹亦有レ之。程子所レ謂「一草一木、亦皆有理、不レ可レ不レ察」者、正ニ惟有レ見二于此ニ一也。仏氏祇*認二知覚ヲ一為レ性ト、所以於コノユヘニ二花竹上ニ一、便通ジ不レ去、只得テ以為ル二法界中所レ現ノ之物ト一爾。『楞伽*』以二四大種色ヲ一為二虚空所一レ持、『楞厳*』以二山河大地ヲ一咸是妙明具ル二心中一物ナリ、其ノ義亦猶レ是也。」余おもへらく、整《せい》庵の意は、仏は知覚《ちかく》《しりおぼゆる》をもて性《せい》とす*。花竹《くはちく》に人の如き知覚なければ、性をもて花竹は論ずべからず、ただ、法界《ほかい》中に現《げん》するものとし、人のさとれる心より見れば、これも亦真如法身《しんにょはうしん》とおなじといへる心なりとなり。整庵《せいあん》の説、きこへたれど、仏者これをきかば、必いはん、「花竹は花竹なりの真如法身あり」と。然れども、三世因果《さんぜいんぐは》は、有情《うじゃう》の鳥獣虫魚《とりけものむしうを》にこそ有べければ、草木《くさき》になければ、草木なりの性《せい》は性といふにたらざるべし。されど、仏家〔53a〕は破綻《ほころび》にそなふる遁《とん》辞《じ》をよく設《まう》け置たれば、又其説あるべし。所せん此語《ご》は、『中庸』の「鳶飛魚躍」にならひて、儒者におとらじと作れるなり。仏の本旨《ほんし》にはかなはず。いかんとなれば、実に真如法身の花竹なるに、いかなるに、いかなれば、これをきりこれを食しても、殺生《せっしゃう》とはせざるや。これにて花竹には真如法身のなしとするを見るべし。聖人の道にていはば、花には花の性あり、竹には竹の性あり、ただ人の性と同じからず。鳥獣虫魚も又同じ。整庵《せいあん》又釈高禅《しゃくかうぜん》の*詩に「有レ物先ニ天地一《ニ》、無レ形本寂-寥、能為ニ万-象主一《ト》、不ニ逐レ四時凋一《マ》」といへるを引て、これ昭然《せうぜん》たる大極《たいきょく》の象《しゃう》なり。何《なに》の論《ろん》をいれず。しかるに、かれ陰陽《ゐんやう》あることをしらねば、いづくんぞ大極あることをしらんや。けだし、かれ儒書をうかがひ〔53b〕見て、ひそかにとりて此詩を作れりといへり。余おもふに、これ大極をとりたるにあらず。『老子*』に、「有レ物混-成《ス》、先ニ天地一生《ニ》。寂《タリ》兮寥《タリ》兮、独-立《シテ》而不レ改《メ》、周-行《シテ》而不レ殆」といへるをとりたるなり。およそ『老子』をよく誦《じゅ》せば、仏意《ぶつい》は皆この書の内にこもるべし。古人いふ、「老子、天竺にゆきて、浮屠《ふと》に道を教へたり」といへる、より所なしといへがたし。青々翠竹も、分明に『中庸』をおそへるなり。必しも論ずるに及ばず。又*曰、「仏氏初不レ知三陰-陽為ニ何物一《ヲ》、固《ヨリ》無レ由レ知《ニ》、所謂道、所謂神、但見三得此心有ニ一点之霊一《ヲ》、求ニ其体一《ヲ》而不レ可レ得、則以為ニ空-寂一《ト》、推ニ其用一《シテ》《ヲ》而*偏ニ於陰-界-入一《バ》《ニ》、則以為ニ神通一《ト》。所謂有レ物者《ハ》、此爾《ノミ》、以レ此為レ性《ト》、万無ニ是処一《ニ》《ノ》、而其言之乱レ真《ノ》《ヲ》、乃有下如ニ此詩一者上《ノ》、可レ無レ辨乎《シヤ》。然《ルニ》人心之神《ノ》、即陰陽不測之神、而無ニ二-致一。但神之在ニ〔54a〕陰-陽一《ニ》者、則万-古如レ一《ノ》。在ニ人心一《ニ》者、則与ニ生死一相為ニ存-亡一《ヲ》、所謂理-一而分-*殊也。仏氏不レ足ニ以及一レ此矣。吾-党之士、盍《ゾ》相-与精ニ察之一《ヲ》。」

【校勘】〇成　『困知記』原文、中之島本、国会本はすべて「成」。底本、東大本は「或」に見えるが改めた。〇祇

『困知記』原文では「祇縁」。〇す　国会本「は」。〇徧　『困知記』原文では「偏」。

【注】〇又曰（一つ目）『困知記』巻下七四（理学叢書本『困知記』（中華書局、一九九〇年）四五頁）に見える。〇又曰（二つ目）『困知記』続巻上一四（理学叢書本『困知記』（中華書局、一九九〇年）五九頁）に見える。〇鳶飛魚躍　『中庸』第一二章に「鳶飛戻天、魚躍于淵」と見える（『詩経』大雅・旱麓の語）。世界（の中の生き物）がそれぞれの性を有し発現している（天理がそれぞれのものに具体的に表れている）ことを象徴的に述べる言葉として蘭洲はしばしば引用する（蘭洲は『荘子郭註紀聞』などでもこの語を引用している。『荘子郭註紀聞』四41a（在宥篇）「無為トハタダ手ヲツカネ居ル而已ヲ云事ニハアラズ。天下各其性命自然ノシワザニ任セテ四ノ五ノト上ヨリ手ザシセネバ、人々皆**鳶飛魚躍**ノ自在ヲナス。……」）。生きとし生けるものが生き生きと生きていることを肯定的に認める蘭洲の思想を象徴的に表す言葉である。〇仏家亦嘗有言　『碧巌録』巻一〇第九十七則に「古人道、**青青翠竹尽是真如**、**鬱鬱黄花無非般若**。若見得徹去、即是真如」と見える（『五山版中国禅籍叢刊』第一二巻「公案・注解」（臨川書店、二〇一八年）18b、一五三頁）。他、『大慧普覚禅師普説』巻一五などにも見える。〇『楞伽』『楞伽経』にこのままの文句は見えないが、巻一「一切仏語心品」の「離見心授分」辺りに該当する内容が見える。『楞伽阿跋多羅宝経註解』巻一下に「**謂色為虚空所持**。……**四大種**者、地水火風也。」と見える。〇『楞厳』『大仏頂如来密因修証了義諸菩薩万行首楞厳経』巻二に「不知色身外泊**山河**虚空**大地**、**咸是妙明**真**心中物**」と見える。＊『三教平心論』巻下「又曰、不知色身外泊山河虚空大地、咸是妙明真心中物、所以明此心之周遍無外也」。〇釈高禅の詩　臨済宗の僧の『楊岐方会和尚語録』などに「上堂云、有物先天地、無形本寂寥、能為万象主、不逐四時凋」と見える。〇『老子』『老子』第二五章に見える。上29条にも見える。〇又曰（三つ目）『困知記』続巻上一四（理学叢書本『困知記』（中華書局、一九九〇年）五六～五七頁）に見える。

『困知記』巻下七四

中庸挙「鳶飛戾天、魚躍於淵」二語、而申之云「言其上下察也。」佛家亦嘗有言「青青翠竹盡是真如、鬱鬱黄花無非般若。」語意絶相似、只是不同。若能識其所以不同、自不為其所惑矣。

『困知記』続巻上一四（理学叢書本五九頁）

余於前記嘗挙「翠竹」「黄華」二語、以謂與「鳶飛魚躍」之言「絶相似、只是不同」、欲吾人識其所以不同處、蓋引而未發之意。今偶為此異同之論所激、有不容不盡其言者矣。據慧忠分析語、與大珠「成形」「顯相」二言、便是古德立言本旨。大珠所以不許之意、但以黄華・翠竹非有般若・法身爾。其曰「道是亦得」、即前「成形」「顯相」二言、曰「道不是亦得」、即後「非彼有般若・法身」一言也。慧忠所引經語與大珠所引經語皆合、直是明白、更無餘蘊。然則、其與吾儒「鳶飛魚躍」之義**所以不同者、果何在邪？誠以鳶、魚雖微、其性同一天命也。飛、躍雖殊、其道同一率性也。彼所謂般若・法身・在花・竹之身之外。吾所謂天命・率性、在鳶・魚之身之内。在内則是一物、在外便成二物。二則二本、一則一本、詎可同年而語哉。且天命之性、不獨鳶・魚有之、花・竹亦有之。程子所謂「一草一木亦皆有理、不可不察」者、正惟有見乎此也。佛氏秖緣認知覺為性、所以於花、竹上便通不去、只得以為法界中所現之物爾。『楞伽』以「四大種色、為虛空所持」、『楞嚴』以「山河大地、咸是妙明真心中物」、其義亦猶是也。**宗杲於兩家之説更不拈動、總是占便宜、卻要學者具眼、殊不失為人之意。余也向雖引而不發、今則舍矢如破矣。吾黨之士夫、豈無具眼者乎。

『困知記』続巻上一四（理学叢書本五六～五七頁）

余於前記嘗有一説、正為此等處、請復詳之。所謂「天地間非太極不神、然遂以太極為神則不可」、此言殊未敢易。誠以太極之本體、動亦定、靜亦定。神則動而能靜、靜而能動者也。以此分明見得是二物、不可混而為一。故繫辭傳既曰「一陰一陽之謂道」矣、而又曰「陰陽不測之謂神」。由其實不同、故其名不得不異。不然、聖人何用兩言之哉。然其體則同一陰陽、所以難於領會也。**佛氏初不識陰陽為何物、固無由知所謂道、所謂神。但見得此心有一點之靈、求其體而不可得、則以為空寂、推其用而偏於陰・界・入、則以為神通。所謂「有物」者、此爾。以此為性、萬無是處。而其言之亂真、乃有如此詩者、可無辨乎。然人心之神、即陰陽不測之神、初無二致。但神之在陰陽者、則萬古如一。在人心者、則與生死相為存亡、所謂理一而分殊也。佛氏不足以及此矣、吾黨之士、盍相與精察之。**

○理一而分殊　理は一つだがすべてのものに別れて発現するという考え。朱子学の基本的考え。『朱子語類』巻一「理気上・太極天地上」「問理与気。曰、「伊川説得好、曰「理一分殊」。合天地万物而言、只是一箇理。及在人、則又各自有一箇理」」など。

【解説】仏教が知覚あるもの（動物）にのみに性があるとし、輪廻の対象とすることを批判する。仏教の中にも植物にも仏性を求める考えもあるが、それは自己撞着を起こしているとし、また、儒教の『中庸』の思想を盗んだものであろうと言う。

第59条

○又曰、「梁武帝問㆓達磨㆒曰、「朕即-位以来、造㆑寺写㆑経度㆑僧、不㆑可㆓勝《テ》紀《ス》㆒、有《ル》㆓何《ノ》功徳㆒。」答曰、「並無㆓功徳㆒。」*帝曰、「何以無《キ》㆓功徳㆒。」答曰、「此《レ》但人-天《ノ》小-果、有-漏之因、如㆓影随㆑形《ニ》、雖㆑有《ト》非㆑実。」又宗-果答《ル》㆓曽侍郎《ニ》㆒書曰、「今《ノ》時学㆑道之士、只求㆓速-効《ヲ》㆒、不㆑知㆓錯-了《ヲ》㆒也。却謂《テフ》無-事省-録、坐-禅体-究、為㆔空《ク》過㆓時光《ヲ》㆒、不㆑如《カ》看㆓幾巻《ノ》経《ヲ》㆒、念㆓幾

声仏一《ヲ》、仏前多礼《シ》二幾拝一《ヲ》、懺三悔平生所レ作《ノ》罪過一《ヲ》、要《スト》レ免《ト》二閻家老*子手中《ノ》鉄棒一《ヲ》。此是《ハレ》愚人所レ為。」鳴呼、自三仏法入二中国一、所レ謂造レ寺写レ経、供仏飯僧、看レ経念仏、種々靡費之《ノ》事、日新《ニシテ》而月盛《ンニ》。但其《ノ》力稍可《キ》レ為者、靡レ不二争レ先《ジテ》為レ之。達磨在二西域一《ニ》、称二二十八祖一《ト》、入二中国一《ニ》、則為二禅家初祖一《ノト》。宗果《ハ》、〔54b〕擅二名一代一《ヲニ》、為二禅林之冠一《ノ》、所三以保二護仏法一《ヲ》者、皆無レ所レ不レ用二其心一。其不《ル》二*肯《テ》失言一、決《セリ》矣。乃至下上所レ言種々造作、以為二無益一《ト》者上《ニ》、前後如出二一口一《ニ》。此又不《ンヤ》レ足レ信邪。乃欲下諂二事土仏木仏一《ニ》、以僥中倖《ント》於万一上《ニ》、非《ズヤ》二天下之至愚至愚《ナル》者一《ニ》乎。凡吾儒解レ惑之《ヲ》言、不レ可二勝述一。孰意《カハン》仏書中乃有《ントハ》二此等《ノ》本分《ノ》説話一、人心天理、誠《ニ》有下不《ル》レ可二得《テ》而泯滅《ス》一者上矣。」余つらつらおもふに、達磨のそしるところは、わが国古の仏法の如し。宗果《そうかう》は大慧《だいゑ》なり。このそしれるところは、わが国後世の仏法の如し。ともに、仏法のあとかたに、とどこをりて、仏の本旨にうときなるべし。しかるに、ふたりとも禅家《ぜんけ》の見解《けんげ》なれば、自餘《じよ》の僧家には、其そしりをひらく備《そなへ》あるべし。

【校勘】〇肯　底本も国会本も「旨」に見える（ただし、上部は「ヒ」ではなく「上」）が改めた。

【注】〇又曰　『困知記』続巻上一九（理学叢書本『困知記』（中華書局、一九九〇年）六一頁、六二頁）に見える。ただし、とぎれとぎれの引用。

一九、**梁武帝問達磨曰、「朕即位以來、造寺寫經度僧、不可勝紀、有何功德。」答曰、「並無功德。」帝曰、「何以無功德。」答曰、「此但人天小果、有漏之因、如影随形、雖有非實。」又宗杲答曾侍郎書有云、「今時學道之士、只求速效、不知錯了也。卻謂無事省緣、靜坐體究為空過時光、不如看幾卷經、念幾聲佛、佛前多禮幾拜、懺悔平生所作罪過、要免閻家老子手中鐵棒。此是愚人所為。」嗚呼、自佛法入中國、所謂造寺寫經、供佛飯僧、看經念佛、**

種種糜費之事、日新而月盛。但其力稍可為者、靡不爭先為之、導之者固其徒。向非人心之貪、則其說亦無緣而入也。奈何世之諂佛以求福利者、其貪心惑志、纏綿固結而不可解。雖以吾儒正色昌言、懇切詳盡、一切聞如不聞。彼蓋以吾儒未諳佛教、所言無足信也。**達磨在西域称二十八祖、入中國則為禪家初祖。**宗杲擅名一代、**為禪林之冠、所以保護佛法者、皆無所不用其心、其不肯失言決矣。乃至如上所云、種種造作以為無益者、前後如出一口。此又不足信邪。**且夫貪・嗔・癡三者、乃佛氏之所深戒也、謂之「三毒」。凡世之造寺寫經、供佛飯僧、看經念佛、以為有益而為之、是貪也、不知其無益而為之、是癡也。三毒而犯其二、雖活佛在世、亦不能為之解脫、乃欲諂事土佛木佛、以僥幸於萬一、非天下之至愚至愚者乎。**凡吾儒解惑之言不可勝述、孰意佛書中乃有此等本分說話。人心天理誠有不可得而泯滅者矣、**余是用表而出之。更有丹霞焼木佛一事、亦可以解愚夫之惑。

○無功徳　上40条注参照。下29条にも見える。○閻家老子　閻魔大王のこと。蘭洲『雑纂』（041/422）上21bに「閻家老子手中鉄棒ハエンマ王ノ持鉄ノ棒ト云事」と説明がある。

【解説】功徳を求める梁の武帝に達磨は功徳などないと諭し、大慧（頻出）は、仏寺にすがろうとする人々に自分の心に向き合うよう諭したことを紹介する。前者は日本の初期の仏教に、後者は日本の後世の仏教に当てはまる批判であると言う。

第60条

○又*曰、「程子*嘗言《テフ》、「聖人《ハ》本《キ》レ天《ニ》、釈‐氏《ハ》本レ心《ニ》。」直《ニ》是見‐得透《リ》、断‐得‐〔55a〕明《也》。」「張子*曰、「釈‐氏不レ知二天命《ヲ》一、而以二心法《ヲ》一起‐滅二天‐地《ヲ》一、以レ小縁《リ》レ大《ニ》、以レ末縁《ル》レ本《ニ》、其不《シテ》レ能レ窮而謂二之幻‐妄《ト》一。真《ニ》所レ謂疑《フ》レ*氷《ヲ》者歟。」此言与二程子本《ノ》レ心《ニ》之見㆒合《ヘリ》。」余おもふに、釈氏、三世を立《たつ》つ、是天をしらぬ証《しるし》なり。しかるを、後世の禅子は、「仏祖《ぶっそ》天をしらざるにあらず。天を説くは外道《げどう》なり」といふなり。是過《あやまち》をかざり、非をとぐといふべし。『奏対録《そうたいろく》』*に、順治帝《じゅんち》、弘覚禅師《こうかくぜんし》にとふ、「老荘悟処《ノ》、与㆓仏祖㆒為《ルカ》㆑同為《ルカ》㆑別。」師云、「此中大有《ニ》㆓諸譌㆒、仏祖明心見性*、老荘所㆑説、未㆑免㆓心外有㆑法、所以《ヘニ》古人判《ジテ》㆑他《ヲ》、為㆓無因濫同《ノ》外道《ト》㆒。」上云、「孔孟之学《ハ》、如何《ン》。」師云、「『中庸』説《テ》㆓心性《ヲ》㆒而帰《ス》㆓之《ヲ》天命《ニ》㆒、与《ト》㆓老荘所㆑見、大段皆同《ジ》」といへり。老子・荘子、虚無《きょぶ》を説といへど、其要は、もとより皆天に帰したり。老荘のみにあらず、〔55b〕諸子《しょし》の見る所、ことなりといへども、いづれか天をなみしすつる教《をしへ》あらん。もろこしのみならず。わが国古の神《かみ》の教《をしへ》も、亦しかり。ひとり天竺国の仏法《ぶっぽう》のみ、天あることをしらず。心性を説《とき》て、これを前世《ぜんぜ》の人畜《にんちく》に帰《き》す。これをもて、他《た》をそしるは、指《ゆび》のひとつたらぬ人、常人の五指《いつつのゆび》をそしるが如し。もろこしの仏者は、幼少《ようせう》の時は、いづれも六経《りくけい》をよみたれば、又天あることを聞しれり。僧となりて後は、仏祖のいはぬことゆへ、しゐてこれなしとし、天をとくをもて、無用《むやう》の贅言《ぜいげん》とするなり。ある人いふ、「心性《しんせい》はいづくより来らんも、われにあづからず。ただ今日の心《こころ》上にて、工夫修行《くふうしゅぎゃう》す。これ仏法の端的《たんてき》ならずや。」こたふ、「端的は端的なり。されどさばかりにては、道の本源《ほんげん》をしらず。道の本源をしらぬゆへ、あやまりて〔56a〕おもへり、人倫《じんりん》は、すててもよしと。人倫をすつる道、いかんぞ達道《たつどう》といふべけんや。これぞ誠《まこと》の外道《げどう》なるべし。」「しからば孔子は、いかんぞ性と天とを説くことなきや。」こたへていふ、「もろこしにては、天人一理《てんじんいちり》にして、往古聖《わうこせい》人、始めて出てより、天に躰《たい》し道を立つ。代々の聖天子《せいてんし》、皆かくの如くなれば、其流風《りうふう》下におよび、衆民《たみ》も皆天あることを聞しりて、これを敬《うやま》ふのみ。されどいかなることと其理をしるには及ばず。又しるべき知もなし。ただ倫理《りんり》の道《みち》を修行《しゅぎゃう》すれば、をのづから天心《てんしん》にかなふゆへ、孔子平《へい》生《せい》ただ孝弟忠信《こうていちうしん》をとく。されど穎悟《えいご》《さとき》子貢《しこう》如き人には、説聞《ときききか》されたりと見え、又『易伝《えきでん》』作りて明らかにせり。子思《しし》に至りては、『中庸』を作りて、性命《せいめい》の理、ますますつまびらかなり。」

【注】○又曰　『困知記』続巻上二六、二七（理学叢書本『困知記』（中華書局、一九九〇年）六四頁）に見える。

二六、**程子嘗言、「聖人本天、釋氏本心。」直是見得透、斷得明也。**本既不同、所以其説雖有相似處、畢竟和合不得。呂原明一生問學、欲直造聖人、且嘗從二程遊、亦稔聞其議論矣。及其晩年、乃見得「佛之道與吾聖人合」、反謂二程「所見太近」、得非誤以妙圓空寂為形而上者邪。以此希聖、無異適燕而南其轅、蔑由至矣。

二七、**張子曰、「釋氏不知天命、而以心法起滅天地、以小縁大、以末縁本、其不能窮而謂之幻妄、真所謂疑冰者歟。」此言與程子「本心」之見相合、**又推到釋氏窮處、非深知其學之本末、安能及此。

○程子　『河南程氏遺書』巻21下（伊川先生語七下）に「『書』言天序、天秩。天有是理、聖人循而行之、所謂道也。聖人本天、釈氏本心」と見える。朱子も引用する（『朱子文集』巻三〇「与張欽夫」（二））。蘭洲『非伊編』でも言及する。個人の心に基づく仏教は利己的な教え、それに対して天に基づく儒教は世界全体の秩序を考える教えというのが蘭洲の基本的考えである。○張子　朱子学の先駆者である北宋・張載（一〇二〇～一〇七七）著の『正蒙』大心篇第七に見える。○疑氷　夏の虫が氷を知らないように無知により真理を知らないこと（『荘子』秋水篇に基づく）。上記書評者注にも「夏虫疑氷、以其不識」とある。○『奏対録』　道忞「奏対機縁」に見える（『昭代叢書合刻』第一〇冊「別集」（広陵書社、二〇一六年）所収）。道忞（一五九六～一六七四）。字は木陳、号は山翁、木陳道忞、弘覚禅師と称せらる。広東潮州潮陽人。明末清初の臨済宗の僧。『蘭洲先生遺稿』下巻（和文部分）15b-21bにも見える。「上復問、「老荘悟処、与仏祖為同為別。」師云、「此中大有誵譌。仏祖明心見性、老荘所説、未免心外有法、所以古人判他為無因濫同外道。」上云、「孔孟之学又且如何。」師云、「中庸説心性而帰之天命、与老荘所見大段皆同。然仏祖随機示現、或為外道、或為天人。遠公有言、諸王君子、不知為誰。」」○明心見性　仏教用語。上9条、上18条、下6条、下48条、下55条など頻出する。

【解説】諸子百家の思想も天に基づくが仏教だけ心に基づくと言う。孔子が性や天を説かないのはそれが明らかでまたその深いところまで知る必要がないからだと言う。そこで孔子はその発現である、守るべき道徳だけを説いた。だが、『易伝』も残し、その後、子思の『中庸』が出現し、孔子が説かなかった性や天を明らかにしたと言う。蘭洲の論は中国のこれらの論に基づいていることがわかる。

第61条

〔56b〕○ある人いふ、「今の世、仏法盛《さかん》に行《おこな》はれて、天下太平《てんかたいへい》を唱《とな》ふれば、是仏法《ぶっぽう》の功徳《くどく》なり。聖人《せいじん》の道《みち》は、今の世に益《えき》ありと見えず。いかん。」しからず。今おほやけの世《よ》を治《をさ》めさせ給道《みち》は、すなはち人倫《じんりん》の道なり。人倫の道は、即《すなはち》聖人の道也。さればこそ、御をきての始に忠孝をおもんずることを示し給ふ。君父《きみちち》をすて出家《しゅっけ》せよとの御令《おふれ》はなし。且世《かつよ》に忠孝《ちうかう》の者《もの》あれば、米銭《べいせん》など賜《たまは》りて、世の人をすすめさせ給ひ、すべて人倫の道にそむく者は、刑法《けいはう》を施《ほどこ》し給ふ。仏法修行《しゅぎゃう》の功《こう》ありとて、褒賞《ほうしゃう》には及《およ》ばず。昔孝謙帝*の御時、詔《みことのり》して、天下の家ごとに、『孝経《こうきゃう》』一部《いちぶ》もたしめ、孝《こう》子《し》を言上《ごんじゃう》せしめさせ給へり。是古《いにしへ》とても、聖人の道にて大平《たいへい》を致《いた》し給へり。

【注】○孝謙帝　女帝。この話は『続日本紀』天平宝字元年（七五七）四月に「古者、治民安国、必以孝理。百行之本、莫先於茲。宜令天下、**家蔵『孝経』一本**、精勤誦習、倍加教授。百姓間有**孝行通人**郷閭欽仰**者**、宜令所由長官**具以名薦**、……」と見える（『新訂増補国史大系・続日本紀』二三〇～二三一頁）。この話は、『茗話』上巻71条（刊本上20b）

でも言及されている。

【解説】儒教より仏教の方が世の中の役に立つという考えに対し、実際に役に立つのは儒教の人倫の道であると反駁する。

第62条

〔57a〕○唐《とう》の白楽天《はくらくてん》は、仏を信《しん》ずる人と、世人おもへり。しかるに、『白氏文集《はくしぶんしう》』*策問《さくもん》の中に、「問漢魏以降、像教寖*興。或曰、足以耗蠹国風。又云、足以輔助王化。今欲禁之勿用、恐乖誘善崇福之方、若許之大行、慮成異教殊俗之弊*。裡化之功誠著、傷生之費亦深。利病相形、従其達者*。」これは、天子より楽天に問はせ給ふなり。この対《こたへ》に、「臣聞上古之化也、大道惟一、中古之教也、精義無二。蓋上率下以一徳、則下応上無二心。故儒墨六家不行於五帝、道釈二教、不及於三王。迨乎徳既下衰、道又上失、源離派別撲散器分、於是乎、儒道釈之教、鼎立於天下矣。降及近代、釈氏尤甚焉。臣伏覩其教大抵以禅定為根、以慈悲為本、以報〔57b〕応為枝、以斎戒為葉、夫然亦可誘掖人心、輔助王化。然臣以為不可者、有以也。臣聞天子則奉天之教令、兆人者奉天子之教令、令一則理《をさまり》、二則乱。若参以外教、二三孰甚焉。況国家以武定禍乱、以文理華夏、執此二柄、足以経緯其人矣。而又区々西方之教、与天子抗衡、臣恐乖古先惟一無二之化也。然則根本枝葉王教備*矣。何必使人去此取彼。若欲以禅定復人性、則先王有恭黙無為之道在。若欲以慈忍厚人徳、則先王有忠恕惻隠《いん》之訓在。若欲以報応禁人僻、則先王有懲悪勧善之刑在。若欲以斎戒抑人淫、則先王有防欲閑邪之礼在。雖臻其極則同帰或能助於王化、然於異名則殊

俗、足以貳乎人心。故臣以〔58a〕為不可者、以此也。況僧徒日益、仏寺日崇、労人力於土木之功、耗人利於金宝之飾、移君親於師資之際、曠夫婦於戒律之間。古人云、一夫不田、有受其餒者、一*婦不織、有受其寒者。今天下僧尼不可勝数、皆待農而食、待蚕而衣。臣窃思之、晋宋斉梁以来、天下凋弊、未必不由此矣。伏惟陛下察焉。」これ実に見る所ある議論《ぎろん》なり。この大意《たいい》は、「仏法にとく所は皆先王聖人《せんわうせいじん》の道に委《くは》しくある事なれば学《まな》ぶにたらず。国家《こくか》にたすけなきにもあらねど、中国先王の道の惟一なるに、又仏法をまじへて二つ三つにするはよからぬこと、其上仏法盛《さかん》にては人倫《じんりん》の害《がい》となり、財宝《ざいほう》をつゐやし、天下のすい微《び》となる」と〔58b〕いへるなり。然るに、白楽天《はくらくてん》仏法を好み其《この》説を用て詩文《しぶん》など作れるは如何《いかが》とおもふに、かかる英才《えいさい》の人はおほく仏書《ぶっしょ》を見てなぐさみくちすさみとするのみ。柳子厚《りうしこう》*・蘇子瞻《そしせん》*なども此たぐひなり。畢竟《ひっきゃう》異《ことなる》をこのむの癖《くせ》はまぬがれず。楽天《らくてん》も儒《じゅ》の字に心得たがひあり*。精義《せいぎ》*は『易《えき》』の孔子《こうし》の詞《ことば》なり。惟一*は『書《しょ》』の舜《しゅん》の言なり。これは儒者《じゅしゃ》の講求《こうきう》する所なり。その儒墨《じゅぼく》又は儒釈道《じゅしゃくどう》といへる儒は、記問《きぶん》の儒をいへるなり。真儒《しんじゅ》にあらず。楽天も自ら儒者とおもへど、天命の性《せい》をしらねば真儒《しんじゅ》とはいふべからず。

【校勘】○寝　『白氏文集』原文では「寖」。○裡　「裡」。『白氏文集』原文では「俾」。○達　『白氏文集』原文では「遠」。○矣　『白氏文集』原文では「焉」。○一婦　中之島本は「一夫」に誤る（都立本は書眉に「下「一夫」之「夫」、疑「婦」之誤」と校勘する）。○あり　底本では「なり」に見えるが、中之島本、国会本により「あり」と判断した。

【注】○『白氏文集』『白氏文集』巻四八「策林四」六七「議釈教」。○柳子厚　柳宗元（字が子厚）。『質疑篇』14a（中之島写本、刊本には見えない）でも触れる。○蘇子瞻　蘇軾（1036〜1101）（字が子瞻）。例えば、『感山雲臥紀譚』巻下、

『五山版中国禅籍叢刊』第五巻「綱要・清規」（臨川書店、二〇一六年）一九〇頁上に禅僧と蘇軾の交流の様子が見える。張超「宋代禅門と士大夫の外護」（『駒沢大学仏教学部論集』五〇号、二〇一九年）参照。〇精義　『易経』繋辞下篇「精義入神、以致用也（義に精《くわ》しくして神に入るは、以て用を致すなり）」。〇惟一　『書経』大禹謨篇に「人心惟危、道心惟微、惟精惟一、允執厥中」（人心惟れ危うく、道心これ微なり、惟れ精 惟れ一、允《まこと》に厥の中を執れ）と見える。下40条でも取り上げる。

【解説】白居易の策文を全文取り挙げる。仏教は世の中の教化にも役立つが国の風俗を乱す可能性があるのをどうするかという問いに対する回答である。仏教がなくても中国社会は治まってきたので、仏教に余計な費用を費やす必要はないと言う。白居易らが仏教を好んだのは物好きであるとし、儒者を記問（または記聞。知識を受け売りする）の学者に限定していることを批判する。儒とは特定の学派ではなく普遍的な中正の道を志すすべての人を指すというのが蘭洲の考えである。附録の阪大写本『茗話』下巻61条（刊本下22）の引用および、附録の『茗話』下巻19条（刊本下7a）、脚注15の『茗話』上巻20条（刊本上7）を参照されたい。

第63条

〔59a〕〇ある人、余にいふ*、「子、このんで仏法を議《ぎ》す。あらゆる仏書《ぶっしょ》を見尽《つく》してさはいへるにや。」こたへていふ、「我仏書を見ず。然れども、仏 教《ほとけのおしへ》はこの心法をとき、三界六赴*をたてて、輪廻報応をとく。これ仏教の大旨なり。あらゆる仏書、みなこの事をときのべたり。あまねく見るに及ばず。猶《なを》、聖人の道、天と性にもとづき、身心を治《をさ》め、父子《ふし》・君臣《くんしん》・夫婦《ふうふ》・長幼《ちゃうよう》・朋友《ほうゆう》の道をとく。四庫《しこ》無量《むりゃう》の書籍《しょしゃく》、皆この事をいへり。仏者も、聖人の道を非議《ひぎ》せば、

これを論ずべし。経伝《けいでん》をあまねく見るに及《をよ》ばず」ともうしけり。

【校勘】〇いふ　国会本「トフ」（ただし胡粉あり）。

【注】〇三界六赴　仏教用語。上11条注参照。下6条にも見える。

【解説】あなたは仏書をすべて理解しているのかという反論に対して、蘭洲は仏教の基本的考え（心法および輪廻応報説）および儒教の基本的考え（天と性に基づき人倫道徳を説く）は理解していると言い、瑣末な点ではなくこの中心学説について議論すべきだと批判する。蘭洲の基本認識が確認できる点、重要である。

〈附録〉 蘭洲のその他の著述に見える仏教に関する記述

『非伊編』

27a 愚按仏老固不言義、其異同当不論。程子曰、「仏老本於心、吾儒本於天。」此論尽矣。
34b 程子曰、「仏子本於心、吾道本於天、……」*

【注】○仏子本於心、吾道本於天 『河南程氏遺書』巻二一下（伊川先生語七下）に「『書』言天序、天秩。天有是理、聖人循而行之、所謂道也。聖人本天、釈氏本心」と見える。

【解説】仏教は利己的で、「天」ではなく己個人の「心」に基づく利己的な教えであると言う。仏教は欲を節しているように見えるが、自分の解脱を求めることは人欲を尽くす極みであると批判する。

『茗話』

＊『茗話』は阪大写本を底本に用いた。太字、下線は湯城による。『茗話』のテキストについては、拙稿「五井蘭洲著『茗話』写本における未翻刻部分の存在について」（『大阪府立大学工業高等専門学校研究紀要』五〇号、二〇一六年）、拙稿「五井蘭洲著『茗話』写本中巻翻刻」（『上方文化研究センター年報』一七号、二〇一七年）を参照されたい。

上　巻

21条（刊本上7b）

〇ある人、『法花経』＊に、「釈迦眉間白毫、東方万八千界を照す」とあるを見て、「仏の威光は十方に及ぶべきに、東方にかぎりたるは、わけある事か」と問ふ。余答ていふ。「もとより此経中に『遍照於十方』とも見えたり。しかるに、処々に東方とあるは、羅什は天竺の人にて、天竺より東方にある唐土へ来りて、此経を訳す。この東方の唐土も皆仏の法身にてたつ事なりといふことをしらしめんためなり。梵文は『遍照於十方』の心なるべし。羅什が中国をあなどる心より東方といへるなり。」

【注】〇『法花経』『法華経』のこと。『添品妙法蓮華経』巻一に「爾時仏放眉間白毫相光、照東方万八千世界、靡不周遍」と見える（『承聖篇』上巻42条でも言及する）。

39条（刊本上12a）

○岡西宗貞といふ人あり。不学なれど、すこぶるさとき生れ付なりけり。それがいひけるは、「われ仏道を何となく貴ぶゆへに、仏をおがみぬかづき、僧尼に物をほどこすなり。されど人の生れかはるといふ事はなき事ゆへに、こればかりは信じ侍らず。たとへば今日本の人を男女をわかちて四五十年別々にをかば、人はなくなりて、只鳥獣のみはこりふえん。もしその時は男女相交らずして、自然と子をうみ、又は蚤虱のわく如くに、人生れ出といはば、これ道理をしらぬ人なれば、ともにかたるにはたらざるなり。人は男女相まじはりて、あらたに生れつづけに生つづくる也。古物を用るにあらず」と申き。

【解説】蘭洲の強調する女男の道を説く。

40条（刊本上12a‐b）

○もろこしの人は、多くは井蛙《ゐのうちのかはづ》の見なり。吾国の外には人も人ならずとおもへり。ゆへに外国の人を犬羊の性といやしめ、腥羶《せいせん》の習俗などいへり。天竺も西戎の内なれば、又いやしむかぎり也。然るに、仏といへる道有。犬羊の性の人のいひ出べきにあらず。これにて其偏見をいましむべし。天地の間、数しらぬ国なれば、いかなるよき国あらんも知べからず。あまつさへ僧となる人は、そのいやしむ西戎犬羊の性の人のいへる仏法は、日ごろ、中華・中国とののしる、先王・孔子の道にまされりとおもへり。いかなるゆへといふ事をしらず。

【解説】中国人が仏教を取り入れたことについては、『承聖篇』下29、34、35条に見える蘭洲の中国仏教史観を参照されたい。

88条（刊本25a－b）

○客庁《かくてい》《ひろま》の番直《とまりばん》する人ありて、かたすみによりて物書を見れば、一張《まい》の紙を横におりて、細字に「南無大慈大悲観世音菩薩」と数百書つらねたり。「何ゆへかくはし給ふぞ」ととふ。「かくすれば、必観音の利生を得て、極楽国に生れ、仏となる」とこたふ。「其紙はいかがする」ととふ。「火にくべる」といふ。たはむれにいふ、「いまたとへばわが御主人の姓名《せいめい》をさの如く書つらねたらんには、人かならず不敬《ふけい》といはん。火にくべたらんには、主君をのらふとせん。しかれば観音とてもよろこび給はじ。かへりて、仏罰《ばつ》にやあたらん。其いとまにて、今生にて観音とならんこそねがふべけれ。」「今世に仏とならんはいかが。」「大慈大悲とは、慈悲の大なるをいふ。慈悲とは、人を済度《さいど》する也。人を済度するは、人の為めになる事なり。先眼前《がんぜん》に人の為《ため》になる事を修行《しゅぎゃう》すべし。」「眼前とはいかに。」「親に対しては、おやの御ため、主人に対しては主人の御ためなり。親の御為になるは孝なり。主人の御為になるは忠なり。これより衆生《しゅじゃう》に及ぶまで皆かくのごとくならば、是を大慈大悲といふ。是観音の境界《けうかい》なり。今生にて観音の境界ならば、後生にて仏となるまでにはおよぶまじ。無用の隙《ひま》ついへに仏名書ならぶことし給ふな」と申侍り。その人いかが聞とりけん、しらず。

【解説】問答形式で仏者をやりこめるのは『承聖篇』でも多く見られる。また、相手の土俵で相撲を取るのも蘭洲がよく取る方法である。

中巻

13条

○いづれの時にか、僧《そう》と儒者《じゅしゃ》と論《ろん》ありし時、僧いふ、「我仏法は釈迦《しゃか》より何代、祖師《そし》より幾世《いくよ》と伝来あり。そなたは孔子より何代ぞ」といひければ、儒者語《ことば》ふさがりて答《こたへ》なし。よりてまけたりとなん。後世、儒者に見識《けんしき》なく、唯詩文を作るのみにて、道をしらず。ゆへにかくあさましき事ともなり。もし見識あらば、「我聖人の道は、天下の人ごとにあり。これ天より直伝《ぢきでん》なり、伝来によりてたつ道にあらず。そなたの道は伝来なければ断絶《だんぜつ》するにや」と答ふべし。

【解説】仏教が釈迦という人に由来する教えであるのに対し、儒教は天に由来する普遍的な真理なので人伝えに伝承する必要がないとする。蘭洲の基本的考え方である。

15条

○餅《もち》にほりものし、手ぬぐひにぬいものせば、無益《むやく》のことなりと咲ふべし。仏書《ぶっしょ》の発端《ほったん》に「如是我聞《かくのごとくわれきく》」とあるは記《き》者《しゃ》の語《ことば》にて仏語《ほとけのことば》にはあらず。下にかける詞をさして、「われかくの如く聞及びたり」といへるなり。義《ぎ》あるにあらず。然るを、註する人、これに一字一字に道理をつけてとけり。袁中郎《えんちゅうらう》*も説を付たり。無益《むやく》の贅言《ぜいげん》《つけごと》なるべし。

【注】○人丸明神　人丸神社は淡路にある（加藤景範『観濤録』に見える、拙稿「『観濤録』の旅――加藤景範の鳴門行」

（『上方文化研究センター研究年報』一四号、二〇一三年）参照）。『日本神祇由来事典』『日本の神仏の辞典』ともに人丸神社が「火とまる」の語呂合わせで火災除けの神社になったことに言及する。〇袁中郎　袁宏道（一五六八〜一六一〇）。『承聖篇』下45条参照。

【解説】「如是我聞」については、『承聖篇』下45条、『瑣語』上巻11aでも取り上げている（附録参照）。

29条

〇戒定慧《かいじゃうゑ》の三つをもて、貪嗔痴《どんしんち》の三毒《どく》を治る、これ仏法の要《よう》なるべし。禅家の観心見性《くはんしんけんしゃう》も、この三つを修せざれば至るべからず。其おもむき、『六門集*』に見えたり。しかれば、頓悟《とんご》といふことは信じがたし。

【注】〇『六門集』『少室六門集』第五門「悟性論」に見える（『五山版中国禅籍叢刊』第六巻「語録1」（臨川書店、二〇一六年）22b-、一四頁）。この内容は、『承聖篇』巻下1条にも見える。

【解説】頓悟は仏教の宗旨からするとあり得ないと言う。

39条

〇因果報応《いんぐわほうをう》の説は、西域《せいいき》の書のもろこしに入来りしより始れり。然るに、余をもって見れば、仏書来らずとも、後人いひ出べし。『中庸*』に、「かくれたるたることをもとめ、あやしきことを行ふ、後世述る者あらん。われはこれをせず」とあり。又『書』にしるせる「福善禍淫*」の詞を、心得あやまらば、仏説に近かるべし。今、人、財宝をもて人の窮を救はんに、其人、後に富て、これにむくひば、益義心《ぎしん》を生ずべし。もし不仁にてむくふことなくば、人を救《すく》ふ心おこたらんか。此時、因果報応にてすませば、乗除《かけわり》して、とがむる心なかるべし。福善禍淫《ふくぜんくはいん》にのみ帰《き》しては、司馬《しば》遷《せん》が伯夷《はくい》伝に疑へるが如く、常人はさとすことあるまじ。『淮南子*』に、三代の王者及び孔子の子孫の長久をいひて、陰徳《いんとく》・陰行《いんかう》に帰《き》したり。これ聖《せい》人を尊《たふと》ぶ心より説《せつ》を立たるにて、必しもしからず。ただ是偶然なり。此偶然なる所に天意《てんい》あることを知らば、達者《たっしゃ》といふべし。道をしる人は、唯眼前《がんぜん》すべき事をするのみにて、後のしるしに目をつけねば、因果報応をいふに及ばず。

【注】〇『中庸』『中庸』第一一章に「子曰、素隠行怪、後世有述焉。吾弗為之矣」とある。〇福善禍淫　『書経』湯誥篇に「天道福善禍淫」と見える。〇『淮南子』『淮南子』人間訓に次のようにある。「聖王布徳施恵、非求其報于百姓也。郊望禘嘗、非求福於鬼神也。……君子致其道、而福禄帰焉。夫有陰徳者、必有陽報。有陰行者、必有昭名。……故三后之後、無不王者、有陰徳也。周室衰、礼義廃、孔子以三代之道教導於世。其後嗣至今不絶者、有隠行也。」

【解説】福善禍淫については、蘭洲著『瑣語』下巻3bでも取り上げて、厳密には考えられないとし、「……福善禍淫亦大概言之耳（善には福があり淫には禍があるというのはおおよそそうだと言うだけだ）」と言う。蘭洲著『茗話』上巻69条（刊本上20a）でも言及する。

60条

〇唐太宗《たうのたいそう》は唐一代の明君《めいくん》なり。然るに、「天竺僧《てんぢくそう》の長年《ながいき》の薬《くすり》を服《ふく》し、疾《やまひ》を生ぜり」と憲宗紀《けんそうき》*にしるされたり。太宗の事業《じげふ》、まことに覇王《はわう》のあとを追ひ給へりと見ゆれど、聖人窮理尽性《せいじんきうりじんせい》の道《みち》をしろしめさねば、理《り》にくらし。よりて、仏法《ぶっぱふ》を好み、僧を信《しん》じて、かかる禍《わざはゐ》を得たまへり。

【注】〇憲宗紀　『旧唐書』憲宗本紀に元和五年八月の条に「文皇帝（*太宗のこと）服胡僧長生薬、遂致暴疾不救」という記述が見える。

下　巻

1条　*仏教の世間に対する教化の力を認める点、重要。

『金剛経《こんがうきやう》』*に「応《まさに》《べし》三無《なふして》レ所レ住《ぢう》而生《しやうず》二其心《そのこころヲ》一」と仏《ほとけ》の説《とき》れたり。是衆生《これしゆじやう》をして実《じつ》に力《ちから》を用《もち》ひて、仏地《ほとけのくらい》に至らしむるの至教《をしへ》なり。余《われ》を以《もっ》て此句《このく》を解《とく》せば、仏おもへらく、凡《およそ》衆生の愚蒙《おろか》になり、*終《つゐ》に邪悪《じやあく》に至るは、皆欲《みなよく》にくらむよりをこれり。この欲《よく》は我身《わがみ》をわが物《もの》として、愛《あい》するに着《じやく》し、妻子《さいし》・珍宝《ちんぽう》は我身をたすくる物ゆへ、愛して又これに着す。是より本心《こころ》くらくなりもてゆく。色々《いろいろ》の悪想妄念《あくさうまうねん》生ずる也。これ住着する故なり。さればとて、人みな妻子《さいし》・飲食《いんしよく》の欲をたち捨て、樹下・石上のすまゐをすべきにあらず。然《しか》れば、飲食はすれども、味《あぢはい》に着せず、妻妾はあれども、色《いろ》に淫《いん》せず、唯ありのままに心生じて、物に応接す。此心は真如の体《たい》より出る処なり。真如の体より出れば、邪悪に至る事なし。是を執行《しゆぎやう》せしめん為に、「一-切有為法《いっさいうゐのはふ》如レ露《つゆの》、亦如レ電《いなづまの》*」と説《とき》、「諸-行《しよぎやう》無レ常《ジヤウ》、是生-滅法《ししやうめつのはふ》、生-滅滅-已、寂-滅為レ楽*」と説給へり。人唯其身を有せずして、死の呼吸《しぬることのいきあい》の間にあるを知べし。*是真《まことにし》知すれば妻子・珍宝は何にかすべき。をのづから執着《しふちゃく》する事なし。死の呼吸の間にあるをしれども、期する所なければ、其工夫をこたりやすし。これより六趣因果《ろくしゅいんぐは》を説《と》き、臨終《りんじゅう》の一念《いちねん》にて、天堂《ごくらく》にも生れ、地獄《ぢごく》にも堕《を》つ。其一念不レ乱《みだれ》不レ迷《まよは》の心、忽然《たちまち》と出るにあらず。日比《ひごろ》着する事なき修力《しゅりき》より生ずる也。この処は心仏及衆生《しんぶつぎしゅしゃう》、是《ぜ》三《さん》無《む》二差別《しゃべつ》一にて、仏地《ほとけのくらい》なり。仏位なれば、来世《らいせ》あれば仏果《ぶっくは》を得んとなり。凡《およそ》天下の僧俗男女《そうぞくなんにょ》みな如此《かくのごとく》なれば、娑婆《しゃば》即寂光土なり。この教《をしへ》ありてより、衆生因果報応《しゅじゃういんぐはほうわう》を信じて、諸悪莫作《しょあくまくさ》、衆善奉行《しゅぜんぶぎゃう》するもあり。着する所なきより見レ性《せい》明《あきらか》レ心《こころ》して仏菩薩《ほとけぼさつ》に至るもあり。是釈迦《しゃか》一代教化《いちだいをしへ》の始終《はじめをはり》なり。……

……吾聖人《わがせいじん》の道《みち》に、无妄《ふまう》は天《てんを》以動《うごく》也。人為《ニンサク》をまじへず、自然《しぜん》に随《したが》ふなり。この心を「無為《ふみゐ》にして治《おさ》む」とも説《とき》、……

……此一理《いちり》に在《あ》りては釈迦《しゃか》*の意もこれに外《ほか》なる事なし。……

……天竺《てんぢく》はもろこしの人のいはゆる西戎《せいじう》なれども、人倫《じんりん》の壊《くに》なり。其国に生れて仏と尊《たふと》ぶ釈迦《しゃか》なれば、其説《とく》ところ、堯舜周孔《げうしゅんしうかう》の説《せつ》に同じき所あるは、いふに及ばぬ事にて、おどろくにたらず。

……

【校勘】○なり　刊本なし。○是　刊本なし。

【注】○『金剛経』『承聖篇』上16条、下47条、『瑣語』下巻にも見える。ここでは「応」を「まさに～べし」と読んでいる。○一切有為法如露、亦如電　『金剛般若経』末尾に「**一切有為法**、如夢幻泡影、**如露亦如電**、応作如是観」と見える（『大正蔵』二五巻七八〇頁下）。『源語提要』凡例第3条、蘭洲『茗話』中巻64条にも見える。○諸行無常、是生滅法、生滅滅已、寂滅為楽　仏教用語。『涅槃経』四句偈にある最後の一句。『承聖篇』下31条、下47条、『瑣語』

下巻26bでも触れる。〇无妄　『易経』の一つの卦で天に則って行動すれば吉だと説かれる。〇無為にして治む　『論語』衛霊公篇に舜の治をこう言う。

【解説】執着することを忌む蘭洲は『金剛経』のこの文句（『承聖篇』上16条でも扱う）に共感し評価した。仏教の教理（宗旨）を尊重して認めるが、同じものが既に中国にあるなら中国人ならわざわざ外国の教えに従わなくてもよいだろうと言う（「十厄論」における理屈を参照されたい）。

18条（刊本下6b）

〇むかし百済国《はくさいこく》の人、人参《にんじん》を女直国《じょちょくこく》にもちゆき、「此薬《くすり》は大病《たいびゃう》を治《ち》し、人の死を救《すく》ふ」といひて、あきなひけり。女直の人は、人参といふ名をしらざれば、やがてとりて見て、「これは我国《わがくに》にもおほくあり、これよりよきもあり。たとひ功能《こうのう》すぐれたりとも、天の御あてがひなれば、其国限《きり》にて事《こと》足べし。他国《たこく》の物を用るに及ばず。いはんや我国の人参まされるをや」とて買《かは》ざりけりとなん。宋《そう》の文帝《ぶんてい》、「仏法《ぶっぽう》に帰《き》して、太平《たいへい》をいたさん事いかが」と、群臣《しんか》に尋《たづね》られけるに、何尚之《かしゃうし》*答《こたへ》ていふ*、「仏家五戒《ぶっけごかい》を持《たもつ》す。是*太平をいたすの道、仁義礼智信《じんぎれいちしん》なり」といふ*。これをたとはば、女真国の人、わが国の人参をすてて、*百済の人参を用るが如し。文帝の天下を治られし仁義礼智信にかなふべくあらねば、いかんぞ五戒をたもつことを得ん。

【校勘】〇いふ　刊本なし（誤り）。中之島本「云（言？）」。〇太平　阪大本・内閣本は「大平」に作るが、中之島本に従う。〇いふ　内閣本「いへり」。〇百済　刊本「百済国」（誤り）。

【注】〇何尚之『弘明集』巻一一に何尚之「答宋文皇帝讃仏教事」があり、五戒を持せば太平を致すことを説く。五戒を五常と同じだという話は、『破邪論』巻二四上に「有五戒、断殺盗婬妄語飲酒、大意与仁義禮智信同」、その他、『仏祖統紀』巻三八などにも見える。

【解説】儒教があるのにわざわざ仏教を用いる必要がないという蘭洲の考えがよくわかる。

19条（刊本下7a）

…およそ世間に飯《めし》をくひ、衣《ころも》を着《き》、屋下《やねのした》にすみ、人に交《まじは》り、世をわたる者は、其業《わざ》はともあれ、皆儒中の人なり。僧の人倫《じんりん》をたつといへども、人倫によらざれば、世にすまれず。所詮《しょせん》『遺教経《ゆいけうきゃう》』のおきての如くは行はれず。然れば、これも又儒中の人なり。然れば何がしの儒とおもへるは、俗《ぞく》にいふ物しり、物よみ、詩文《しぶん》を業《わざ》として門戸《いゑ》をたつるをいふ也。

【解説】儒の本質について、狭義の儒者（＝物知り、学者）ではなく、まっとうに生きている人を儒と言うのであってすべての人がその対象になると言う。

22条（刊本下9a）＊重要。

…郝敬山《かくけいざん》＊が作れる『時習新知《じしうしんち》』＊といふ書にいふ、「浮屠《ふと》世界を以て苦とし、楽をあはせて亦是を苦＊といふ。時俗《ぼんぶ》は世に在を以て楽とし、苦《く》をあはせて亦これを楽といふ。唯聖賢《ただひじり》はそのまさにたのしむべき所をたのしみ、そのまさに憂《うれ》ふべき所を憂ふ」といへり。

【校勘】〇敬 ママ。正しくは「京山」（本名が「敬」）。〇世界を以て苦とし、楽をあはせて亦是を苦と 阪大写本にはない。

【注】〇『時習新知』 明・郝敬（京山）著の仏教批判書。『承聖篇』下48〜53条でまとまって取り上げている。『時習新知』巻三25a-25bに「浮屠以世界為苦、並楽亦謂之苦。時俗以在世為楽、並苦亦謂之楽。惟聖賢楽其所当楽、憂所当憂」と見える。その他、『時習新知』巻二10bに「浮屠言苦悩、明達聖人悦楽之訓」、『時習新知』巻三9aに「浮屠以死為楽、愚俗以死為憂、達人素位生死安常。……」などと見える。

【解説】仏教は世界をひたすら苦ととらえ、民衆はひたすら楽ととらえる。聖人だけが楽しむべきを楽しみ、憂うべきを憂うことができる。生を基本的に楽しもうという姿勢は郝敬、蘭洲に共通する基本的思想である（『承聖篇』下51条参照）。

59条（刊本下21b-22a）

〇紅毛国《おらんだ》の人は、俗にいふめのこ算用《さんよう》といふ仕方《しかた》にて理《どうり》を以てをして、目《め》に見、器物《きぶつ》を用てはかり、たしかなる事ならねば言もせず、用ひもせず。日を尊びて、天をいはず、仏道《ぶつどう》を信ぜず。およそ怪異《あやしき》の事をうけとらず。江戸に渡辺長祐といへる人あり。紅毛人を両度迄長崎より江戸へつれて往来せし人にて、学問あり。天学《てんもんがく》*も旁《よほど》（旨《よほど》？）稽《けい》古せし人なり。この人の物語りにて聞る所なり。

【解説】渡辺長祐は『承聖篇』上9条、『蘭洲先生遺稿』上巻39aにも登場する（附録参照）。

60条（刊本下22a）

○人の出家となるとき、おほやけよりゆるし給はる切手あり。度牒といふ。唐の時より始れり。日本にてもむかしはこれありし也。東涯のあめる『制度通』に日本の度牒を出されたり。左の如し。……

【解説】度牒《どちょう》については、『承聖篇』上23条、下28条にも見える。

62条（刊本下23b-24a）

……人をして其身《そのみ》にて断絶せしむるは、生々の道をたつなり。生々の道を絶つは、殺生《せっしゃう》とおなじ。世の人、一夜《ひとよ》の内にくちたる所より千万わき出るむしけら一ぴきの命を断《たつ》ことを悲しみて、往古《むかし》より伝《つたは》り来《き》たる人のたねを断《たつ》ことをよしとするは、いかなるゆへといふをしらず。

【解説】蘭洲が仏教に反対した根本的理由は、生の連続を絶つ教えだからである。蘭洲はそれは「殺生」だと言い切る。

76条（刊本下28a） ＊重要。

○道は本高《たかき》卑《ひきき》の別《わかち》なし、学《まな》ぶには上下の品《しな》あるべし。我道しかり、仏法は本より苦空《くくう》の道《みち》なれば、まいて高卑大小の品はあるまじきに、大乗小乗《だいじょうしょうじょう》と其説の分《わか》る事の、疑《うたがは》しく思へるに、『四十二章経《しじゅうにしょうきょう》』『遺教経』をよみて、仏の本意明らかなり。

【解説】道には上下がないが、学びの方法には高下があるのは儒仏に共通すると言う。『四十二章経』『遺教経』の二書については、『承聖篇』下27条、下36条でも、釈迦の教えを平易にまとめたものとして評価している。

86条（刊本下31b-32a）

……人のはなしに、仏説にありとて申けるは、帝釈《たいしゃく》と修羅王《しゅらわう》の*戦《たたかひ》の時、日月を手にてささへかくす、この時食すといへり。広大なる日月をかくす手はいかなる大さならん、いぶかし。この日月を下より見たるほどのものと思へるにや。又日月は見えて、帝釈、阿修羅の形の見えざるもいぶかし。『華厳《けごん》経』に阿修羅王の身のたけ十六万八千由旬《ゆじゅん》とありといひて、この説に合せたり。……

【解説】帝釈天と修羅との戦いのこと（日食に関する迷信）を批判する。この内容は、『承聖篇』上4条でも取り上げる。

『瑣語』

上　巻

2a-2b

僧玄光見夏枯草治麻『本艸』不之及、乃以為理無尽、雖聖人不能尽知也。性命之大源、其理無尽、而限之以六経、而謂外此則我不取者、何異乎井蛙怪游溟之趣、籠鳥易沖天之楽哉。夫理固無尽也。唯輪廻一路、聖人所不言、彼乃以是為至珍至宝、以嚇誇人。夫急先務者、聖人之教也。六経亦学之先務。苟明於此、則六合之外、亦皆可以籠絡洞徹、瑩然無疑矣。豈以朦朧恍惚、無稽無徴之説、為性命大源乎。

【注】〇僧玄光　一六三〇～一六九八。江戸初期の曹洞宗の学僧。字は独庵。『儒釈筆陣』などの著作がある。この話は『独庵独語』に見える。

【解説】『承聖篇』下46条に同様の内容が見える。

2b

或曰、仏子説心性而不説天命、何也。曰、設説天命、則三世転生之説挙属虚妄、故不能不止於心性。

11a（如是我聞）

仏経「如是我聞*」、発語一句耳。猶言「我聞如是」也。曷嘗有殊義。説者一一分疏曰「心境合一、曰如。超于是非、曰是。不落六根、曰我。不借言辞、曰聞」（袁宏道解）、可謂文繡鞶帨矣。且此語、記者之所置、而非仏言。亦『尚書』「曰若稽古」之類耳。

【注】〇如是我聞　仏教用語。『承聖篇』下45条、『茗話』中巻15条でも取り上げる。

12a

袁宏道*尊仏、謂孔子不如也。自負解禅、笑罵前儒、可謂賢知矣。然其与人書、十八九説呉令苦、曾不輟筆。苦烏可告人以脱乎。順逆苦楽、唯其所遇、君子安義命而已矣。彼不能瞭然於苦楽之間、則既不知禅、又奚孔子之有。

【注】〇袁宏道　『承聖篇』下45条注参照。

【解説】大阪大学懐徳堂文庫所蔵『鶏肋篇』巻五「冽庵漫録第二」18aにも見える。

27b-28a

『周書異記*』載、「周昭王二十四年四月八日、洪水地震。此即仏生之時也。」又『歴代三宝記*』曰、「魯荘公七年四月辛卯、恒星不見、夜中星隕如雨。案如来降誕王宮時也。」果信此語也、仏生既為宇宙人民之禍也。天将以其絶人類也、示人以不祥乎。従其教者、乃以不祥、反為夸耀、可哂。王充『論衡』*云、「孔子当泗水而葬、水為之却流。」是無智小儒乃倣浮屠造言也。又朱子之歿、風雨之変、偶然耳。後儒亦以藉口、何其無識。

【注】〇『周書異記』仏書。『承聖篇』下44条でも取り上げる。〇『歴代三宝記』『歴代三宝記』巻一に見える(『大正蔵』四九巻「史伝部」二三頁)が、若干の文言の違いがある。『承聖篇』下44条、大阪大学懐徳堂文庫所蔵『鶏肋篇』巻四「冽庵漫録第一」8b-9aでも取り上げる。〇王充『論衡』『論衡』書虚篇に「伝書言、孔子当泗水之葬、泗水為之却流。此言孔子之徳、能使水却、不湍其墓也」と見える。

【解説】『承聖篇』下44条に同様の内容が見える。

下巻

5a-b

人生之来、不知其祖先幾世、自今以往、孫子継々承々、又不知其幾世。要之、一人之身而受無疆之寿也。苟不継、則雖全百歳、亦夭已。故絶嗣者、殺生也。教人絶嗣者、亦殺生也。仏氏自絶嗣、又勧人絶嗣、殺生莫大焉、而区々為禽獣虫魚苦乞其命、何也。

【解説】生命を繫ぐことの重要性を説く。同様の内容は、『茗話』下巻62条(刊本下23b)にも見える。

13b
百済聖明王献仏像梵書表曰、是法於諸法中、最為殊勝。周公孔子、尚不能知。此法能生無量無辺福徳果報、祈願依情、無所乏。故闔国莫不尊敬。今果仏所説、吾法東漸、付使奉献、聖明之事仏、可謂勤矣。未幾、聖明為新羅奴卒所害*、其子餘昌不知不戴天之義、為僧而逃、国遂衰亡。何祈願不依情。

【注】○聖明為新羅奴卒所害 『日本書紀』巻一九「欽明天皇」に「十六年春二月、百済王子餘昌、遣王子恵王子恵者、威徳王之弟也奏曰「聖明王、為賊見殺。」十五年、為新羅所殺、故今奏之。天皇聞而傷恨、廼遣使者迎津慰問」と見える。

【解説】仏教を信じた百済の聖明王が誅せられたことを述べる。大阪大学懐徳堂文庫所蔵『鶏肋篇』巻四「冽庵漫録第一」18a-18bでも取り上げる。また、この条は、山片蟠桃『夢の代』巻九「異端」で取り上げている。

13b-14a（仏教伝来）
仏法入漢、楚王英*首好之、尋以罪誅。入三韓、百済王首好之、乃為新羅所殺。入我邦、馬子父子首好之、馬子弑崇峻帝*、其子孫皆謀逆伏誅。儒教入我邦、菟道王首好之、孝友仁譲、靄然可観。

【注】○楚王英 『承聖篇』下2条注参照。○崇峻帝 崇峻天皇のことは、『承聖篇』下11条、大阪大学懐徳堂文庫

所蔵『鶏肋篇』巻四「冽庵漫録第一」18bにも見える。

【解説】仏教を好んだ人は誅せらていると言う。『承聖篇』下2条、下10条、大阪大学懐徳堂文庫所蔵『鶏肋篇』巻四「冽庵漫録第一」18bに関連する内容が見える。この条は、山片蟠桃『夢の代』巻九「異端」で取り上げている。

15b-16a

或謂「山崎敬義*曰、「韓退之*有与大顛書、朱子*篋中、亦有与大慧書、二公非不尚仏也。」」曰、「然。与浮屠尺牘往来、亦是人情。二公豈有意耶。子以此病二公、蓋欲引之入仏也、吾不敢止。即欲得周孔、亦復不敢止。吾有秉彝*性、雖百浮屠不能奪焉。」

【注】〇山崎敬義　山崎闇斎（一六一九～一六八二）。字は敬義。朱子学を奉じる一方、神道も修め、垂加神道の創始者となった。蘭洲とは共通点があり、蘭洲の講義録（「五井蘭洲講義筆記六十五種」）には闇斎を著述を対象としたものもある（『玉講附録紀聞』『性論明備録』『三子伝心録筆記』など）が、蘭洲は極端な朱子信奉者としている（『非伊編』など）。
〇韓退之　韓愈が大顛に与えた書は『韓昌黎集（外集）』巻二、『全唐文』巻五五四に「与大顛師書」として見える。
〇朱子　朱熹が大慧に与えた書については未詳。〇秉彝　人間としての常道を守り抜くこと。永遠に変わらない人倫に基づいて行動すること。『詩経』大雅・烝民の「民之秉彝、好是懿徳」（民は之《こ》れ彝を秉《と》り、是の懿徳を好めり）による。「秉」は心に守る意。「彝」は不変の道の意。**この秉彝という語は蘭洲が目指したものを表すことばとして重要。**

【解説】この内容は、大阪大学懐徳堂文庫所蔵『鶏肋篇』巻四「冽庵漫録第一」21b-22aにも見える。

24a（華厳宗）

近世有僧喜『華厳経』、請*于官建華厳一派者。夫*喜華厳、則独喜之可、何必至労攘*。蓋彼眎法然・親鸞・日蓮各新建一派、後世称之法祖、極其崇奉、乃不堪欣羨、傚之耳。其累名利如此、豈能知「三界唯一心、心外無別法*」之理也。

【校勘】＊大阪大学懐徳堂文庫所蔵『鶏肋篇』巻七「冽庵漫録第四」との異同。

○請　「冽庵漫録第四」は「乃請」に作る。○夫喜　「冽庵漫録第四」は「彼悦」に作る。

【注】○労攘　『承聖篇』下34条に「労《ろう》攘《じょう》《いらぬせわやき》」ということばが見える。○三界唯一心、心外無別法　仏教用語。「さんがいゆいいつしん、しんげむべっぽう」『華厳経』巻三七「十地品」第二十六之四の「三界所有、唯是一心」に由来する。「三界はただ一つの心である、心の他にまた別の法はない」という意味。

【解説】華厳宗が一派を立てたことを批判する。一派を立てることについては、『承聖篇』上34条でも取り上げる。また、学派を立てることについては、解説八頁「4、蘭洲の各家批判について」を参照されたい。

24b

崇禎末年、浙僧某、与秀才杜倫論儒仏。杜語塞、乃曰、「汝本姓劉、劉帝堯之後、而不知曩祖之道、斥為外道、妄変姓釈、乃絶系嗣、実曩祖之罪人、中国之叛徒、尚何言。設使仏視汝、仏亦不汝容。」僧語塞。朱舜水話云。

26b

人唯怖死、所以言「生滅滅已、寂滅為楽*」。人唯執著、所以言「応無所住而生其心*」。知天則不怖死、知義*則不執著。

【校勘】〇義　『承聖篇』下47条（和文）では対応する語は「権」になっている。

【注】〇生滅滅已、寂滅為楽　仏教用語。『涅槃経』四句偈。〇応無所住而生其心　仏教用語。『金剛経』第十に見える。『承聖篇』上16条、下47条、『茗話』下巻1条にも見える。

【解説】仏教は死を恐れる教えだと言う。それに対して、天を知れば死を恐れなくてすむと言う。『承聖篇』下47条に同様の内容が見える。ただし、「義」ではなく「権」（臨機応変な対応）とを言う。

26b

聖人料後世也審矣。浮屠氏以因果誘人、非索隠乎。去人倫而苦行、非行怪乎。

『質疑篇』

14a（中之島写本*）、刊本には見えない。

謝上蔡*好仏道、嘗歴挙仏説与吾儒同処。問伊川先生、柳子厚*亦謂仏与『易』『論語』合、以非韓退之之却仏。余嘗佐仏説与吾儒同、亦奚須学之。即有与吾儒異、故就其異処考之、則可。子厚・上蔡之所言、遁辞也。

【注】〇謝上蔡 謝良佐（顕道）。『承聖篇』上26条でも触れる。〇柳子厚 柳宗元（字は子厚）。『承聖篇』下62条でも触れる。

【解説】儒仏同一論に反対する。大阪大学懐徳堂文庫所蔵『鶏肋篇』巻五「洌庵漫録第二」23bにも見える。

『鶏肋篇』巻七「洌庵漫録第四」（大阪大学懐徳堂文庫所蔵）

3b-4a

以余観仏説祖語、殆如視古歴*。雖如無可疑、而唯是陳腐。古人云、「買酒、酒或酸、然沽酒在酒家、豈可求之売醬家乎。」以仁義誨人、人或不仁不義、然誨人之道在儒家、豈可求之異端家乎。

【校勘】○歴　ママ。「暦」の意。

【解説】譬えを使って、人の道を説くのは儒家しかないと言う。

4a　＊『瑣語』24aと同じ内容が見える。

10a

仏氏矯性立法、所謂気質之性也。聖人率性為道、所謂本然之性也。

『蘭洲先生遺稿』（041/420）

上巻

39a

江都有渡邉長祐、余友也。嘗参禅、後従輪執斎、為王学。与余毎論朱王之是非。祐曰、「為人子者、唯当致良知。不識良知、温清定省＊一番、但是格法、無益之甚。苟良知一致、則愛敬自然行。」余答曰、「子説簡易直截、可嘉。然是禅家事障＊之見已。亦非無一理。然子僧而為此説、不亦可乎。以儒者自居、敢為此説、何其陽儒而陰仏也。聖人之道不然。使人従事上入道不為空言談道。蓋恐人騖虚遠忽実践也。視世之為人子者多不孝順、苟聞子説、皆悦不屑温清定省、視親如他人。若有規之者、彼必曰「吾先致良知、而後温清定省。」夫良知未可猝致、永廃温清定省。不如従事温清定省、而復天性発良心見、而後喩以致良知之説、亦不晩。」

【注】〇温清定省　冬はふとんで温め、夏は室内を涼しくし、晩は父母を熟睡させ、朝には気分を尋ねるというように父母に孝養を尽くすこと。『礼記』曲礼上篇「凡為人子之礼、冬**温**而夏**清**、昏**定**而晨**省**」に基づく。〇事障　仏教用語。生死を継続させる煩悩で、悟りの妨げになる二大障碍の一つ。後出『雑纂』上巻21aの注を参照。

【解説】ここに見える渡邉長祐は、『承聖篇』上9条、『茗話』下巻59条（刊本下21b-22a）でも登場する。

69a-70a

「拈華微笑*」、是恐晋人所托言。然果為実有此事耶、似稍有窺乎性理者。荘生*亦有言「道在尿溺」、同一機軸耳。荘生素愚弄一世狂者、緒餘釈迦此事不類其天堂地獄俗諦、頗醞藉可愛、故云清言遺風。然是皆止見其跡已。至我夫子川上之歎*、何言之秘、則直見其所以使然、即所謂**天**也。宋儒所謂**道体**已。釈氏不言天、其所謂天也者、三十三天、誕妄之説已。其唯不言、故不知、宜其止言跡、跡即**道用**也。是儒仏之所以分也。世之論儒仏、如**仁斎**視論体者輒指為仏見、以為聖人之道止説用、顛倒尤甚*。世之学仏者、亦愧至此釈迦輪一著、乃大言捏作以為芥子容天、是不知道無大小之可言、為大小所拘、大小即迹、起自人心。学仏者往々遮前掩後、東塗西抹、為鬼為魃、欲以襲儒者、乃其力之不給、随綴随綻、徒視其煩擾無益。何不為伏其慢心、蓄髪恒衣、従光明磊落之路、与其行阪険崎嶇之地、顚踣僵仆、汗背血足、終身彷徨荊棘之中（*）。仏書曰、「諸行無常、是生滅法、生滅滅已、寂滅為楽*」、是非釈迦語。何則「寂滅為楽」、則滅未滅、生亦未滅、是猶未能離生滅。蓋以「寂滅為楽」、則不能不以生為苦、乃後世禅子有言、「苦楽逆順、道在其中*」、愈此四句。然是窃『中庸』素位*之意。此四句設使我為之乃必曰「生滅滅已、即是真如」。浮屠好言真如、此而不言、是以知非釈迦語。所言如猶我所謂天然自有之中言不雑人為也。如十二如是『孟子』*所言「形色天性」也。大氐浮屠之書、多襲六経語孟、以抗儒者（＊）、可疾之甚。久借不還、安知非其有也。吾於浮屠亦言、然非釈迦窃之、訳者之為也。

【注】〇拈華微笑　仏教用語。言葉を使わず、心から心へ伝えること。釈迦が華をひねるのを見て、弟子の摩訶迦葉だけが微笑した（＝意図を悟った）という故事に基づく。『無門関』第六則「世尊拈華」に「世尊、昔、在霊山会上、拈花示衆。是時、衆皆黙然。唯迦葉破顔微笑。世尊云、「吾有正法眼蔵、涅槃妙心、実相無相、微妙法門、不立文字、教外別伝、付嘱摩訶迦葉」」と見える。〇荘生　『荘子』知北遊篇に見える。ただし、「在屎溺」。＊道はあらゆるところにあると言う。〇夫子川上之歎　『論語』子罕篇に「子在川上曰、逝者如斯夫。不舎昼夜」と見える。孔子が川のほとりでその流れを眺めながら、万物の移り変わって止まないのを嘆いた故事。〇諸行無常、是生滅法、生滅滅已、寂滅為楽　仏教用語。『涅槃経』四句偈にある最後の一句。『承聖篇』下47条、『瑣語』下巻26bでも触れる（附録参照）。〇苦楽逆順、道在其中　夢窓疎石『夢窓国師語録』巻下に「苦楽逆順道之所在、生死去来遊戯三昧」と見える。〇『中庸』素位　『中庸』第一四章に「君子素其位而行、不願乎其外。素富貴、行乎富貴、素貧賤、行乎貧賤、素夷狄、行乎夷狄、素患難、行乎患難。君子無入而不自得焉」（君子その位に素《そ》して行い、その外を願わず。富貴に素しては富貴に行い、貧賤に素しては貧賤に行い、夷狄に素しては夷狄に行い、患難に素しては患難に行う。君子入るとして自得せざるなし）と見える。〇孟子　『孟子』尽心上篇に「形色、天性也。惟聖人、然後可以践形」と見える。

【解説】（＊部分）蘭洲は、儒教は卑近な道徳を解くだけの教えではなく、形而上的な本源も説くと考えていた。ここが蘭洲が仁斎に賛成できなかったポイントである。また、仏教より儒教に従う方が簡便でかつ幸せにつながる道だと言う。また、仏者は儒教を盗んだと言う。

73b-74a

伊仁斎送僧道香＊曰、「儒者見之、固有儒有仏。自天地見之、本無儒無仏（固当為本）。」此語似周徧、其実道信口杜撰耳。余及之曰、「天地見之、有儒有仏。学者見之、無儒無仏。」何也、儒者云勧善懲悪、仏者亦云諸悪莫作、衆善奉行、是無儒仏之別。夫天地之大徳謂生＊、生生之謂易＊、裁制輔相＊、皆生之道也。仏氏廃夫婦、禁孳息、寂滅為楽＊、死之道也。其相反、如寒熱、非有儒有仏耶。夫自性理見之、人唯善而已、本無悪之可言。若善悪並言者、出心之造作、学者之事也。非無儒無仏耶。蓋仁斎欲急援道香入名教中爾、乃不及択辞也。

【注】〇伊仁斎送僧道香　伊藤仁斎「送浮屠道香師序」（『古学先生文集』巻一所収）。「本無儒無仏」の後には「唯其一道而已」と続く。〇天地之大徳謂生・生生之謂易　ともに『易経』繫辞伝に見える。『茗話』上巻35条（刊本上10）にも見える（解説4参照）。〇裁制輔相　先立つ二語にいう天地の働きを助けること。『易経』泰卦象伝に「天地交泰、后以**財成**天地之道、**輔相**天地之宜、以左右民」とあり（財と裁は同音）、孔穎達疏に「相、助也当輔助天地所生之宜」と説明する。蘭洲はこの語を『中庸首章解』でもしばしば用いている（拙稿「五井蘭洲『中庸首章解』翻刻・注釈」（『懐徳堂研究』七号、二〇一六年）参照）。〇孳息　育み生かすこと。〇寂滅為楽　仏教用語。『承聖篇』下31条、下47条に

見える。

74a-b

昔桓武*帝覧天下寺院滋多也、乃詔曰、「今而不禁、則天下莫地不寺院、其仰所司官禁新寺。」嗚乎、卓哉、聖意。観国史、可見此制経平城嵯峨*廃格不行。蓋以僧言禍福以恐嚇之也。嗟乎、奸僧之黠也、其初先悦婦人以女人成仏乃勒束之、遂起大土木役。僧道鏡*玄昉*之所以汚孝謙光明后八觚七層浮図之所以造也。我聞東照神祖鑑此弊、則桓武遺詔亦禁新祠廟、後僧徒設奸計、乃求廃寺名存古籍者乞官吏不加糾察、以非新允之僧又就注記所載民庶姓名、潜重易塗擦為寺号以欺官、亦復允之。今大阪四郊膏腴之地、半為新寺。我聞今天下諸流寺院無慮五十余万区*、可謂妖夫捨一段田、天下必有一人飢者。祖法遂廃格矣。一寺不下五僧、五五二百五十万僧愚民猶犯禁営造不止。当路不加察、何也。以日加少之田養日加多之僧、若凶年*（荐）臻民必流亡、可不怖哉。嗟乎、仏法、上焉者求治心以至仏地、下焉者求一心不乱生天堂為仏、不図為国蠹民瘼之尤也。

【注】〇桓武帝　この内容は『承聖篇』下5条でも取り上げられている。〇嵯峨　嵯峨天皇は『承聖篇』上24条にも見える。〇道鏡　『承聖篇』上30条にも見える。〇玄昉　奈良時代の僧。吉備真備と共に政界で権力を握った。〇孝謙光明后　孝謙天皇と光明皇后。八角七重の塔の話は『承聖篇』下29条に見える。〇天下諸流寺院無慮五十余万区　寺の数については『承聖篇』下5条で述べる。〇民瘼　民の苦しみ。

【解説】仏寺・僧侶の数を制限すべきことを主張する。仏教に対して、下々の庶民は福田利益を求め、知識のある人は心性を高めることを求めるというのは『承聖篇』下34条でも述べられている。

77b-78a
余聞仏道有頓漸。誦経持律、漸也。坐禅見性*、頓悟也。曰、一超直入如来地*。以余観之、頓弊放逸無漸、罵仏呵祖而已。如告子*外義廃事。以籤弄心為工夫、豈不捷妙乎。顧視九思四勿等、可謂齷齪迂闊矣。後世君子大氏喜捷妙忌齷齪、徳之不成、実由此。

【注】〇見性　仏教用語。『承聖篇』でも度々取り上げる（上9条、上18条、上20条、下29条、下33条、下48条、下55条、下60条）。〇一超直入如来地　仏教用語。『承聖篇』下30条参照。〇告子　『承聖篇』上40条にも見える。

【解説】頓悟を求めることは放逸に流れることを批判する。

80b-　*仏者（「神光寺堂頭和尚」）への手紙のようだ。
……愚未嘗参禅、又未嘗談禅、不博渉仏書。但少時、読『金剛』『維摩』『楞厳』『楞伽』及『臨済録』『大慧書』『仏祖三経』『壇経』『六門』等数巻。今皆忘之。

下　巻

3b

余毎異*方士釈氏之欺愚人、倶出一致。方士乃言、東海中有三神山、有仙人居焉、至者皆得長生不死（詳見『史記』）、釈氏乃言、西方隔億万国土有極楽之国、有仏居焉、人念仏生其国為仏。凡事之不可信、莫甚焉。其它、誇大譸張、言珍怪以陥人、往々同趣。倶以人足不可至、車馬不可通之地、釈氏比方士、最為黠。詳見『阿弥陀経』。

【注】○異　あやしむ。

【解説】道教、仏教が迷信で人を迷わせることを批判する。

4a

老聃生於周末、斉州人皆化堯舜中正仁義之道、不俟其説、乃出関伝虚無於西域。達磨生於天竺、其俗狃釈迦天堂地獄之説、不暁其説、乃超海伝心印於東方。其所道雖倶偏、其人可謂英傑矣。

【解説】老子や達磨はその社会で受け入れられないと判断して外国に説を伝えた点、状況判断のできる人物だとして評価する。

4a-5a

平野郷有中村彦右衛門*者、嘗従輪執齋*学王学。時有禅僧泰岳偶来其家。彦語次問曰、「吾輩不能無送迎心。」岳笑曰、「汝僅抱一空（究?挖?）智、何論送迎有無。」彦即鞅々不復言。蓋向也、輪子語之以「無善無悪心之本体*」、務令無送迎心*、所謂「当下良知*」、其家法也。彦不能爾、乃挙以問岳、以試其答也。不必参禅。余意者、大氏禅子桀黠懐務圧儒者、乃聞彦従執齋、乃危言以聳動之、亦詈仏呵祖、手段耳、殊無意義。以余観之、岳未悟道矣。何也。夫以彦知為一空（究？挖？）不能不自以其知為飯匕、是尚拘大小多少是瑣々物、焉能知大道。『中庸』*称舜大智、此大字不是大小、大猶至也。送迎心未必悉非人之有、悔心猶送也、豫猶迎也。在用之如何耳、可倶之道矣。王陽明以為心無善無悪、蓋由『易』*「寂然不動」「何思何慮」来、復傚禅家「不思善不思悪」*、荘子「為善無近名、為悪無近刑」*之語。昔謝顕道挙『易』此語、程子前乃為所黜。蓋聖人言之可、学者言之、背馳虚無也。聖人裁制輔相*、代天工之人。学者応事接物、修人事之人。各有所当、悔与豫皆為成徳之本、如之何其禁送迎。夫耕当問奴、織当問婢、禅子弃性理、鄙事為一味簸弄一箇心、乃論心霊昭、則輪殆不如岳固矣。聖人之道、窮理尽性練磨事上、不似禅子去心上観苦空煮空鐺*。

【注】〇中村彦右衛門　平野郷の含翠堂出身者である中村保之。『万年先生論孟首章講義』巻末に名が見える（『懐徳堂五種』所収）。（上田穣「懐徳堂終末期の問題点」（『奈良県立商科大学研究季報』三巻一～三合併号、一九九二年）参照。）〇輪執齋　三輪執斎（一六六九～一七四四）。陽明学者。三宅石庵らと交流があり、懐徳堂が官許を得るに際して助力した。〇泰岳　未詳。〇無善無悪心之体　王陽明「四句教」「無善無悪心之体、有善有悪意之動、知善知悪是良知、為善去悪是格物」。〇送迎心　死者を送り、祖先の霊を迎えることを言うのだろう。〇当下良知　例えば、『伝習録』巻中「答聶文蔚二」に「**良知**只是一箇、随他発見流行処、**当下**《ただちに》具足、更無去来、不須仮借」と見える。〇『中庸』『中庸』第六章に「子曰、舜其大知也与。……」と見える。〇『易』「寂然不動」は『易経』繋辞上伝に、「何思何慮」は繋辞下伝に見える。〇不思善不思悪　仏教用語。慧能《えのう》が五祖弘忍《こうにん》から禅法を継承したとき、それを認めようとせず追ってきた門下の慧明《えみょう》に言ったことばから。『景徳伝灯録』巻四「袁州蒙山道明」の章に「曰、「我来求法、非為衣也。

願行者開示於我。」祖云、「不思善、不思悪、正恁麼時、阿那箇是明上座本来面目」」と見える（『五山版中国禅籍叢刊』第一巻「灯史1」（臨川書店、二〇一二年）17b、四一頁上）。『無門関』第二三則にも「不思善悪」がある。『六祖壇経』（禅の語録4）にもあるか。○為善無近名、為悪無近刑　『荘子』養生主篇に見える。『雑纂』（041/422）下巻36aに説明あり。『荘子』曰「為善無近名、為悪無近刑。縁督以為経」ハ、「無近名為善、無近刑為悪」ト文字ヲ上下ニ引カヘテ見ル意。「無近名為善」ハ、名ニカマハズト善ヲセヨト云意。「無近刑為悪」ハ、悪ヲスレバ必ズ刑ニアフ、刑ニ近ヅク事ナキ悪ナレバ悪トハイハレズ、此語、悪ヲセヌト云意也。ソノ仕方ハ「縁督」也。人脈ハ前、督脈ハ後也。コノ「縁督」ハ『易』艮卦「艮《とどまる》其背」ト云意。「行其庭不見其人」ナドノ意ナリ。此艮卦ニテスミアレドモ、詞ヲカヘテ云ユヘ、聞人モ心ヲトドメ面白ガルユヘ、荘子ノ筆ニ任セテ詞ヲカヘルマデニテ、其意ハ艮卦ノ意也。」蘭洲『荘子郭註紀聞』「為善無近名云々：名ニ近ヨラヌホドノ善ヲナシ、刑罰ニ近ヨラヌホドノ悪ヲナス。名アル善ナレバ其善名聞トナリ、刑ニ近ヅケバ天下ニステラレリ」参照。○謝顕道　謝良佐。『承聖篇』上26条、下62条でも触れる。『近思録』巻二、『河南程氏外書』巻一二、四二六頁に見える。「謝顕道見伊川。伊川曰、「近日、事如何。」対曰、「天下何思何慮（＊『易経』繋辞下伝）。」伊川曰、「是則是有此理、賢却発得太早在。」」○裁制輔相　前出73b-74aの注参照。○煮空鐺　から鍋を煮る。『承聖篇』上40条にも見える。

【解説】蘭洲は大坂でも禅僧と交流があったことがわかる。かなり激しい三輪執齋批判である。ちなみに、蘭洲が父の和歌を整理して成書した『五井持軒和歌遺稿』は、蘭洲が三輪執斎に依頼した序文が見える（寛保三年（一七四三）「持軒遺稿序」）。

16b-17a
仁斎「送僧道香者文*」曰、「自学者見之、則固有儒有仏。自天地見之、則無儒無仏、唯其一道而已。」此論逆其意読之、無甚不可者。不則其辞之不瑩、其意之不詳、乃不過漫為含餬摸稜之説、以欲混儒仏為一、以媚浮屠矣。……余毎憶仏氏無道、唯有術而已。……

……夫儒者、乃尊天道、修人事、位育賛参・裁成輔相天地之所由立也。楊子*曰「通天地人三才、謂之儒」、是也。故宇宙之間、開眼視之、皆儒、雖仏氏、不能離儒。立宇宙之間、焉得言無儒。……

【注】〇「送僧道香者文」 伊藤仁斎『古学先生文集』巻一「序類」に「送浮屠道香師序」がある。11b-に該当部分が見える。〇楊子 漢・揚雄『法言』君子篇に見える。『二程遺書』巻一八でも引用する。

【解説】下線部分（湯城による）には儒に対する考えが明確に述べられている。

下　巻（和文部分）

15b-21b
ある人とふ。「法華宗は易簡にして仏意にかなふべしと思はれ侍る。いかが。」答ていふ。「余あまねく仏書に熟せねばまして法華宗のこと詳にしり侍らず。しかし少し見るところ聞ところの侍れば其本につきて答へん。およそ仏法は人の性に本づかず、もとづかざれば尊ばず。ただ、人の心につきて説をたてたり。故に其書に心はおほく見えたり。覚といひ、知といひ、識といふ、皆心の上にていへり。其後、禅宗、唐に入りしに、唐の学者は性をいふをみて、おとらじと、達磨は「見性成仏」*、闡菩提*は「作用是性」*などいひ出たり。されど、其性とおもへるは皆心なり、性とは別なり。」「其性にもとづかずといへるはいかが。」いはく、先儒、羅欽順明らかに性と心を分辨し、仏語、禅録を引てこれをあらはせり。『困知記』*といふ書にて詳にすべし。程子*も「吾儒は天にもとづき、仏子は心にもとづく」といへり。たとへば、梅となるべきものあり。是天の命ずる所にて性のごとし。花さき実のるは作用するところにて、心のごとし。性の体は天のあたふる所、漠然無朕・寂然不動して言語のおよぶところにあらず。是『中庸』にいへる徳性にて、尊ぶべきの至りなり。学者ここを反観内省し養ひたもちてやましむべからず。心となりては知覚運動するところにてしかも且霊妙不可識なるものゆへ、善をおもへば又悪をもおもふ、飴を見て老人を養ふべしともおもひ、又錠につけてひらき物をぬすみだすによしともおもふ。善悪ともに妙用のしからしむる所なり。ゆへに、聖人より外の人は心のままには行ひがたし。此心のみをとりとめて即心即仏などあるゆへと通ぜざることとおほし。即性即仏といふべし、即心即仏とはいふべからず。余おもふに、天竺にて仏と貴ぶ釈迦、いかんぞ人の性は天に受て尊ぶべきものなるをしらざらんや。只其始の法を設らるるとき三世を立るをもてその法とす。三世を立る上は今生にて此人となるべき性はもと前世にていくたび用ひたる古ものなり。さていかなる物にてありしやしるべからねば、もとより貴ぶべきことにもあらず。しかれば、性を説れぬはことはりなり。もし性をときあかし、天より受て貴ぶべき物といはば、過去の世の因縁にて此世に転じ生るるといふと矛盾するなり。故に、根本の性と天とはおしかくして、唯今日眼前知覚運動する心の上にて説るなり。儒者の説は、形は父母に受く、其人となるべき性は皆一々天のあらたに命ずる所にて天と一なりとする故に、これを尊ぶなり。心に「操る」といひ、「正す」といひて造作のかかる物なり。性の天然自然手をつくることなきが如くならず。僧道旻*が順治帝に答しも、子思『中庸』に道を説て終に天に帰したりとてそしれり。此僧性をしらぬによりて天をもしらぬなり。かく根本の所、儒者とたがひたれば、儒者は仏法はいづれにても第一等をいはずしてこれをすて第二等より説く小人膚浅なりとす。しかるに性と天道とは孔子もまれにいふところなれば、仏書にのぞむことなし。心より説を立るは捷径なる故にや、釈迦始の説法は『華厳経』なり。此経の要語は「三界唯一心、心外無別法、心仏及衆生、是三無差別*」なり。其功夫受用する所は『金剛経』の「応無所住而生其心*」の類なり。其究竟の所は『心経』一篇なり。およそ此心といふ一物を置ては説べき仏道なし。日蓮、『法華経』の「四十餘年未顕真実*」とあるわづかの一語により、唯此一経のみをとりて釈迦一代無量の説法を悉くすて外道のごとくおもへるはいかんぞや。『楞伽経』『涅槃経』は『法華』より後の経なり。それに成道より涅槃に至るまで一字不説とあり。仏の深意をもって双林乃滅度これ真実をあらはせる所にていはゆる寂滅為楽*の境なり。『法華』を始とし前後もろもろの仏説は皆言語に落たれば真実にあらず、一字も説ぬと同じとなり、すべてこれ人の着するをそれてなるべし。無量の説をとき広めながら、一字不説といへる仏の本意を明らめずして唯『法華経』のみ真実をあらはせる書とおもへるは易簡にはあれどもことわりとも見えず。これほどの事心得ざる日蓮にはあらざれども、我一宗を新たにひとめんことをおもひてかくいへるなるべし。しかるに仏こそ如此なるべけれ、衆生は先言語によらざれば立入べき門なし。しかれば、諸の経説はいづれか除きさらんや。「雪あられ霜や氷とへだつれど、とくれば同じ谷川の水*」とよめる哥の心にて至所は皆同じけれぱいづれなりとも執行すべし。必しも『法華』に泥りたることはあらざるべし。たとへば、剣術を学ぶ人、始に表四五本を習ひ、次第に進んで上手に至れば、極意はかへりて最初の表にあり。手跡を学ぶ人、始にいろはを習ひて、次第に進んで能書に至れば、極意はかへりて最初のいろはにあり。法華のみにて仏道をぜせんとするは、表をつかはずして太刀の奥義を極んとし、いろはをしらずして尊円の奥義を極んとするがごとし。又、世には『法華経』を昼夜読誦し今生にて仏の位に至りたりとおもひ、又福を得、禍を去るべき祈禱なりと覚たるもあり。是らは浅はかなれば論ずるにたらず。『法華経』の内、いづれの巻にか、「能持此経者、斯人福無量*」といへる文ありと覚えたり。此「持」といふ字を文盲なる人は、此経を手に持こととおもへるもあらん。一生手に持さげたればとて何の益かあらん。一生よみつづけにつづけたればとて何の福かあらん。此「持」の字の心は、俗にいはば、富る人を「銀持」といふ類なり。手に持にあらず、我物とするなり。『法華』をよみて其道理をわきまえ、心に得て我ものとせば、この人福無量といへるなり。福無量とあるも、其身富貴になるといふにはあらず。仏の意にかなへるところ即福無量なりと説るなり。今、法華信仰する婦女などは法華の道理はゆめにもしらず、日本よみに文字よみすることだにならず、ただ「にしむし人いほさつそくしうさき」とのみ記憶し我法華に帰したりとおもふは尤浅はかなり。昔、聖徳太子禁中岡本の宮にて始めて『法華経』を講釈し給へり。かほど仏法を信じ給へど、「十七箇条乃憲法」を作り給ふに、第二ヶ条に「篤敬三宝」とあり。其他の十六ヶ条は六経・『論語』の義をとり言をとりて我国のおきてとし給へり。又十二の冠を制し、位階を定め給ふとき、徳仁義礼智信の六字を以て、大徳・小徳・大仁・小仁・大義・小義・大礼・小礼・大智・小智・大信・小信と名づけ給ふて、憲法にも冠名にも仏法の言は用ひ給はず。委しきことは『日本紀』を見てしるべし。然れば、太子の御心後生のことは仏法にまかせ置、今生にて父子君臣の倫を正くし、天下国家を治むる法は皆儒教を用ひ給ふなり。これ太子のひろくおほやけなる御心よりかくのごとし。後世の仏者、太子の万分の一にもあらぬ身てに我信ずるところに依怙ひゐきし、何事も仏法にてすむとおもひ、仏法は今日の日用のごとくいひ、大言をはなちて六経・『論語』などは無益の諸なれば見る物にあらずなどいふ。しかるにをのれをおさめ人を治むる道をしらぬ故、眼前さしあたり人倫の間治まらず。仏法をひろめ給ひし太子の御心にかなはず、太子の御心にかなはねば、仏のこころにもかなふべしとは見えず。

【注】〇見性成仏　仏教用語。見性は『承聖篇』でも度々取り上げる（上9条、上18条、上20条、下29条、下33条、下48

条、下55条、下60条)。〇闡菩提　仏教用語か。『承聖篇』上20条注参照。〇作用是性　仏教用語。『承聖篇』上20条注参照。〇『困知記』『承聖篇』下55～60条でまとめて取り上げている。〇程子　『承聖篇』下60条参照。〇道旻　道忞。『承聖篇』下60条参照。〇三界唯一心、心外無別法、心仏及衆生、是三無差別　仏教用語。『正法眼蔵』三界唯心の巻（三界は唯一心にして、心外に別法無し、心仏及び衆生、是の三に差別なし）参照。〇応無所住而生其心　仏教用語。『承聖篇』上16条、下47条参照。〇四十餘年未顕真実　『法華経』の開経とされる『無量義経』にある語句で、『法華経』によって初めて説かれるまでは、釈尊出世の本懐である真実の教えは明らかにされなかったということを表す。〇寂滅為楽　仏教用語。『涅槃経』四句偈。『承聖篇』下31条、下47条にも見える。〇雪～谷川の水　一休禅師『狂雲集』に見える。〇能持此経者、斯人福無量　『妙法蓮華経』第五末尾の偈に「若我滅度後、能奉持此経、斯人福無量、如上之所説……」と見える。

【解説】 仏教は性に基づかず心（善悪不定）に基づくと言う。また、**達磨は儒教を取り入れた**と言う。心と性について非常に詳しく述べられている。『法華経』のみを信奉する法華宗を批判する。仏教を広めた聖徳太子も世の中を治めるには儒教を使ったと言う。

25a

神儒一致といふ心を

ちはやぶる神代もめを（＊女男）のことはり（＊理）の　たがはぬ国つをしへ（＊教え）なるらん

【解説】蘭洲は女男のことわり（命を繋いでいくこと）が一番大事なものだと考えていた。

神仏別致といふ心を

おしなべて世を背く道におもむかば　あをひとくさ*の根はたえぬべし

【注】○あをひとくさ　人の繁栄を草の繁茂にたとえていう。

【解説】同上。蘭洲は命を繋いでいくことが最も重要だと考えていた。

老子を

我方にかた枝さすあふの浦　なしも身なくてはいかで道をかたらん

釈迦

ちちの人を捨るつれなき心かな我身ひとつの道を得んとて

【解説】仏者は自分の悟りだけを求める利己主義者だとして批判する。

『新題和歌百首』（小天地閣叢書）

天竺

おもひきやわが日本のいもとせのやまをへだつる道あらんとは

夫婦の道なきをその道とせり

『雑纂』（041/422）

上巻

16a

程子仏氏ノ性ヲイハザル事ヲイヘリ。先生コレヲ解シテ云、仏氏性ハイハレズ。性ヲイヘバ天ヨリイハネバナラズ、仏氏三世ヲタテテ天ハナキモノトスルユエ、性ハイハレヌ也。

21a

『楞厳』*有云「理則頓悟乗悟」ハ、「頓悟」ハ禅ノ類、「乗悟」ハ次第シテ悟ル、経文ニヨリテ悟リユク類。

【注】〇『楞厳』『首楞厳経』巻一〇の頓悟漸修説「理則頓悟、乗悟併銷、事非頓除、因次第尽」（『大正蔵』一九巻一五五頁上）。

21a

『円覚』*有云「一者理障碍正知見、二者事障続」ハ、儒者ノ性理ヲイヘバ仏者コレヲ理障ト云テフセギ、事ヲ以テ正セバ事障ト云。コレ儒ヲ禦グ為ニ云詞ニテ、後ニツクリタル語ニテナキヤ。仏氏理ノ字ヲ云事希也。

【注】〇『円覚』『円覚経』では、悟りの妨げになる二つの二つの障碍（二障）に、理障と事障があるとされる。理障は、真理を見ることを妨げる無知のことで、事障は、生死を継続させる煩悩のこと。「善男子、一切衆生由本貪欲、発揮無明、顕出五性差別不等、依二種障而現深浅。云何二障。一者理障、礙正知見。二者事障、続諸生死。」（『大正蔵』一七巻『大方広円覚修多羅了義経』九一六頁中）理障・事障については、『蘭洲先生遺稿』上巻39a、『二程全書講義』下62aにも見える。『困知記』巻下七三（標点本『困知記』（中華書局、一九九〇年）四五頁）でも言及する。

下巻

3a

禅家「不思善、不思悪」*ハ修行ノ上ヲ云。性ヲ云ニ非ズ。王陽明ノ「無善無悪」ハ性ノ上ヲ云意。

【注】〇不思善、不思悪　仏教用語。『蘭洲先生遺稿』下巻4a-5aにも見える。

4a
六祖大師云、「不思善、不思悪」、這大師従底処摭得善悪二字来。如我陽明先生云、「無善無悪、心之本体」、不亦可乎。又『易』云、天下何思何慮。畢竟我道高於禅万々。

37b-38a
性ト心トハ大名ト家老トノヤウマルモノ也。性ハ大名、心ハ家老也。事ヲトル（*実際に現れるの）ハ家老ナリ。然レドモソノ主タル大名ヨカラネバ家老ノ事モトラレヌヤウナルモノ也。

【解説】性と心の関係を譬喩を使ってわかりやすく述べている。蘭洲は性が中心であると考える。

54a
謂建斉救度為周官小祝禱禳。「建斉」ハウラボン会流灌頂或ハ僧ヲ聚ル類ヲ云也。「救度」ハ人ヲ救フ事、仏者ノ「建斉」「救度」ハ周官小祝ノ不祥ヲハラフヤウナルモノト云意。（続編下十五丁）……『**学蔀通辨**』：明・陳建（一四九七〜一五六七）著。陸王批判、朱子学擁護論者。

64b
或仏者「人死シテ魂消シ不去、一壺ノ水ヲ大河へ*写ス如キモノ也。一壺ノ水散ズレドモ悉ク大河ノ中ニ存シアリテ不消」ト云。先生コノ説ニ答ヘテ云、「儒者性ヲ云。一壺ノ水ヲ大河ヘ写スノ譬ハユルスベシ。仏者ハ三世ヲ立ル。一壺ノ水大河ヘ写シ散ズレドモ存シアリ、其散ジタル水モトノ如ク聚リテ別ノ一壺ノ中ヘヲサメネバ三世ノ説不立。一度一壺ノ水大河ヘ写ストキハ、散ジテアリトイヘドモ本ノ一壺ノ水ヲ聚ル事ハアタハズ。然レバ三世ノ説ハ不立也。」

【校勘】〇写　原文のママ。「瀉」の意味。

【解説】三世説批判。理屈はわかりやすい。

『二程全書講義』

上巻

37a、46b、70b、71a（枯木死灰）、102a（死を恐れる＝極楽を願う）、116b（心についての誤解）

下巻

19a、22b、23b（死生を大事とす、cf.『承聖篇』下33条、下51条「生死事大」）、26b、33b（因果輪廻説）、44a（極楽）、61a、62a（理障、cf.『蘭洲先生遺稿』上巻39a注）、82b（儒—天、仏—心、『二程全書』巻23）「聖人ノ則リ従フ目当ハ天ノ一ツ也。天ニモトヅクユヘ天ト一致ニシテ天人一也。釈氏ハ心ニモトヅクユヘ自己一人ニ私シテ天ニ背ク。聖人ハ天ニモトヅクユヘ天下

公共古今ノ無差別……」、87a（禅）、149b（天堂・地獄）、167b

『通書講義』

12a

静無而云々

【注】方静而陰云々。老荘釈氏ノ分レハ、誠ト不誠トノ分レバカリ。

【解説】老荘思想と仏教の違いは誠かそうでないかだと言う。

主要参考サイト・データベース

・中国哲学書電子化計画…五経、諸子『朱子語類』など。
https://ctext.org/zh

・漢籍電子文献資料庫（中央研究院・歴史語言研究所）…十三経、二十四史など。
https://hanchi.ihp.sinica.edu.tw/ihp/hanji.htm

・SAT大正新脩大藏經テキストデータベース
https://21dzk.l.u-tokyo.ac.jp/SAT/

・維基文庫（wikisource）…『二程遺書』、『伝習録』、二十四史、『明史紀事本末』、李嶠「諫白司馬坂営大像第二表」、韓愈「与大顚師書」など。
https://zh.wikisource.org/wiki/

・三国志…全文検索あり。
http://www.seisaku.bz/sangokushi.html

・ジャパンナレッジ（有料）…『新訂増補国史大系』（吉川弘文館）、『平安遺文』、『鎌倉遺文』、『日本古典文学全集』（小学館）、『新釈漢文大系』（明治書院）、『東洋文庫』（平凡社）、『日本国語大辞典』（略称：日国大）（小学館）など。

・東京大学史料編纂所テキストデータベース…平安遺文、鎌倉遺文等の全文検索ができる。
https://wwwap.hi.u-tokyo.ac.jp/ships/

・古事類苑データベース
https://ys.nichibun.ac.jp/kojiruien/

・国立国会図書館デジタルコレクション…『増冠傍註大慧普覚禅師書』『古事談』『新訂増補国史大系』『六国史』『国史叢書』『新纂大日本続蔵経』など。
https://dl.ndl.go.jp/ja/

・『妙法蓮華経』解説…『法華経』の全文の原文・書き下し文あり。
https://www.kosaiji.org/hokke/kaisetsu/hokekyo/index.htm

・CBETA 電子仏典集成『釈氏要覧』…同協会のサイト（CBETA 電子仏典協会）あり。
http://buddhism.lib.ntu.edu.tw/FULLTEXT/sutra/chi_pdf/sutra21/T54n2127.pdf

・『少室六門』（CBETA 線上閲読内）
https://cbetaonline.dila.edu.tw/zh/T2009

・『遺教経』（仏陀教育基金会 HP）
http://www.budaedu.org/budaedu/buda2_07.php

・達磨大師悟性論（報仏恩網製作）
https://book.bfnn.org/books/0849.htm

・『円覚経』（華人仏教網）

https://www.hrfjw.com/fojing/yuanjuejing/yuanwen_5.html

・『華厳経』（華人仏教網）

https://www.hrfjw.com/fojing/huayanjing/yuanwen.html

・『無量寿経』（華人仏教網）

https://www.hrfjw.com/fojing/wuliangshoujing/quanwen.html

・源氏物語（新日本古典文学大系）語彙検索

http://www.genji.co.jp/iwanami-genji-srch.php?book=iwsa.txt&word=%CA%A9%B7%D0%A4%F2%BC%EA%A4%CB

・『続古事談』（国文学研究資料室影印資料）

http://base1.nijl.ac.jp/iview/Frame.jsp?DB_ID=G0003917KTM&C_CODE=XYU1-22302&IMG_SIZE=&PROC_TYPE=null&SHOMEI=%E3%80%90%E7%B6%9A%E5%8F%A4%E4%BA%8B%E8%AB%87%E3%80%91&REQUEST_MARK=null&OWNER=null&BID=null&IMG_NO=11

・早稲田大学古典籍総合データベース…『儒釈筆陣』など多くの古典籍の影印がみられる。

https://www.wul.waseda.ac.jp/kotenseki/

・『黄帝内経・素問』（東亜医学協会）

http://aeam.umin.ac.jp/siryouko/digitaltext/somon.htm

・『朱文公校昌黎先生集』（市立米沢図書館デジタルライブラリー）

https://www.library.yonezawa.yamagata.jp/dg/AA083.html

あとがき

スペードワークということばがある。鋤で畑を耕す仕事という意味であるが、引いて骨の折れる予備作業、退屈な下準備を意味するようになった。私が本書で行いたかったのはこのスペードワークである。

思想史研究においては、史料を読み解き、思想史上の位置づけや思想史の発展の経路を求める論文を書くことが求められる。ただ、それは往々にして断章取義に陥り、またそもそも読み誤りも多く存在する。私自身、ある論文を読んだ後、原史料を確認して、「なんだ原文を読む方がよほどわかりやすいではないか」と思うことが何度もあった。史料をありのままの姿で、できれば出典などの注をつけてその全貌をわかりやすく提供すること、私がしたかったのはそれである。

＊本研究は、二〇二四年度大東文化大学特別研究費（研究成果刊行助成）の助成を受けたものです。

著者略歴

湯城　吉信（ゆうき　よしのぶ）

1964年、京都市生まれ。大阪大学大学院博士課程前期修了（文学修士）。大東文化大学文学部歴史文化学科教授。日中思想史。著書（共著）に、『漢文訓読入門』（明治書院）、『教養としての中国古典』（ミネルヴァ書房）、主要論文に、「ジラフがキリンと呼ばれた理由――中国の場合、日本の場合（麒麟を巡る名物学その一）」（『人文学論集』26号）、「中井履軒の宇宙観――その天文関係図を読む」（『日本中国学会報』57号）、「陳徳による嘉慶帝刺殺未遂事件について」（『大東史学』3号）などがある。

五井蘭洲著『承聖篇』翻刻・注釈
――江戸時代の儒者による仏教批判――

令和六年十一月十四日　発行

著　者　湯　城　吉　信
発行者　三　井　久　人
整版印刷　㈱　精　興　社
製　本　牧製本印刷㈱

発行所　汲　古　書　院
〒101-0065東京都千代田区西神田二-四-三
電　話　〇三（三二六五）九七六四
FAX　〇三（三二二二）一八四五

ISBN978-4-7629-3691-3　C3010

YUKI Yoshinobu ©2024
KYUKO-SHOIN, CO., LTD. TOKYO
＊本書の一部又は全部及び画像等の無断転載を禁じます。

索　　引

凡　例

・本文内に見えるものについては、(　) で巻・条を表わしている。「下3」は「下巻第3条」を表わす。
・太字は中心的に述べられている箇所を示す。

語句索引

人名索引

た行

な行

は行

ま行

ら行

わ

書名索引

た行

な行

は行

ま行

や行

ら行